目　录

本书为国家自然科学基金面上项目“数字赋能中国制造业全球价值链攀升：理论机制、演化路径和对策研究”（72273057）、国家自然科学基金面上项目“数据要素价值化对企业数字化转型的影响：机制、模式与对策”（72373056）、江西省教育厅科技重点项目（GIT200501）阶段性成果

大数据背景下产业链安全与韧性研究

陈洪章◎著

RESEARCH ON INDUSTRY CHAIN SECURITY AND RESILIENCE IN THE CONTEXT OF BIG DATA

经济管理出版社
ECONOMY & MANAGEMENT PUBLISHING HOUSE

图书在版编目（CIP）数据

大数据背景下产业链安全与韧性研究/陈洪章著．—北京：经济管理出版社，2023．12
ISBN 978-7-5096-9540-1

Ⅰ．①大…　Ⅱ．①陈…　Ⅲ．①产业链—产业发展—研究—中国　Ⅳ．①F269．2

中国国家版本馆 CIP 数据核字（2023）第 237353 号

责任编辑：韩　峰
责任印制：黄章平
责任校对：陈　颖

出版发行：经济管理出版社
（北京市海淀区北蜂窝 8 号中雅大厦 A 座 11 层　100038）
网　　址：www．E-mp．com．cn
电　　话：（010）51915602
印　　刷：北京晨旭印刷厂
经　　销：新华书店
开　　本：720mm×1000mm/16
印　　张：16
字　　数：296 千字
版　　次：2023 年 12 月第 1 版　　2023 年 12 月第 1 次印刷
书　　号：ISBN 978-7-5096-9540-1
定　　价：98．00 元

第一章　绪论

第一节　研究背景、目标、意义

一、研究背景

在当今数字化时代，大数据已经成为推动社会发展和经济增长的重要驱动力。随着互联网、物联网和人工智能的快速发展，全球范围内不断涌现出海量的数据。这些数据以前所未有的速度和规模被生成、收集和存储，揭示了许多以往难以触及的信息和本质。然而，随之而来的是海量数据的安全和韧性问题，这给国内的产业链和整个经济体系带来了巨大的挑战。

（一）国内大背景

随着新一轮科技革命和产业变革的深入发展，数据已成为重要的生产要素和国家基础性战略资源，大数据产业作为以数据生成、采集、存储、加工、分析、服务为主的战略性新兴产业，是激活数据要素潜能的关键支撑，是加快经济社会发展质量变革、效率变革、动力变革的重要引擎。

我国高度重视大数据产业发展，推动实施国家大数据战略。习近平总书记就推动大数据和数字经济相关战略部署、发展大数据产业多次作出重要指示。《中华人民共和国国民经济和社会发展第十四个五年规划和 2035 年远景目标纲要》（以下简称“十四五”规划）围绕“打造数字经济新优势”，作出了培育壮大大数据等新兴数字产业的明确部署。

“十四五”时期是我国工业经济向数字经济迈进的关键期，对大数据产业发展提出了新的要求。工业和信息化部发布了《“十四五”大数据产业发展规划》，为未来五年大数据产业发展工作提供了行动纲领。该规划以释放数据要素价值为导向，以做大做强产业本身为核心，以强化产业支撑为保障，推动构建数据价值体系、现代化大数据产业体系和自主可控开放合作的产业生态。

中国作为全球最大的互联网市场之一，拥有庞大的用户规模和日益增长的数字经济。中国政府提出了“互联网+”和“大数据”战略，将大数据作为推动经济结构升级和创新发展的重要引擎。中国已成为全球最大的数据生成国家之一，同时也是全球最大的数据消费市场之一。然而，这种大规模的数据生成和消费背后存在着安全和韧性的风险，这需要加强研究和探索如何保障产业链的安全和韧性，以推动可持续发展。

在这样的国内大背景下，探讨大数据背景下产业链安全与韧性问题具有重要的理论意义和现实价值。一方面，大数据技术可以为产业链提供更高效、更智能、更绿色的解决方案，促进产业链数字化升级，提升产业链水平；另一方面，大数据技术也带来了新的挑战和风险，如数据安全、隐私保护、跨境流动等问题，需要加强对产业链安全与韧性的研究与保障。因此，本书旨在从多个角度分析大数据背景下产业链安全与韧性的现状、问题、机遇与对策，为我国大数据产业高质量发展提供有益参考。

（二）国际大背景

产业链是由有供需关系的行业组成的逻辑供需链，关注产业联系、企业布局和分工协作关系，目标是优化产业间技术经济关联；而供应链是由有供需关系的企业组成的一个供需链，关注企业内部的协同和流程整合，目标是降低总的生产成本、提高供应的效率。产业链和供应链相互关联，供应链是产业链中的关键组成部分，在全球化的背景下，产业链和供应链日益紧密地联系在一起，形成了跨国、跨地区、跨行业的复杂网络。产业链和供应链的安全与韧性，不仅关系各国的经济发展和社会稳定，也影响全球的贸易与合作。近年来，随着新一轮科技革命和产业变革的深入发展，以大数据、云计算、人工智能等为代表的数字技术正在重塑产业链和供应链的结构和模式，为提升产业链和供应链的效率、质量、创新和竞争力提供了新的动力和机遇。

然而，数字技术的发展也带来了新的挑战和风险。一方面，数字技术的快速演进和广泛应用，使产业链和供应链变得更加复杂、多元、动态和不确定，对各方的协调能力、管理能力、监管能力和保护能力提出了更高的要求。另一方面，数字技术的不平衡、不充分和不安全发展，导致数据资源出现分布不均、利用不足、流动不畅、安全不保等问题，加剧了产业链和供应链的脆弱性和风险性。特别是在新冠疫情暴发后，全球产业链和供应链遭受了前所未有的冲击和考验，暴露出了许多深层次的问题和矛盾。

在这种形势下，如何提升产业链在大数据背景下的安全与韧性，成为各国面临的共同课题。一些国家纷纷出台相关政策措施，加强对产业链的规划、布局、调整、优化等工作，以增强自身在数字经济时代的竞争优势。例如，美国制定了《2021年美国创新与竞争法案》《美国就业计划》等战略文件，旨在通过投资基础设施、科技创新、关键产业等领域，提升美国在全球产业链中的地位和影响力；欧盟发布了《欧洲新工业战略》《欧洲数据战略》等政策文件，着力打造欧洲数字单一市场，推动欧洲工业向数字化、绿色化转型；日本实施了日本再生战略、数字化改革推进计划等政策措施，加快推进数字化社会建设，促进日本经济的复苏和增长。

综上所述，产业链安全和韧性问题是一个复杂而多维的问题，涉及政治、经济、社会、技术等多个层面。要提升产业链的安全和韧性，需要各国加强合作，共同应对挑战，构建开放、包容、平衡、共赢的全球产业链体系。

作为世界第一制造业大国，我国拥有完整且高效的产业链体系，在全球产业链中具有重要地位。但是，在当前复杂多变的国际环境下，我国产业链也面临一些挑战和压力，如产业基础能力不足、关键核心技术受制于人、数据安全风险突出等。为此，我国高度重视产业链的安全与韧性问题，提出了“补链、延链、固链、强链”的总体要求，制定了一系列相关的规划和政策，加快推进产业链现代化，构建新发展格局，实现高质量发展。《“十四五”大数据产业发展规划》就是其中的一个重要举措，旨在以数字技术为支撑，提升我国产业链和供应链在大数据背景下的安全与韧性，打造数字经济新优势。

（三）国内外大数据发展情况

大数据是指海量、多样、高速、可变的数据集合，其处理和分析需要新的技术和方法。大数据具有巨大的价值潜力，可以帮助人们认识和改造复杂的现实系统，推动经济社会的创新和发展。近年来，随着信息技术的快速进步和应用的广泛普及，全球大数据产业呈现出高速增长的态势，各国都将大数据作为国家战略来重视和发展。

根据国际数据公司（IDC）的统计，2020年，全球大数据市场规模约为1959亿美元，预计2024年将达到2983亿美元，年均复合增长率为10.4%。从地区分布来看，美国是全球最大的大数据市场，2020年占全球市场份额的39%；其次是日本和中国，分别占10%和6%。从行业应用来看，金融、制造、政府、零售、医疗等领域是大数据的主要消费者，占全球市场份额的近60%。

美国是全球大数据产业的领导者，拥有强大的技术创新能力、完善的法律制度、成熟的市场环境和广泛的国际影响力。美国政府在2012年就启动了

“大数据研究与发展计划”，投入 2 亿美元支持跨部门的大数据项目，并在 2016 年发布了《联邦大数据研究与开发战略计划》，提出了加强基础研究、培养人才、促进合作、保障安全四个方面的行动指南。美国在大数据领域拥有众多世界知名的企业和机构，如谷歌、微软、亚马逊、IBM、Facebook 等，在云计算、人工智能、物联网等相关技术方面具有领先优势，在金融、电子商务、社交媒体等行业应用方面具有丰富经验。

中国是全球大数据产业的后起之秀，近年来发展迅速，在政策支持、技术进步、市场需求等方面具有明显优势。中国政府在 2015 年就提出了“互联网+”行动计划，并发布了《促进大数据发展行动纲要》，将大数据作为国家战略，并提出了“一体两翼”的发展思路，即以数字中国建设为主体，以数字经济和数字社会为两翼。中国在大数据领域拥有众多活跃的企业和机构，如阿里巴巴、腾讯、百度、华为等，在移动互联网、电子商务、社交网络等相关技术方面具有较强竞争力，在智慧城市、工业互联网、医疗健康等行业具有广阔应用空间。

除了美国和中国之外，欧盟、日本、韩国等国家和地区也在积极推进大数据产业的发展。欧盟在 2014 年就启动了“大数据公共私营伙伴关系计划”，投入 10 亿欧元支持大数据相关的研究和创新项目，并在 2018 年发布了《欧洲数据战略》，提出了建立欧洲数据空间、加强数据治理、培育数据生态等目标和措施。日本在 2013 年就制定了《日本复兴战略》，并在 2016 年出台《第五期科学技术基本计划（2016—2020）》，将大数据作为重点领域之一，并在 2019 年发布了“社会 5.0”的愿景，提出了利用大数据推动社会变革的方向和路径。韩国在 2016 年就制定了“第四次工业革命响应战略”，将大数据作为核心技术之一，并在 2019 年发布了“数字新政策”，提出了打造数字经济、数字政府、数字社会等目标和举措。

综上所述，可以看出，全球大数据发展情况呈现出以下特点：一是大数据已经成为全球各国的战略重点，政府部门纷纷出台相关的规划和政策，加强对大数据产业的引导和支持；二是大数据技术不断创新，涌现出一批具有全球影响力的企业和机构，形成了以云计算、人工智能、物联网等为代表的技术生态；三是大数据应用不断拓展，涵盖了金融、制造、政府、零售、医疗等多个领域，为经济社会的发展带来了新的动力和机遇；四是大数据治理日益重要，涉及数据安全、隐私保护、伦理道德等方面的问题，需要加强法律法规和标准规范的制定和执行。

（四）国内产业链安全与韧性情况

产业链安全与韧性是指产业链在面对各种风险和冲击时，能够保持稳定运行、及时恢复、持续发展的能力。产业链安全与韧性是国家经济安全和社会稳定的重要保障，也是提升国际竞争力和影响力的重要基础。近年来，我国已成为世界第一制造业大国，产业体系门类齐全、独立完整，拥有联合国产业分类中所列全部工业门类的41个工业大类、207个工业中类和666个工业小类。但也要看到，在全球产业链重构和大国博弈的背景下，我国产业链存在不稳、不强、不安全的隐忧。我国产业链安全与韧性面临多重挑战，需要加强研究和应对。

一是面临外部环境的不确定性和复杂性。当前，全球产业链体系面临重构，贸易保护主义、单边主义、地缘政治等因素增加了国际市场的波动和风险，一些国家对我国产业链采取封锁、打压、断链等措施，对我国产业链安全与韧性构成威胁。

二是面临内部结构的不平衡和不充分。我国产业链虽然规模庞大、门类齐全，但关键领域和关键环节仍存在短板和弱点，如集成电路、高端装备、新材料等领域的核心技术受制于人，部分原材料、零部件、关键设备依赖进口；同时，我国产业链还存在一些低端过剩、高端缺乏的现象，部分行业产品同质化竞争严重，创新能力不足。

三是面临转型升级的迫切需求。随着科技革命和产业变革加速推进，新技术、新业态、新模式不断涌现，对产业链提出了更高的要求。我国产业链要适应新发展阶段、贯彻新发展理念、构建新发展格局，就必须加快转型升级，提高质量效益和创新能力，增强核心竞争力。

为此，我国政府和社会各界高度重视提升产业链的安全与韧性，采取了一系列有效措施。如制定《促进大数据发展行动纲要》《新一代人工智能发展规划》《国家集成电路产业发展推进纲要》等发展规划，加大对关键领域和关键环节的投入和支持；建立“白名单”制度、“红灯”预警机制等协调机制，保障重点企业和重点物资的生产运输；推动制造业高水平开放，积极参与国际分工合作，维护全球产业链稳定畅通；加强产业链创新发展，培育新技术、新业态、新模式，打造新的竞争优势。

通过这些措施，我国产业链安全与韧性得到了显著提升，表现在以下几个方面：一是产业链运行更加稳定，抵御风险的能力增强。面对新冠疫情等重大冲击，我国产业链迅速恢复正常运转，为经济社会发展提供了有力支撑。二是产业链结构更加优化，发展质量效益提高。我国产业链向中高端迈进，一批具有自主知识产权和国际竞争力的产品和品牌不断涌现。三是产业链创新更加活跃，发展动力源源不断。我国产业链加快数字化、智能化、绿色化转型，一批新技术、新业态、新模式引领产业变革。四是产业链开放更加深入，发展空间不断拓展。我国产业链积极融入全球价值链，一批跨国公司和外资企业在华投资兴业，实现互利共赢。

总之，我国产业链安全与韧性情况总体良好，但仍需进一步提升。要坚持以习近平新时代中国特色社会主义思想为指导，贯彻落实党的二十大精神，着力提升产业链韧性和安全水平，推动我国产业链现代化发展，为建设社会主义现代化强国作出贡献。

近年来，全球产业链也面临多重挑战和风险，主要包括以下几个方面：

首先是贸易保护主义。自 2008 年全球金融危机以来，以美国为代表的一些发达国家采取了一系列贸易保护主义措施，如加征关税、限制技术转让、实施制裁等。这些措施不仅损害了多边贸易体制的权威性和有效性，导致全球贸易增速放缓、贸易摩擦频发、贸易结构失衡，也打乱了全球产业链的正常运行秩序，增加了企业的成本和不确定性。

其次是新冠肺炎疫情。自 2019 年底以来，新冠肺炎疫情在全球范围内持续蔓延，给人类生命健康带来严重威胁，也给世界经济造成前所未有的冲击。疫情导致部分地区工厂无法开工、全球产能不足、运输能力受挫以及供应链下游库存位于低位，供应短缺。同时，疫情也影响了消费需求、市场信心和投资意愿，导致需求萎缩。

最后是数字化转型。随着信息技术的快速发展，大数据、云计算、人工智能、物联网等新兴技术正在深刻改变产业链的运行模式和竞争格局。一方面，数字化转型可以提高产业链的信息化、数字化、智能化水平，优化产业链的布局、结构、组织和管理，提升产业链的效率、创新、协同和竞争力，增强产业链的抗冲击能力和根植性。另一方面，数字化转型也带来了新的挑战和风险，如数据安全、数据隐私、数据质量、数据治理等问题，可能影响产业链的稳定性、可靠性、可控性和可持续性。

综上所述，大数据背景下的产业链安全和韧性问题既是国内面临的紧迫挑战，也是国际范围内的共同关切。研究该问题的背景意义包括深入理解大数据发展的国内和国际背景，掌握国内大数据产业链的发展情况，以及关注产业链安全与韧性的现状和挑战。通过对这些问题的研究，本书能够为保障产业链安全和韧性提供理论支持和实践指导，为促进大数据时代的经济繁荣和社会稳定作出积极贡献。

二、研究目标

本书旨在深入探讨大数据背景下产业链安全与韧性的相关问题，并提出相应的解决方案和路径。本书的研究目标主要包括以下几个方面：

（一）深入理解大数据对产业链的影响机制

深入理解大数据对产业链的影响机制是本书研究的核心目标之一。在大数据时代，数据成为了关键资源，对产业链的各个环节产生了广泛的影响。本书将通过系统梳理和总结的方法，深入挖掘大数据在产业链中的作用机制。这将包括多个方面的分析，如技术效应、规模效应和网络外部性等。技术效应指的是大数据技术改变了产业链内部的业务流程和效率，促进了更好的数据管理和决策制定。规模效应则探究大数据的应用如何与产业链的规模扩展相关，以及规模扩大如何影响数据的收集和应用。网络外部性即大数据如何在不同产业链环节之间产生相互影响，以及这种互动如何影响整个产业链的安全性和韧性。

（二）研究大数据如何影响产业链安全与韧性水平

另一个核心目标是评估不同产业链的安全性与韧性水平。产业链作为一个综合体系，其抵抗能力、恢复能力、再适应能力和再定位能力对于应对风险和变化至关重要。通过对多个产业链的全面评估，本书将研究它们在面对安全风险和不确定性时的表现。这将包括对不同产业链的数据收集和实地考察，以深入了解它们的运作方式、关键瓶颈和潜在薄弱环节。这些研究将帮助本书分析大数据对不同产业链的具体影响，同时也有助于理解大数据如何推动整体产业链的发展。例如，大数据可能通过提供更准确的市场信息和趋势分析，帮助企业更好地调整供应链，提高效率，增加竞争力。

（三）探索提升产业链安全与韧性的路径和策略

随着大数据技术的发展，各行各业都面临新的机遇和挑战。因此，本书将重点关注如何在大数据时代中提高产业链的安全性与韧性，以适应快速变化的环境。这将涵盖多个领域，包括技术创新、组织变革和合作共享。技术创新方面，本书将研究如何采用最新的数据分析工具和技术，以提高数据的质量和可用性。组织变革将涉及重新设计业务流程，以更好地利用大数据的洞察，同时培养组织内部的数据驱动文化。合作共享方面，本书将探讨不同企业和机构之间如何合作，共享数据和资源，以提高整个产业链的安全性与韧性。

这些研究不仅提供理论性的洞察，还将关注实际应用。为了实现这些目标，本书将选择代表性的产业链，如工业互联网、电商物流和农业，进行深入的案例研究。这将有助于验证本书的理论框架和模型，同时总结成功经验和面临的挑战。通过这些实证案例，本书将为产业链安全与韧性提供有力的实际支持。最终，结合国家和地区的实际情况，本书将提供政策建议和未来展望，以促进大数据背景下的产业链安全与韧性。与此同时，本书还指出了当前研究的不足之处，并提出未来深入研究的方向。通过这一系列研究目标的实现，本书将为大数据背景下的产业链安全与韧性问题提供全面的分析和指导，为学术界、政府决策者和企业从业人员提供有价值的参考和借鉴，以促进相关领域的发展和创新。

三、研究意义

随着信息技术的飞速发展和互联网的普及，大数据已成为当今社会中不可忽视的重要资源。大数据的广泛应用给各个行业带来了巨大的机遇和挑战，其中包括对产业链安全与韧性的影响。产业链作为现代经济的重要组成部分，其安全与韧性的问题直接关系国家经济的可持续发展和社会的稳定。因此，深入研究大数据背景下产业链安全与韧性的问题具有重要的理论和实践意义。

（一）深化对大数据时代产业变革的理解

深入研究大数据背景下的产业链安全与韧性问题，不仅有助于理解大数据时代的产业变革，而且提供了更为深刻的洞察，进一步揭示了大数据对产业链的根本变革。大数据已经崭露头角，成为信息社会的核心资源，其广泛应用对产业链的发展会产生深远的和革命性的影响。在这一背景下，通过深入探究产业链在大数据时代的安全与韧性问题，可以深刻洞悉大数据如何塑造和引领产业链的演化、协同和创新，这也有助于更全面地理解大数据时代中的产业变革规律，从而能够更好地适应和引领这一变革。这意味着本书能够更好地把握大数据的力量，推动产业链的不断创新和进步，使产业升级加速，创造更多价值，从而取得竞争优势。这不仅对产业链的发展至关重要，也是在大数据时代中站稳脚跟并引领产业变革的关键因素。

（二）提升国家经济的竞争力和可持续发展能力

研究大数据背景下的产业链安全与韧性问题对提升国家经济的竞争力和可持续发展能力至关重要。产业链的安全与韧性在很大程度上直接关系国家经济的稳定和可持续发展。在当今大数据时代，产业链面临来自各方面的潜在威胁，包括网络安全漏洞、机密信息泄露以及可能导致生产中断或数据损失的恶意攻击等多种挑战。这些威胁不仅可能对产业链内部的运作产生严重影响，还有可能在更广泛的范围内对国家经济和社会造成严重损害。因此，提升产业链的安全与韧性不仅是确保国家经济正常运行的前提条件，也是推动国家经济实现可持续增长的关键保障。通过深入研究大数据背景下的产业链安全与韧性问题，能够更好地理解和评估潜在风险，为国家制定更为精准和有效的政策与战略提供有力支持。这包括制定更强有力的法规来保护国家重要信息资产，建立更加健全的应急响应机制以迅速应对威胁事件，并鼓励产业链各环节采取适当的安全和韧性措施。通过这一研究，国家可以提高整体竞争力，促进经济可持续发展，从而更好地迎接未来的机遇和挑战。

（三）优化产业结构和推动产业升级

深入研究大数据背景下的产业链安全与韧性问题对优化产业结构和推动产业升级具有深远的意义。在现代经济中，产业链的安全与韧性问题涉及各个环节之间的协作以及信息和资源的共享，这些因素对产业链的协同发展和资源配置至关重要。

通过深入研究大数据背景下的产业链安全与韧性问题，本书能够为决策者提供有力的依据和政策建议，以促进更加协同和合作的产业链内部关系。这将有助于实现资源的更优化配置，也有助于提高效率，从而推动产业链内部的创新和发展，推动产业升级。通过深化产业链内部的合作与协同，大数据时代的产业链能够更好地应对外部环境的挑战，包括市场波动、技术进步和竞争压力。这有助于提高整个产业链的竞争力，促进不同领域的经济协同发展，实现更为可持续和均衡的经济增长。此外，深入研究产业链的安全与韧性问题还有助于提高生产力，实现资源的有效利用。通过采取更加安全和韧性的措施，产业链内部可以更好地应对潜在风险，降低生产中断和数据丢失的风险。这有助于提高整体的生产效率，减少资源浪费，从而为产业升级和结构优化创造更加有利的条件。

综上所述，深入研究大数据时代的产业链安全与韧性问题，不仅对推动产业升级和优化产业结构具有重要作用，而且有助于实现更为可持续和均衡的经济增长。

（四）推动创新驱动发展

深入研究大数据背景下的产业链安全与韧性问题对推动创新驱动发展具有重要意义。在这个信息时代，大数据的广泛应用为产业链内部和不同产业链之间的信息流动和资源共享创造了巨大的机遇。大数据的应用可以促进各个环节之间更紧密的合作和协同，为创新提供了广阔的发展空间。

然而，在追求创新的同时，我们也必须认识到产业链的安全与韧性问题可能会成为创新过程中的制约因素。数据泄露、网络攻击和其他安全威胁可能对创新活动造成影响，甚至引发潜在风险。因此，深入研究大数据背景下产业链的安全与韧性问题具有关键性意义。通过深入研究这一问题，本书能够提出相应的解决方案和战略，以降低创新风险。这包括加强数据安全措施、建立更加强大的网络防御体系，以及制订危机应对计划等。这些措施将有助于保护创新活动不受外部威胁的侵害，同时提高创新的持续性和稳定性。在大数据时代，创新驱动发展已经成为推动经济社会进步的重要引擎。深入研究产业链的安全与韧性问题将有助于创造更加有利的环境，培育新的增长点，促进创新的持续发展。这将推动经济增长和社会进步，为国家和地区的繁荣和可持续发展创造更多机会。

综上所述，研究大数据背景下产业链安全与韧性的问题对于深化对大数据时代产业变革的理解、提升国家经济的竞争力和可持续发展能力、优化产业结构和推动产业升级都具有重要意义。这项研究将有助于指导政府和企业在大数据时代制定相关政策和措施，提高产业链的安全性和韧性，实现经济的可持续发展和社会的稳定繁荣。

第二节　研究内容和方法

一、研究内容

（一）整体主要研究内容

本书以大数据背景下产业链安全与韧性为主题，研究内容如下：

1. 大数据对产业链的影响机制

本书将对大数据在产业链中的影响机制进行详细探讨，以解析这一引人注目的领域中的复杂关系。首先，本书将深入研究技术效应，即大数据如何改变产业链的运作方式和效率。大数据技术的广泛应用，如数据分析、机器学习和人工智能，将如何提高生产、物流和服务等关键环节的效率？本书将探究这些技术的具体运用，以理解它们如何对产业链的安全性与韧性产生深远的影响。其次，规模效应将成为研究的关键焦点。大数据时代，数据量呈指数级增长，这为产业链带来了前所未有的机遇和挑战。本书将探讨大数据规模效应如何塑造产业链的结构和运作，从而提高其竞争力和创新能力。通过深入研究数据规模的增长如何影响企业的生产、市场准入和竞争策略，本书将揭示规模效应对产业链安全性与韧性的重要性。另一个重要方面是网络外部性，它涉及数据共享和合作的重要性。大数据的应用在产业链内部和不同产业链之间促进了信息的流动和资源的共享。本书将深入研究这些网络外部性如何创造协同机会，以及它们如何推动产业链的创新和竞争力。这一部分将着重探讨数据共享平台、合作模式和生态系统的发展，以理解它们如何塑造大数据背景下产业链的安全性与韧性。通过这些深入研究和分析，本书将为大数据对产业链的影响机制提供更全面的理论框架和实践洞见，为后续的研究工作奠定坚实的基础。这将有助于理解大数据如何改变产业链的格局，促进产业链的安全性与韧性，并为产业链的现代化发展提供重要的指导。

2. 产业链的安全与韧性评估

本书采用了广泛而深入的方法，以确保对不同产业链的安全性与韧性情况有全面的了解。本书将广泛收集相关数据，包括产业链的结构、流程、技术应用、风险因素等各个方面，这些数据将作为本书评估产业链安全性与韧性的重要参考，为后续分析提供坚实的数据支持。为了更深入地了解各产业链的情况，笔者将进行实地考察和采访，包括走访各产业链内部的企业、组织，以及与产业链相关的政府部门和利益相关者。通过与产业链的关键参与者沟通，笔者可以获得更多的定性数据，揭示实际操作中的挑战和机遇。这些实地考察将为本书提供关于产业链的深层次理解，有助于更全面地评估其安全性与韧性。评估的关键方面将包括抵抗能力，即产业链在面临各种风险和威胁时的反应能力。本书将分析产业链的防御机制、风险管理策略和紧急响应计划，以评估其抵御潜在威胁的能力。恢复能力将受到特别关注，这涉及产业链在遭受灾害或危机后的恢复速度和效率。本书将研究产业链的复原策略、业务连续性计划和应急响应机制，以评估其在灾难后的恢复能力。再适应能力是另一个重要方面，它考察产业链在面临变化环境时的适应能力。本书将研究产业链的变革策略、技术创新和战略调整，以评估其在不断演变的市场中的再适应能力。此外，还有再定位能力，即产业链在应对新的市场趋势和竞争环境时的定位和发展策略。本书将分析产业链的市场定位、竞争策略和合作关系，以评估其在市场定位方面的能力。通过这一全面的评估，本书将能够揭示各产业链的安全性与韧性水平，理解其面临的挑战和机遇，为后续的分析和建议提供坚实的实证基础。这将有助于政府和企业更好地识别薄弱环节，制定改进策略，提高产业链的整体安全性与韧性。

3. 提升产业链安全与韧性的路径和策略

首先，本书将研究技术创新作为提高产业链安全与韧性的一项关键策略。在大数据时代，技术的快速发展是确保产业链保持竞争力的关键因素。本书将探索如何采用新兴技术，如人工智能、物联网、区块链等，来提升产业链的安全性和效率。同时，本书将研究数据隐私保护、网络安全等方面的技术创新，以减少潜在的风险。其次，组织变革也将成为另一个重要的策略，本书将深入研究如何调整产业链内部的组织结构和运作方式，以适应新的机遇和挑战，包括内部流程的重新设计、决策制定的优化、人力资源的培训和发展等。通过组织变革，产业链可以更好地协调各环节，提高决策效率，降低风险。再次，合作共享也将是一项重要的策略。在大数据时代，合作与共享资源成为推动创新和降低成本的关键。本书将研究如何建立有效的合作关系，包括跨产业链的协作、跨部门的合作，以及国际间的合作。共享资源和信息将有助于提高产业链的韧性，共同应对各种风险。最后，产业链优化和升级也是提高产业链安全与韧性的一项策略。本书将探讨如何根据我国国情和各个行业的特点，制定适合的产业链优化和升级模式，包括资源的重新配置、价值链的重组、市场定位的调整等。通过优化升级，产业链可以更好地适应市场的需求，提高整体安全性与韧性。

4. 案例研究和政策建议

基于本书的研究成果，需制定相应的政策和措施，以提高我国产业链的安全性和韧性。针对不同行业和地区的特点，提出个性化的改进方案，包括技术创新、风险管理、协同合作等方面的建议，为我国产业链现代化发展提供有力的价值参考。这些建议被分为两个部分，分别是政府层面和企业层面的建议。政府应该采取措施来支持和引导大数据在产业链安全与韧性方面的应用，同时建立国家级创新平台，加强人才培养，并推动协同发展。企业层面则需要建立数据采集和分析系统，加强数据分析和应用，建立数据安全保障机制，推动数据共享和协同，并加强人才培养和引进。这些政策建议旨在提高我国产业链的安全性和韧性，促进产业链的现代化发展。

（二）分章节主要研究内容

具体来说，本书共分为八章，每章的大致内容如下：

第一章：绪论

本章介绍了本书的背景、目的和意义。本书的背景是大数据时代下的产业链安全与韧性问题；目的是梳理大数据对产业链安全与韧性的影响，并探讨如何提高产业链的安全性和韧性；意义是为整个研究提供了理论和实践的基础，使读者了解该研究的必要性和价值。

第二章：大数据与产业链的定义、发展脉络及特征类型

本章深入研究了大数据和产业链的相关概念。首先，阐述了大数据的定义、发展历程和特点，以及大数据与产业链之间的关系。其次，说明了产业链的定义、特征类型和演化，为后续章节中的分析提供了背景信息。

第三章：大数据对产业链安全与韧性的影响理论机制分析

本章聚焦于揭示大数据如何影响产业链的安全性和韧性。首先，解释了大数据提高产业链的安全性和韧性的内在逻辑。其次，介绍了主要的理论机制，包括技术效应、规模效应、网络外部性和逆向选择等，以便读者理解大数据对产业链的具体作用和机制。

第四章：大数据背景下产业链安全与韧性的现状分析

本章对大数据背景下的产业链抵抗能力、恢复能力、再适应能力和再定位能力的现状进行了详细评估。首先，总结了中国的产业链在这些方面的表现。其次，分析了不同行业和地区之间的差异。最后，分享了提升这些能力的经验和做法，为后续研究提供了实际依据。

第五章：大数据背景下产业链安全与韧性的评价模型与模式分析

本章着重于产业链安全与韧性的评价模型和方法。首先，详细介绍了指标设计和评价方法，以及大数据背景下的评价模型，如基于核心能力、抗风险能力和大数据赋能的模型。其次，通过模式分析，提供了深入了解产业链安全与韧性的模式，如复杂自适应系统、动态能力和被动策略等。

第六章：大数据背景下产业链安全与韧性的提升路径探索

本章探讨大数据如何提高产业链的安全性和韧性。首先，分析了主要的影响因素。其次，提出了不同产业链安全与韧性的提升路径。这包括具体的措施，如技术创新、风险管理和协同合作，以及它们如何根据不同行业和地区的特点进行个性化定制。

第七章：大数据背景下产业链安全与韧性的案例研究

本章选择了有代表性的产业链，并进行了深入研究。通过案例分析，本章探讨了大数据如何在实践中影响产业链的安全与韧性，包括改善供应链可视化、决策支持、资源配置等方面的应用，总结成功经验。

第八章：政策建议

本章提供了针对研究发现和分析的实际政策建议。这些建议分为政府层面和企业层面两个部分。政府层面的建议包括支持和引导大数据在产业链安全与韧性方面的应用，建立国家级创新平台，加强人才培养，并推动协同发

展。企业层面的建议包括建立数据采集和分析系统，加强数据分析和应用，建立数据安全保障机制，推动数据共享和协同，并加强人才培养和引进。这些政策建议旨在提高我国产业链的安全性和韧性，促进产业链的现代化发展。

二、研究方法

本书采用了多种研究方法，包括文献研究法、数据收集与分析、模型建立与验证、案例研究等，以保证研究的科学性和有效性。具体的研究方法如下：

（一）文献研究法

本书通过广泛查阅国内外相关文献，系统梳理和分析了大数据背景下产业链安全与韧性的相关概念、内涵、评价指标和方法。文献研究法能够使研究者深入了解国内外学界和业界在该领域的研究进展和理论基础，明确本书的理论框架和创新点。同时，文献研究法还能够发现研究中存在的知识空白和争议点，为后续研究提供理论指导和思路。

（二）数据收集与分析

为了全面了解我国不同行业、不同地区、不同类型的产业链安全与韧性情况，本书运用大数据技术和方法，广泛收集和整理了包括产业链结构、产业链演化、产业链风险等方面的相关数据。在数据收集完成后，本书运用描述性统计分析、比较分析、聚类分析等统计方法对数据进行处理和分析。这些分析方法能够揭示我国产业链安全与韧性的现状、问题和差异，为后续的模型建立和验证提供实证基础。

（三）模型建立与验证

模型建立与验证是本书的核心任务。基于前期的文献综述和数据分析结果，本书根据评价框架，选择合适的评价指标和权重，建立了大数据背景下产业链安全与韧性的评价模型。这些模型可以综合考虑产业链的多个方面和因素，包括供应链、生产链、信息安全等，以定量评估产业链的安全性和韧性水平。为了验证模型的有效性和稳健性，本书采用多元统计分析、结构方程模型、系统动力学等先进的分析技术和模式。通过这些方法的运用，本书可以深入探索影响我国产业链安全与韧性的内部和外部因素，并对模型进行科学的检验和优化。

（四）案例研究

案例研究是对前文研究的重要补充。本书选取了工业互联网、电商物流、农业等具有代表性的产业链作为案例研究对象。通过对这些产业链的具体分析，本书可以深入研究大数据对产业链安全与韧性的影响机制和实践效果。

同时，案例研究也能够总结出相关行业或领域的经验教训和启示，为其他产业链的安全与韧性管理提供借鉴和指导。

通过以上多种研究方法的有机组合，本书旨在确保研究的科学性和有效性，从多个维度和层面深入探讨大数据背景下产业链安全与韧性的问题。这些研究方法使本书结果更具可信度和说服力，为产业链安全与韧性的实践和管理提供理论支持和决策依据。

第三节 主要创新点

本书研究的主要创新点有以下几个方面：

（1）填补了现有大数据研究在产业链方面的部分空白。本书采用全面性的研究框架，覆盖了大数据对产业链的影响机制、安全与韧性评估、路径和策略提升、案例研究以及政策建议等多个关键领域。这种全面性的视角有助于研究者和决策者全面理解大数据背景下的产业链挑战。本书将理论研究与实际案例相结合，通过系统梳理大数据的影响机制，并基于数据分析和实地考察提供实证支持。这种结合使得研究不仅依靠理论构建，还具备实际验证，从而为研究结果的可信度和实用性提供了坚实的基础。本书着眼于大数据背景下的产业链安全与韧性，弥补了这一领域的研究空白。通过深入的理论分析和实证研究，本书提供了新的见解，丰富了学术界对产业链发展的认知。总之，本书通过系统性的研究框架、理论与实证相结合的方法，为大数据时代下的产业链安全与韧性问题提供了重要的分析和指导，有助于学术界、政府决策者和企业从业人员更好地理解和应对相关挑战。

（2）构建了大数据背景下产业链安全与韧性的评价指标体系和模型。本书运用了大数据技术，构建了大数据背景下产业链安全与韧性的评价指标体系和模型，对我国不同行业的产业链安全与韧性进行了量化评价和比较分析。本书在现有研究的基础上进行了改进和拓展，不仅综合了国内外相关研究成果，而且也考虑了我国国情和行业特点，设计了更适合我国产业链的评价指标和方法。本书也运用了最新的大数据技术，收集和分析了大量的数据，提高了评价的准确性和客观性。本书还对不同行业和地区的产业链安全与韧性进行了深入的比较分析，揭示了产业链安全与韧性的差异和问题，为政府和企业提供了科学的决策支持和应对策略。

（3）将现有大数据背景下产业链安全与韧性的研究与实践相结合进行分

析。本书借鉴了国内外典型案例，总结了大数据赋能产业链安全与韧性的成功经验和做法，为我国产业链发展提供了有益的参考和启示。本书在现有实践的基础上进行了深入分析和总结，选择了有代表性的产业链，如工业互联网、电商物流和农业，进行了深入的案例研究。这些案例不仅涵盖了不同行业、不同规模、不同阶段、不同地区等多种类型的产业链，而且也反映了大数据在产业链中应用的多样化场景和形式。本书通过对这些案例进行详细描述、分析、评价、比较等方法，总结出大数据赋能产业链安全与韧性的成功经验和做法，并指出其中面临的挑战和问题。这些案例研究不仅为本书的理论框架和模型提供了实证支持，而且也为我国产业链发展提供了借鉴和启示。

第二章　大数据与产业链的定义、发展脉络及特征类型

第一节　大数据的定义、发展脉络及特征类型

一、大数据的定义和来源

（一）大数据的定义

人类在 6000 年前就开始用数据记录社会的情况，最早的数据是苏美尔人用土块写下的，包括王室税收、土地、粮食、牲畜、奴隶和黄金等。这样的数据处理系统经历了几千年的演变，出现了殷墟甲骨文、古埃及莎草纸、羊皮纸等。19 世纪末，打孔卡片被用于 1890 年美国人口普查，代替了土块，使得系统可以每秒查找或更新一个“土块”（卡片）。由此可见，数据记录社会的历史很悠久，而数据的数量和系统的能力与社会结构的复杂程度和生产力水平密切相关。

在进入 21 世纪后，互联网和移动互联网技术的发展，让人与人之间的交流更加频繁，社会结构更加复杂，生产力水平得到极大提升，人类创造性活力得到充分释放，这些都导致了数据规模和处理系统的巨大改变。近年来，随着移动互联网、物联网以及云计算等飞速发展，数据的存储单位由 B、KB、MB、GB、TB 扩充到 PB、EB、ZB、YB、BB、NB、DB。据不完全统计，现在每年产生的信息总量都要超过此前互联网时代所有数据的总和。过去科学家花费 10 年时间测算出来的人类 30 亿个碱基对序列，现在基因仪只需 15 分钟就能完成；在美国纽约证券交易所，每天有超过 70 亿股股票在流通交易，而这些交易中有超过 70%的股票是通过量化模型和计算机程序自动交易的；在互联网领域，谷歌每天处理的数据量超过 25PB，Facebook 每天处理超过 1000 万张照片，而 Twitter 每天有超过 4 亿条动态更新，并且这些数据正在

呈现指数级别的增长态势。庞大的数据量让人惊叹，同时它也给各行各业带来了业态变革，无论是传统行业还是新兴产业无时无刻不受到大数据的影响。

大数据及相关概念的定义是学界一直争论的部分。James Manyika 和 Michael Chui（2011）对大数据的概念、特征、价值、挑战和应用进行了全面的分析和展望。文章认为，大数据是创新、竞争和生产力的新前沿，将成为各个领域和行业的重要竞争力和增长源泉。文章提出了五种利用大数据创造价值的方式，分别是提高信息透明度、提升性能水平、优化决策过程、创新产品和服务、改善客户关系。文章还以美国医疗、欧洲公共部门、美国零售、全球制造和个人位置数据为例，量化了大数据在不同领域的潜在价值，并给出了实现这些价值所需的关键成功因素和政策建议。IBM 公司发布了一份白皮书，旨在介绍大数据和大数据分析的概念、意义、应用和案例（Jeanne, 2012）。文章指出，大数据是指超出传统数据库能力范围的海量、多样、快速变化的数据，而大数据分析是指利用先进的技术和方法从大数据中提取有价值的信息。文章强调，大数据分析可以帮助企业和组织提高效率、降低成本、增加收入、创造竞争优势、促进创新。文章还列举了 IBM 在不同行业和领域的大数据分析解决方案和成功案例，展示了大数据分析的实践价值和应用前景。杨俊（2018）从大数据的角度，探讨了大数据作为生产要素的一个内生增长理论。文章认为，大数据是指由于信息技术的发展而产生的海量、多样、快速变化的数据，它对技术进步和经济增长有重要的影响。

大数据的定义强调了以下关键要素：①规模巨大：大数据集合具有庞大的数量级，通常远超传统数据集的规模。②类型多样：大数据涵盖了各种不同类型的数据，包括结构化、半结构化和非结构化数据。③处理速度快：大数据的产生和流动速度非常快，要求对数据进行实时或近实时的处理和分析。④价值密度低：大数据中包含了大量的噪声数据和低价值数据，需要通过高级分析技术提取其中有用的信息。

尽管不同学者对大数据的定义略有不同，但这些观点共同强调了大数据所具备的规模、复杂性和处理需求等方面的特点。因此，我们可以综合这些观点来形成一个更全面的大数据定义，以便更好地理解大数据的内涵和意义。

（二）大数据的来源

人与人交流和交易产生数据，社交网络、移动通信、电子商务、金融交易也会产生大量数据，机器交互、智能感应设备产生的数据则更为巨大。根据美国互联网数据中心的统计，互联网产生的数据每过一年就要增加一倍，而且全球 90%以上的数据量是最近几年产生的。不仅是人们在互联网产生的数据，全球的汽车、工业设备、各类计量感应器等，随着环境和化学物质的变化，无时无刻不在产生着巨量数据信息。根据产生主体的不同，大数据主要有以下四类来源，即互联网数据、科研数据、企业数据和感知数据。

1. 互联网数据

互联网大数据是指通过互联网收集、存储、分析和利用的海量数据。互联网大数据的来源主要有以下几种：①用户生成的内容，如社交媒体、博客、论坛、评论、视频、图片等；②互联网服务的日志，如搜索引擎、电子商务、在线教育、在线游戏等；③互联网设备的传感器，如智能手机、智能手表、智能家居等；④互联网公开的数据，如政府数据、新闻数据、地理数据等。互联网大数据的规模非常庞大，据不完全统计，2020 年，我国数据总量达到 8000EB，占全球数据总量的 21%，已成为名列前茅的数据资源大国和全球数据中心。我国互联网大数据领域发展态势良好，市场化程度较高，一些互联网公司建成了具有国际领先水平的大数据存储与处理平台，并在移动互联网、电子商务、社交网络等方面取得了显著成效。比如，以搜索著称的百度与谷歌的数据规模都已经达到上千 PB 的规模级别，而应用广泛、影响巨大的脸书、亚马逊、雅虎、阿里巴巴的数据都突破上百 PB。

2. 科研数据

科研数据是指在科学研究过程中产生或使用的各种数据，包括观测数据、实验数据、模拟数据、文献数据等。科研数据的来源和规模取决于不同的学科领域和研究方法。一般来说，科研数据的来源可以分为以下几类：一是仪器设备产生的数据，如大型强子对撞机、天文望远镜、基因测序仪等高性能设备可以产生海量的数据，每秒达到 PB 级别。二是人工采集的数据，如调查问卷、访谈记录、社会网络分析等社会科学研究方法可以收集大量的数据，但规模相对较小，一般为 GB 或 TB 级别。三是网络爬虫获取的数据，如利用网络爬虫程序从互联网上抓取相关的网页、图片、视频等信息，可以获得大量的非结构化或半结构化的数据，规模也可能达到 PB 级别。四是公开共享的数据，如利用开放数据平台或知识库获取其他机构或个人发布的科研数据，可以节省研究成本和时间，提高研究效率和质量，规模根据不同的平台和知识库而异。

3. 企业数据

企业数据是指企业在生产经营活动中产生或获取的各种类型的数据。一般来说，企业数据的分类和特点可以从不同的角度进行分析，根据数据的来源，可以将企业数据分为三类：一是自有数据，即企业内部产生的数据，如交易、运营、财务、人力等部门的数据。这类数据通常是结构化的，易于存储和管理，也是企业最核心的资产之一。二是三方数据，即企业从外部获取的数据，如网络数据、通信数据、信用数据、客户数据等。这类数据通常是半结构化或非结构化的，需要进行清洗和整合，也是企业拓展市场和优化服务的重要依据。三是采集数据，即企业通过各种途径接收到的数据，如传感器、图像视频、社交媒体、物联网等。这类数据通常是非结构化的，具有海量、多样、实时等特点，也是企业创新和变革的重要驱动力。

4. 感知数据

感知数据是一种从物理世界中收集的数据，它反映了物理对象或现象的状态、属性或行为。感知数据的来源有多种，主要包括以下四类：一是传感器。传感器是一种能够将物理量转换为电信号的设备，如温度传感器、湿度传感器、光照传感器等。传感器可以部署在各种场景中，如智能家居、智能交通、智慧城市等，实时地采集环境信息。二是移动设备。移动设备是指具有通信和计算功能的便携式设备，如智能手机、平板电脑、手表等。移动设备可以通过内置的传感器或外接的设备，收集用户的位置、行为、健康等数据。三是社交媒体。社交媒体是指基于互联网的平台，让用户可以创建、分享和交流内容，如微博、微信、知乎等。社交媒体可以提供用户的意见、情感、兴趣等数据。四是视频监控。视频监控是指利用摄像机和网络技术，对特定区域进行实时或录像的观察和记录，如公共场所、商业场所、住宅区等。视频监控可以提供人员、车辆、物品等的图像数据。感知数据具有海量、多样、实时和不确定等特点，对数据分析和应用提出了新的挑战和机遇。

二、大数据的相关研究和发展脉络

（一）大数据的相关研究

1. 大数据对产业链安全与韧性的影响理论机制角度

大数据作为一种新型的生产要素，给各个产业和领域带来了深刻的变化和影响。产业链安全与韧性是衡量产业竞争力和可持续性的重要指标。因此，探讨大数据对产业链安全与韧性的影响理论机制，对于有效利用大数据提高产业链安全与韧性具有重要的理论指导和实证支持。以下将从三个方面进行文献的总结和分析：

（1）大数据对产业链的创新和竞争的影响。这个方面可以从大数据如何提高产业链的创新能力、竞争力和生产力等说明大数据对产业链的正向影响，以及大数据如何带来新的竞争优势和机会。Tim 等（2012）介绍了大数据的定义、特征和来源，以及大数据在各个行业和领域的应用和案例，可以用来说明大数据对产业链的创新、竞争和生产力的影响。文章指出，大数据是指那些超出了传统数据库软件工具的能力范围，无法捕捉、管理和处理的数据集，它们的体量、速度和多样性都很大。作者认为，大数据是一种新的竞争优势，它可以帮助企业和组织提高运营效率、优化资源配置、增强客户关系、创造新的产品和服务、改善社会福利等。Andrew 等（2012）阐述了大数据作为一种新的生产要素，如何改变我们的生活和工作方式，以及大数据对竞争和增长的关键驱动力，可以用来说明大数据对产业链的创新、竞争和生产力的影响。文章指出，大数据的特点是数据的体量、速度和多样性，这些特点使大数据比过去的分析更加强大和灵活，可以帮助企业和组织提高透明度、降低不确定性、提升性能、促进创新和增加消费者剩余。作者认为，大数据的使用需要有明确的战略、目标、方法和指标，以及相应的技术、人才、管理和文化，以充分发挥大数据的潜力。

（2）大数据对产业链的价值创造和风险控制的影响。这个方面可以从大数据如何提高产业链的价值创造能力、风险控制能力和信任关系等说明大数据对产业链的正向影响，以及大数据如何带来新的风险和挑战。Bughin 等（2011）分析了大数据在不同行业和领域的应用和价值，以及大数据的战略意义和管理挑战，可以用来说明大数据对产业链的价值创造和风险控制的影响。文章指出，大数据可以帮助企业和组织提高运营效率、优化资源配置、增强客户关系、创造新的产品和服务、改善社会福利等。作者认为，大数据的利用需要有清晰的愿景和目标，以及有效的组织和技术支持，以应对大数据的复杂性和不确定性。Manish 等（2012）介绍了如何利用大数据分析来开发高效的销售策略，针对不同的微市场进行定制化的销售，可以用来说明大数据对产业链的价值创造和风险控制的影响。文章指出，大数据可以帮助企业和组织识别与分析不同的客户群体和需求，以及不同的竞争环境和机会，从而制定更精准和更有效的销售策略和行动。胡登峰（2019）以科大讯飞智能语音技术为案例，探讨了新兴产业后发企业如何通过自主创新，实现关键核心技术的突破和国产替代，可以用来说明大数据对产业链的价值创造和风险控制的影响。文章指出，科大讯飞通过大数据的收集、处理和分析，提高了智能语音技术的质量和性能，从而实现了国际领先的水平，打破了国外的技术垄断，提高了国内的市场占有率和品牌影响力。宋华等（2022）分析了数字技术如何通过提高信息共享、降低交易成本、增强信用评估和风险控制，构建供应链金融网络信任关系，可以用来说明大数据对产业链的价值创造和风险控制的影响。文章指出，数字技术可以帮助企业和组织实现供应链金融的数字化转型，包括供应链金融的数字化产品、数字化平台、数字化流程和数字化治理，从而提高供应链金融的效率、安全和可持续性。

（3）大数据对产业链的组织和竞争的影响。这个方面可以从大数据如何重塑产业界限、重构产业链、重组产业竞争和重构产业治理等说明大数据对产业链的深刻影响，以及大数据如何带来新的组织和竞争模式。Jeff（2006）提出了“众包”这个概念，即利用互联网平台，将原本由专业人士完成的任务或项目，分解成小块，分散给大量的普通人（群体）来完成，从而降低成本，提高效率，创造价值，可以用来说明大数据对产业链的组织和竞争的影响。作者指出，众包是一种新的组织和竞争模式，它可以帮助企业和组织利用大数据的多样性和智慧，解决各种复杂和创新的问题，从而提高产业链的协作和创新能力。Sang 等（2012）介绍了一种新的创新范式，即“共创新”，即将来自各种内部和外部来源的新思想和方法，集成在一个平台上，以产生新的组织和共享价值，可以用来说明大数据对产业链的组织和竞争的影响。文章指出，共创新是一种新的组织和竞争模式，它可以帮助企业和组织利用大数据的融合和协作，创造新的产品和服务，从而提高产业链的融合和价值创造能力。

2. 大数据背景下产业链安全与韧性的现状角度

大数据作为一种新型的生产要素，给各个产业和领域带来了深刻的变化和影响。产业链安全与韧性是衡量产业竞争力和可持续性的重要指标。因此，分析大数据背景下产业链安全与韧性的现状，对于有效利用大数据提高产业链安全与韧性具有重要的实践意义和政策指导。以下将从三个方面进行文献的总结和分析：

（1）大数据的特征、定义、来源。这个方面可以从大数据的定义、来源、规模、速度、多样性等说明大数据的特征，以及大数据如何创造价值。James 等（2011）给出了大数据的一个定义，即“大数据是高容量、高速度和/或高多样性的信息资产，它们要求采用成本效益的、创新的信息处理形式，以实现增强的洞察力、决策支持和过程自动化”，并分析了大数据在五个领域的应用和价值，以及大数据的竞争和增长的关键基础。Douglas（2012）给出了大数据的一个定义，即“大数据是指那些无法用传统的数据处理应用软件来捕捉、管理和处理的数据集，它们的体量、速度和多样性都很大”，并提出了大数据的三个维度，即数据的体量（Volume）、速度（Velocity）和多样性（Variety）。John 和 David（2010）描述了“数字宇宙”的概念和规模，即在一年内创建、复制和消费的所有数字数据的度量，以及对该宇宙到 2020 年的规模的预测，可以用来说明大数据的体量、速度和多样性。

（2）大数据的挑战和机遇。这个方面可以从大数据的定义、特征、来源、价值、风险等说明大数据的挑战和机遇，以及大数据如何影响不同产业链的安全与韧性。Jeanne（2012）从财务管理的角度，讨论了大数据的挑战和机遇，以及数据的有效收集、管理和分析可以带来的商业决策和竞争优势，可以用来说明大数据对金融产业链的影响和问题。文章指出，大数据是指那些超出了传统数据库软件工具的能力范围，无法捕捉、管理和处理的数据集，它们的大小、速度和多样性都很大。作者认为，大数据可以帮助财务管理者提高数据的质量、可用性和价值，从而提高财务报告、预测、规划、分析、风险管理、合规性等方面的效率和准确性。作者也提出了大数据面临的一些挑战，包括数据的安全、隐私、质量、整合、治理等方面，以及财务管理者需要具备的数据分析技能和工具。Brown 等（2011）分析了大数据在五个领域的应用和价值，以及大数据的竞争和增长的关键基础，可以用来说明大数据对不同产业链的影响和挑战。文章指出，大数据已经成为一种新的经济资产，与货币或黄金相媲美，它可以提高透明度、降低变异性、提升性能、促进创新和增加消费者剩余。作者认为，大数据将成为竞争和增长的关键基础，每个行业和部门的领导者都必须面对大数据的影响和挑战。M. W. Johnson 等（2008）介绍了如何识别和实施商业模式创新的方法和工具，以抓住颠覆性的机会和增长，可以用来说明大数据对商业模式创新的影响和机会。文章指出，商业模式创新是指通过提供一个新的客户价值主张，或者通过配置一个新的利润公式，或者通过制定一个新的资源网络，来改变企业和组织的价值创造、传递和获取的方式。作者认为，商业模式创新需要有清晰的愿景和目标，以及有效的组织和技术支持，以应对市场的变化和不确定性。作者也提出了商业模式创新的一些挑战，包括识别和评估颠覆性的机会、设计和测试新的商业模式、实施和扩展新的商业模式等方面。

（3）大数据背景下产业链安全与韧性的实证研究。这个方面可以从不同的产业和领域，以及不同的方法和数据说明大数据背景下产业链安全与韧性的实证研究的现状和发展趋势。姜婷凤（2018）利用来自 100 多个网站的高频价格大数据，测度了中国商品价格粘性程度、识别了价格调整模式，并将微观测度结果用于测算货币政策有效性，可以用来说明大数据对商品价格和货币政策的影响和问题。焦豪等（2021）探讨了大数据如何通过提高信息透明度、降低信息不对称、增强信用评估和风险控制，构建供应链金融网络信任关系。

3. 大数据背景下产业链安全与韧性的评价模型与模式分析角度

大数据作为一种新型的生产要素，给各个产业和领域带来了深刻的变化和影响。产业链安全与韧性是衡量产业竞争力和可持续性的重要指标。因此，构建和分析大数据背景下产业链安全与韧性的评价模型和模式，对于有效利用大数据提高产业链安全与韧性具有重要的理论意义和实践价值。以下将从两个方面进行文献的总结和分析：

（1）大数据背景下产业链安全与韧性的评价标准和维度。这个方面可以从大数据的定义、特征、价值等说明大数据背景下产业链安全与韧性的评价标准和维度，以及不同产业和领域的评价差异与特点。Douglas（2012）认为“大数据是高容量、高速度、高多样性的信息资产，它们要求采用成本效益的、创新的信息处理形式，以实现增强的洞察力、决策支持和过程自动化”，可以用来说明大数据的评价标准和维度。作者提出了大数据的三个维度，即数据的体量、速度和多样性，并认为这些维度可以用来评价大数据的质量、效率和价值，从而影响产业链的安全与韧性。冯耕中等（2023）探讨了产业链安全与韧性评估标准和维度，包括脆弱性、抗风险能力、灵活性、透明度和协同能力。利用大数据技术进行数据收集、分析和预警，提出了多元化供应商选择、建立应急库存和加强信息共享等应对策略，为提升产业链安全性提供了实用指导。张文魁（2022）分析了数字技术的内生特性，包括数字化、网络化、智能化和平台化，以及这些特性对产业组织的影响，包括产业界限、产业链、产业竞争和产业治理等方面，可以用来说明大数据背景下产业链安全与韧性的评价标准和维度。作者认为，这些特性可以用来评价大数据的规模、速度、多样性和价值，从而影响产业链的安全与韧性，但也需要考虑不同的产业和领域的特点及差异。

（2）大数据背景下产业链安全与韧性的评价方法和模型。这个方面可以从大数据的收集、存储、分析、应用等说明大数据背景下产业链安全与韧性的评价方法和模型，以及不同的数据来源、类型、质量等方面的影响和问题。姜婷凤（2018）利用来自 100 多个网站的高频价格大数据，测度了中国商品价格粘性程度、识别了价格调整模式，并将微观测度结果用于测算货币政策有效性，可以用来说明大数据的评价方法和模型。作者采用了在线大数据的收集、清洗、整合、分析等方法，构建了一个基于在线大数据的商品价格粘性测度模型，以及一个基于微观测度结果的货币政策有效性测算模型，从而实现了对产业链安全与韧性的评价和分析。易加斌等（2021）探讨了学习导向和大数据能力对商业模式创新的影响，以及产业类型对这一影响的调节效应，可以用来说明大数据的评价方法和模型。作者采用了结构方程模型的分析方法，基于中国上市公司的数据，构建了一个学习导向、大数据能力、商业模式创新和产业类型的关系模型，以及一个产业类型的调节效应模型，从而实现了对产业链安全与韧性的评价和分析。

4. 大数据背景下产业链安全与韧性的提升路径角度

大数据作为一种新型的生产要素，给各个产业和领域带来了深刻的变化和影响。产业链安全与韧性是衡量产业竞争力和可持续性的重要指标。因此，探索和分析大数据背景下产业链安全与韧性的提升路径，对于有效利用大数据提高产业链安全与韧性具有重要的战略意义和实践价值。以下将从两个方面进行文献的总结和分析：

（1）大数据如何提高产业链的协作和创新能力。这个方面可以从大数据如何促进产业链内外部的信息共享、知识交流、资源整合、协同创新等说明大数据如何提高产业链的协作和创新能力，以及不同的协作和创新模式和案例。Jeff（2006）提出了众包这种新的协作和创新模式，它可以利用大数据的多样性和智慧，解决各种复杂和创新的问题，从而提高产业链的安全与韧性。作者举例了众包在各个领域的应用和案例，如维基百科、亚马逊土耳其机器人、InnoCentive 等。Sang 等（2012）介绍了共创新这一新的协作和创新模式，它可以利用大数据的融合和协作，创造新的产品和服务，从而提高产业链的融合和价值创造能力。作者列举了共创新在各个领域的应用和案例，如苹果、谷歌、星巴克等。

（2）大数据如何提高产业链的技术和竞争能力。这个方面可以从大数据如何促进产业链的技术创新、技术突破、技术替代、技术竞争等说明大数据如何提高产业链的技术和竞争能力，以及不同的技术和竞争模式与案例。胡登峰（2019）以科大讯飞智能语音技术为案例，探讨了新兴产业后发企业如何通过自主创新，实现关键核心技术的突破和国产替代，可以用来说明大数据如何提高产业链的技术和竞争能力。作者认为，新兴产业后发企业的技术和竞争能力，需要有相应的创新、协作、学习和转型的能力和机制来实现。他分析了科大讯飞如何通过大数据的收集、处理和分析，提高智能语音技术的质量和性能，从而实现了国际领先的水平，打破了国外的技术垄断，提高了国内的市场占有率和品牌影响力。Tim 等（2012）介绍了大数据的定义、特征和来源，以及大数据在各个行业和领域的应用和案例，可以用来说明大数据对不同产业链的技术和竞争能力的影响和机会。作者认为，大数据是一种新的竞争优势，它可以帮助企业和组织提高运营效率、优化资源配置、增强客户关系、创造新的产品和服务、改善社会福利等。作者列举了大数据在各个领域的应用和案例，如零售、制造、医疗、教育、政府等。

总而言之，上述文献探讨了大数据对产业链安全与韧性的多个方面。首先，从影响理论机制的角度分析，上述文献明确指出大数据通过提高产业链创新能力、竞争力和生产力，成为新的竞争优势。其次，上述文献详述了大数据对价值创造和风险控制的积极影响，强调了大数据在优化资源配置、提高运营效率和创新服务等方面的价值。最后，上述文献深入探讨了大数据对组织和竞争的影响，引入“众包”概念，说明大数据如何改变产业链组织形式，重构竞争模式，提高协作和创新能力。

文献同时关注了大数据背景下产业链安全与韧性的现状。首先，通过描述大数据的特征、定义和挑战，强调了数字技术内生特性对产业链的影响。其次，上述文献还涵盖了实证研究，以不同产业和领域为例，阐述了大数据在实践中的应用现状。最后，上述文献提出了大数据背景下产业链安全与韧性的评价模型与模式分析，包括评价标准、维度和方法，为深入理解大数据对产业链的影响提供了理论支持。

（二）大数据的发展脉络

在过去的几十年中，大数据经历了多个阶段的发展和演进。

1. 早期的数据处理阶段

大数据的发展脉络可以追溯到计算机技术的早期阶段。在 20 世纪 50 年代和 60 年代，计算机的出现极大地促进了数据处理的能力和效率。当时，主要关注的是如何收集、存储和处理结构化数据，如销售记录、人口普查数据等。这一阶段主要使用批处理技术，即将数据分批次处理，通常需要较长的时间才能完成。

2. 数据库技术的兴起

随着计算机硬件和软件技术的进一步发展，数据库技术开始兴起，为数据的存储和管理提供了更加高效和灵活的解决方案。在 20 世纪 70 年代和 80 年代，关系数据库管理系统（RDBMS）成为主流，通过使用结构化查询语言（SQL）实现数据的存储、检索和处理。这一阶段的重点是提高数据的可靠性、一致性和安全性。

3. 互联网的兴起和大数据的雏形

20 世纪 90 年代，随着互联网的兴起和普及，大量的数据开始在互联网上产生和流动。此时，大数据的雏形开始显现。网络上的用户交互、电子商务、社交媒体等活动产生了大量的非结构化数据，如文本、图像、音频和视频数据，处理和分析这些非结构化数据成为新的挑战。

4. 大数据的概念提出和技术突破

21 世纪初，随着大数据概念的提出，人们开始关注如何处理和分析海量的非结构化数据。随着存储和计算技术的快速发展，各种新兴的大数据处理技术和平台相继涌现。例如，Hadoop 的出现引领了分布式存储和计算的浪潮，使得处理大规模数据集成为可能。同时，出现了许多大数据技术和工具，如 NoSQL 数据库、分布式文件系统、实时流处理等，为大数据的收集、存储、处理和分析提供了更加高效和可扩展的解决方案。

5. 大数据分析和应用的兴起

随着大数据技术的成熟和应用案例的不断涌现，大数据分析和应用逐渐成为关注的焦点。数据科学家和分析师利用大数据技术和算法，挖掘数据中的模式、趋势，从而为企业和组织提供决策支持和商业价值。各行各业开始广泛应用大数据分析，包括市场营销、金融、医疗保健、交通运输等领域。同时，人工智能和机器学习等技术的发展也与大数据密切相关，相互促进和推动着彼此的进步。

综上所述，大数据的发展经历了从早期的数据处理到现代的大数据分析和应用的演进过程。随着计算机技术、互联网和大数据技术的不断发展，大数据的规模、类型和处理速度越来越大，应用领域也越来越广泛。然而，大数据的发展仍面临许多机遇和挑战，需要持续的研究和创新来推动其进一步发展。

三、大数据的特征和类型

（一）大数据的特征

在信息技术发展日新月异的今天，不同人对大数据的解读均有差异，但是关于大数据的特征均给出了一致的回答，即大数据具有 5V 的特征：数据体量庞大（Volume）、数据处理快速（Velocity）、数据种类多样（Variety）、数据价值密度低（Value）和数据真实性低（Veracity）。

数据体量庞大（Volume）：是指大数据的数据量的庞大性和完整性。其中，数据量庞大是大数据的基本属性。随着信息技术和互联网的不断发展，数据量激增可以从以下几点来看：首先，互联网络和传感器技术的发展。互联网使更多的人、企业、机构能够方便地获取和分享数据，而不像以前那样只有少数机构能够通过调查、取样的方式获取数据，而且发布数据的机构也很有限。用户在网络上不仅可以轻松地获取数据，还可以通过分享、点击、浏览等方式快速地提供数据。传感器技术使人们能够获取更接近原始事物的数据，相同事物的数据量也随之增加。其次，数据的抽象程度和维度影响了数据量的大小。早期的数据是低维、简单类型的数值，用表格形式来处理，单位、量纲和意义都相对统一，所以数据量有限，增长速度慢。而随着应用的发展，数据的维度越来越高，描述相同事物需要更多的数据。例如，网络上的数据，早期主要是文本和一维音频，维度低，单位数据量小。进入移动互联网时代以来，二维的图像、视频等大量充斥网络，而且三维扫描设备和动作捕捉设备的普及也使得数据更接近真实世界，描述能力更强，数据量也必然以几何级数增长。最后，处理数据的方式和理念也影响了数据量的大小。早期，受制于获取和分析数据的能力，人们只能用采样的方法获取少量数据以描述事物的全貌。而获取和处理数据的能力决定了样本数量的大小，因此对于复杂事物，人们也是尽可能地利用时代的技术手段从有限的样本量中分析事物的整体属性。如今，随着技术的发展，可获取到的样本数据越来越接近原始总体数据，因此，为了确保数据完整性和不遗漏重大细节，人们越来越倾向于直接处理所有总体数据，以求提高事物预测的精确度和多角度解释事物的属性。

数据处理快速（Velocity）：是指数据产生和处理的速度越来越快，对数据处理要求时效性。为何大数据对数据处理速度要求如此之高呢？一方面，信息技术的进步使得数据的获取和传播变得更加容易和快速，个人也成为了数据的生产者之一，数据量呈现爆炸式的增长，新数据的不断产生要求数据处理的速度也要相应提高，若新数据得不到及时处理和利用，则不但不能解决问题反而会产生新的负担，因此需要更高的处理速度才能发挥其价值。另一方面，数据也不是固定不变的，而是在网络中不断流动，随着时间的流逝，其价值也会迅速下降。如果不能及时处理数据，它就会失去意义。在生产生活中，数据处理快速体现在各方面，比如朋友圈照片的发布、电子商务的信息交流、短视频的即时更新，等等，这些都涉及人与人、人与机器之间的信息互动，因此数据交换是否延迟和快速是数据处理的关键。

数据种类多样（Variety）：是指数据的类型多样，包括结构化、半结构化和非结构化数据。大数据与传统数据处理的最大不同点就是其更关注非结构化数据，当前非结构化数据已经占到数据总量的 75%，且正以快于结构化数据 10~50 倍的速度增长。通常来说，传统的数据通常是结构化的，即按照一定的规则和格式存储在数据库中，方便人类和计算机处理。结构化数据是对事物的抽象，只保留了有用的信息和属性，忽略了不重要的细节。处理结构化数据，只需要事先定义好数据的含义和属性，然后按照表格的形式存储和查询数据。这样，无论数据量多大，都可以用常规的技术手段处理，不需要显著改变方法。这种方法关注大众化、标准化的信息，使得处理传统数据的难度一般是线性的。然而，随着互联网的高速发展，大量非结构化的数据开始出现，如照片、视频、文件等这类没有统一结构属性，不能用表结构表示的非结构数据，大大增加了数据处理的难度和速度。此外，生活中各式各样的传感器也在不断产生大量半结构化和非结构化的数据。综上所述，大数据是不能用一种或几种规定模式来表示的日趋复杂、种类多样的数据形式，它更关注如何处理小众化、体验化以及包含大量细节的非结构化数据。

数据价值密度低（Value）：是指在庞大的数据量面前，大数据有效信息含量少。在大数据时代，数据的价值不在于数量，而在于质量。数据越多，就越需要筛选和分析，才能找到有用的信息。在过去，传统数据是为了分析特定问题而对对象进行抽象，每条数据都包含所需考虑的信息，而大数据直接采用原始数据，保留全部细节，不进行抽象或采样处理，因此可以分析更多信息，但也引入了无意义或错误的信息。因此，对某些应用来说，大数据关注的非结构化数据价值密度偏低。例如，监控视频会生成大量的数据，但其中有效的数据可能很少。如要确定犯罪嫌疑人的面部特征，只要一两秒钟的视频片段就够了，而其他的视频信息都是无效的。这就让寻找有效数据变得困难。但是，对于不同的应用，数据的有效性和价值是有差别的。有些应用可能需要那些看似无效的信息，而有些细节数据可能会产生重大的影响。例如，网络上的一条微博，可能会引发信息的快速传播和扩散，具有极高的价值。因此，为了适应新的应用需求，通常必须保存所有数据。这样就导致了数据量的飞速增加和数据价值密度的降低。

数据可信度低（Veracity）：是指大数据的质量和准确性不一定可靠，可能存在错误、噪声或不一致的数据。在现实世界中，大数据中的数据不一定能够真实地反映或预见现实中的情况或变化，可能存在一些偏颇、噪声或不一致的数据，这会削弱数据的有用性和可信性，数据可信度低可能造成分析结果不精确、不全面或不稳定，从而影响决策的正确性和效率。造成数据可信度低的原因有以下几点：首先，由于统计偏差的存在，数据可能在采样、抽象、归纳等过程中产生偏差而导致不准确；其次，数据中可能存在一些无意义、无关联或干扰的数据，影响数据的清晰度和一致性；再次，数据中可能存在异常值或离群值，如一些与正常数据明显不同的数据，从而影响数据的规律性和可预测性；最后，数据可能由于缺乏清晰的来源、历史、变化等信息而导致不可追溯或不可验证。比如，在社交媒体上的用户评论是一种非结构化数据，它可以反映用户的观点、情感、偏好等信息，对企业来说，分析这些数据可以帮助了解客户需求、评估产品质量、提升品牌形象等。但是，社交媒体上的用户评论也存在一些问题，如评论可能包含错误的拼写、语法、用词等，导致分析结果不准确；可能包含虚假的信息、恶意的攻击、水军的刷单等，导致分析结果不真实；也可能包含不相关的内容、重复的内容、缺乏逻辑的内容等，导致分析结果不完整；还可能来自不同的平台、地区、文化等，导致分析结果不一致。因此，面对大数据可信度低的挑战，需使用自然语言处理技术、数据清洗、数据融合和数据验证技术等，以增强数据的质量和可靠性。

（二）大数据的类型

大数据的类型有多种划分方式，其中主流划分方式是根据数据来源进行划分。这些大数据类型具有不同的特点和用途，对于各种领域的分析和决策都具有重要意义。处理和分析这些类型的数据需要适当的工具和技术，以便从中提取有价值的信息。

1. 结构化大数据（Structured Data）

这种类型的数据具有明确的数据模式和格式，通常以表格形式存储，可以使用关系型数据库进行管理和查询。典型的结构化数据包括数据库中的表格数据、电子表格数据等。

2. 半结构化大数据（Semi-Structured Data）

半结构化数据相对于结构化数据来说，具有一定的结构，但不像传统的表格数据那样严格。这种数据通常使用标签、标记或键值对来组织，如JSON、XML、NoSQL数据库等。

3. 非结构化大数据（Unstructured Data）

非结构化数据没有明确的数据模式，通常是以自然语言文本、图像、音频、视频等形式存在。社交媒体帖子、新闻文章、图像文件、音频记录等都属于非结构化数据。

4. 时序大数据（Time Series Data）

时序数据是按照时间顺序记录的数据，常见于传感器数据、股票价格、气象数据等。这种类型的数据对于分析趋势、周期性和季节性变化非常有用。

5. 空间大数据（Spatial Data）

空间数据关联地理位置信息，如地图数据、卫星图像、地理信息系统（GIS）数据等。这种数据类型常用于地理空间分析和地理信息系统应用。

6. 社交媒体大数据（Social Media Data）

包括社交媒体平台上的各种内容，如推文、帖子、评论、图片和视频等。这种数据可以用于情感分析、趋势预测和用户行为研究。

7. 日志大数据（Log Data）

来自计算机系统、网络设备、应用程序等的日志记录，用于监控和故障排除。日志数据可以揭示系统运行状况、异常和事件。

8. 传感器大数据（Sensor Data）

由各种传感器收集的数据，如温度传感器、压力传感器、运动传感器等。这种数据用于监测和控制各种设备和系统。

第二节　产业链的定义、结构优化及特征类型

一、产业链的定义和演化

（一）产业链的定义

产业链是一个在产业经济学中广泛使用的概念，它反映了不同产业部门之间的联系和依赖，也揭示了产业发展的内在规律和动力。本节将从以下三个方面对产业链的基本概念和特征进行阐述：

1. 产业链的基本概念

产业链是各个产业部门之间基于一定的技术经济关联，并依据特定的逻辑关系和时空布局关系客观形成的链条式关联关系形态。

产业经济学是研究产业结构、组织、行为和政策的一门学科，它从微观到宏观，从单一到综合，从静态到动态，从国内到国际，对产业现象进行多角度、多层次、多维度的分析。产业经济学中的一个核心问题是如何划分和界定产业，即如何将社会经济活动按照一定的标准或原则进行分类和归纳。不同的划分方法会导致不同的产业范围和层次，也会影响对产业发展规律和政策效果的认识和评价。

传统的产业划分方法主要有两种：按照产品或服务的相似性或替代性进行划分，或者按照生产过程或技术特征进行划分。这两种方法都有其合理性

和局限性，但都不能充分反映不同产业部门之间的联系和依赖。例如，按照产品相似性划分，汽车制造业和钢铁制造业属于不同的产业，但实际上汽车制造业对钢铁制造业有很强的需求依赖；按照生产过程划分，电子信息产品制造业和软件服务业属于不同的产业，但实际上电子信息产品制造业对软件服务业有很强的技术依赖。

为了更好地反映不同产业部门之间的联系和依赖，产业经济学提出了"产业链"这一概念。产业链是指由相关的企业、机构和活动构成的一个有序的、相互依赖的和协同发展的系统，它涵盖了从原材料的开采、加工，到最终产品的生产、销售和服务的整个过程。产业链是基于一定的"技术经济关联"而形成的，即不同环节之间存在着技术上或经济上的必然联系或互补性。例如，在汽车制造链中，钢铁制造环节与汽车零部件制造环节之间存在着技术上的必然联系，因为钢铁是汽车零部件制造所必需的原材料；在电子信息产品制造链中，软件服务环节与电子信息产品制造环节之间存在着经济上的互补性，因为软件服务可以提高电子信息产品的功能和价值。

产业链还是依据特定的逻辑关系和时空布局关系而形成的。逻辑关系是指不同环节之间存在着因果关系或功能关系，即某一环节是另一环节发生或存在的原因或结果，或者某一环节是另一环节实现或完善其功能所必需或有利于其功能提升。例如，在汽车制造链中，汽车零部件制造环节是汽车整车组装环节发生或存在的原因，因为没有零部件就无法组装整车；在电子信息产品制造链中，电子信息产品设计环节是电子信息产品制造环节实现或完善其功能所必需或有利于其功能提升，因为设计决定了产品的功能和性能。时空布局关系是指不同环节之间存在着时间上或空间上的先后顺序或相对位置，即某一环节发生或存在于另一环节之前或之后，或者某一环节发生或存在于另一环节之上或之下。例如，在汽车制造链中，汽车整车组装环节发生或存在于汽车零部件制造环节之后，因为整车组装需要零部件作为输入；在电子信息产品制造链中，电子信息产品设计环节发生或存在于电子信息产品制造环节之上，因为设计需要指导制造。

2. 产业链概念的深入解读

产业链的本质是用于描述一个具有某种内在联系的企业群结构，它是一个相对宏观的概念，具有结构属性和价值属性两大属性。产业链中大量存在着上下游关系和相互价值的交换，上游环节向下游环节输送产品或服务，下游环节向上游环节反馈信息。

产业链的本质是用于描述一个具有某种内在联系的企业群结构，即由多个企业或组织构成的一个整体，这些企业或组织之间存在着某种共同的目标或利益，也存在着某种相互依赖或协作的关系。产业链是一个相对宏观的概念，它不是指单个企业或组织的行为或状态，而是指多个企业或组织之间的关系或状态。产业链是一个动态的概念，它不是指一个固定不变的结构或模式，而是指一个随着时间、空间、环境等因素变化而变化的结构或模式。产业链是一个复杂的概念，它不是指一个简单的线性或平面的结构或模式，而是指一个由多个层次、多个方面、多个因素构成的结构或模式。

产业链具有结构属性和价值属性两大属性。结构属性是指产业链中各个环节之间的相对位置和相互关系，它反映了产业链中各个环节的数量、规模、类型、地位等特征。结构属性决定了产业链中各个环节的功能和作用，也决定了产业链中各个环节之间的协调和配合程度。价值属性是指产业链中各个环节所创造和获取的价值，它反映了产业链中各个环节的效率、效果、质量、竞争力等特征。价值属性决定了产业链中各个环节的收益和成本，也决定了产业链中各个环节之间的利益分配和利益冲突程度。

产业链中大量存在着上下游关系和相互价值的交换。上下游关系是指产业链中各个环节之间按照生产过程或服务过程所形成的先后顺序或层次关系，即某一环节为另一环节提供产品或服务作为输入，另一环节则为某一环节提供产品或服务作为输出。上下游关系决定了产业链中各个环节之间的依赖性和影响力，也决定了产业链中各个环节之间的信息流动和物质流动方向。相互价值的交换是指产业链中各个环节之间按照市场机制或契约机制所形成的价值创造和价值获取过程，即某一环节为另一环节提供产品或服务作为价值输出，另一环节则为某一环节提供价格或其他回报作为价值输入。相互价值的交换决定了产业链中各个环节之间的利润率和竞争力，也决定了产业链中各个环节之间的资金流动和风险分担方式。

3. 产业链概念的“四维”解读

产业链是一个包含了价值链、企业链、供需链和空间链四大维度的概念。这四个维度在相互对接的均衡过程中形成了产业链，这种“对接机制”是产业链形成的内模式，作为一种客观规律，它像一只“无形之手”调控着产业链的形成。

价值链是指产业链中各个环节所创造的价值的累积和分配过程，它反映了产业链中各个环节的价值贡献和价值获取。价值链的核心问题是如何提高产业链中各个环节的价值创造能力和如何合理分配产业链中各个环节所创造的价值。价值创造能力取决于各个环节的技术水平、管理水平、创新水平等因素，价值分配则取决于各个环节的议价能力、市场竞争力、协作关系等因素。一般来说，越靠近最终消费者的环节，其价值创造能力和价值分配能力越强，反之则越弱。因此，产业链中存在着由上游向下游递增的“微笑曲线”现象，即上游和下游环节的利润率高于中游环节的利润率。为了提高产业链中各个环节的利润率，需要通过技术进步、管理创新、协作优化等方式提高产业链中各个环节的价值创造能力和价值分配能力。

企业链是指产业链中各个环节所涉及的企业或组织的集合和联系，它反映了产业链中各个环节的主体构成和主体行为。企业链的核心问题是如何选择和组织产业链中各个环节的主体，以及如何协调和激励产业链中各个主体之间的合作和竞争。选择和组织产业链中各个环节的主体涉及企业或组织的数量、规模、类型、地位等因素，不同的选择和组织方式会影响产业链中各个环节的效率和效果。例如，在汽车制造链中，有些整车制造商选择自己生产零部件，有些则选择外包给专业化的零部件供应商；在电子信息产品制造链中，有些电子信息产品制造商选择自己设计产品，有些则选择委托给专业化的设计公司。协调和激励产业链中各个主体之间的合作和竞争涉及企业或组织之间的契约、信任、规范等因素，不同的协调和激励方式会影响产业链中各个主体之间的关系和动力。例如，在汽车制造链中，有些整车制造商与零部件供应商之间建立了长期稳定的合作关系，有些则采用竞标或招标等方式进行短期交易；在电子信息产品制造链中，有些电子信息产品制造商与设计公司之间建立了互信互惠的合作关系，有些则采用保密或专利等方式进行知识保护。

供需链是指产业链中各个环节所涉及的产品或服务的供给和需求的匹配和流动过程，它反映了产业链中各个环节的市场机制和市场效应。供需链的核心问题是如何平衡和协调产业链中各个环节的供给和需求，以及如何提高产业链中各个环节的供给和需求的效率和质量。平衡和协调产业链中各个环节的供给和需求涉及产品或服务的价格、数量、质量、时间等因素，不同的平衡和协调方式会影响产业链中各个环节的市场表现和市场反馈。例如，在汽车制造链中，有些整车制造商与零部件供应商之间采用固定价格或浮动价格等方式进行交易，有些则采用成本加成或利润分成等方式进行交易；在电子信息产品制造链中，有些电子信息产品制造商与设计公司之间采用一次性付费或按期付费等方式进行交易，有些则采用分期付费或按效果付费等方式进行交易。提高产业链中各个环节的供给和需求的效率和质量涉及产品或服务的标准、品牌、创新、营销等因素，不同的提高方式会影响产业链中各个环节的市场竞争力和市场份额。例如，在汽车制造链中，有些整车制造商与零部件供应商之间采用统一标准或差异化标准等方式进行产品质量控制，有些则采用共同品牌或独立品牌等方式进行产品形象塑造；在电子信息产品制造链中，有些电子信息产品制造商与设计公司之间采用跟随创新或领先创新等方式进行产品功能更新，有些则采用传统营销或网络营销等方式进行产品推广。

空间链是指产业链中各个环节所涉及的地理空间的分布和联系，它反映了产业链中各个环节的空间特征和空间效应。空间链的核心问题是如何确定和优化产业链中各个环节的空间布局，以及如何利用和发展产业链中各个环节的空间资源。确定和优化产业链中各个环节的空间布局涉及地理位置、交通条件、区域政策等因素，不同的确定和优化方式会影响产业链中各个环节的空间效率和空间协同。例如，在汽车制造链中，有些整车制造商与零部件供应商之间采用集聚布局或分散布局等方式进行空间配置，有些则采用近距离布局或远距离布局等方式进行空间配置；在电子信息产品制造链中，有些电子信息产品制造商与设计公司之间采用同城布局或异地布局等方式进行空间配置，有些则采用国内布局或国际布局等方式进行空间配置。利用和发展产业链中各个环节的空间资源涉及区域优势、区域合作、区域发展等因素，不同的利用和发展方式会影响产业链中各个环节的空间竞争力和空间外溢。例如，在汽车制造链中，有些整车制造商与零部件供应商之间利用区域优势如资源禀赋、劳动力成本、政策支持等提高自身竞争力，有些则通过区域合作如联盟、协会、园区等提高协同效应；在电子信息产品制造链中，有些电子信息产品制造商与设计公司之间利用区域发展如基础设施、公共服务、创新氛围等提高自身发展水平，有些则通过区域外溢如技术转移、人才流动、资本流动等促进周边地区发展。

（二）产业链的演化

本部分将从产业链的演化过程角度具体分析影响产业链演化的阶段性与周期性特征。一般来说，产业链的演化过程可以分为以下四个阶段：

1. 形成阶段

随着技术创新和市场探索，产业链结构逐渐形成和发展，规模不断扩大，效率不断提高，竞争不断涌现，出现了一些先行者或领导者。在这个阶段，产业链还没有形成明确的上下游关系和核心环节，各个环节之间的联系比较松散和随意，产品或服务的质量和标准也比较差异化。这个阶段通常需要较长的时间，因为需要不断试错和摸索，寻找最佳的技术方案和商业模式。同时，这个阶段也是产业链创新和突破最活跃的时期，因为面临着巨大的市场空间和潜在需求。

在起步阶段，产业链往往是由创新效应和需求效应所推动的。例如，在20世纪90年代初期到中期，电子商务行业处于起步阶段。随着互联网技术的出现和发展，电子商务行业开始探索利用信息网络销售商品或者提供服务的新方式。同时，在社会经济发展和消费升级的背景下，电子商务行业也满足了人们对于便捷、多样、个性化消费的需求。在这个过程中，电子商务产业链也逐渐形成和发展。例如，在网站建设方面，出现了最早的网页制作工具和网站建设服务；在网络服务方面，出现了最早的域名注册、虚拟主机、服务器租用等服务；在在线支付方面，出现了最早的第三方支付、数字货币等服务；在物流配送方面，出现了最早的快递、仓储、分拣等服务；在客户服务方面，出现了最早的售后、退换货、投诉处理等服务。这些环节之间形成了初步的合作关系，并通过创新、优化等方式提高效率和质量。

在起步阶段，电子商务产业链也涌现出一批具有创新精神和领导力的先行者或领导者。例如，在平台型电子商务方面，亚马逊、eBay 等成为全球最早的电商平台之一；在内容型电子商务方面，雅虎、网易等成为全球最早的门户网站之一；在社交型电子商务方面，美国在线（AOL）、MSN 等成为全球最早的社交网络之一；在跨境型电子商务方面，阿里巴巴等成为全球最早的跨境电商平台之一；在行业型电子商务方面，携程、去哪儿等成为全球最早的在线旅游平台之一。这些企业或组织不仅在国内外市场占据了先机，在技术创新和商业模式上也树立了标杆，并带动了相关产业链上下游的发展。

2. 发展阶段

随着技术进步和市场扩张，产业链结构逐渐完善和优化，规模不断扩大，效率不断提高，竞争不断加剧，出现了一些领先企业或组织。在这个阶段，产业链开始形成明确的上下游关系和核心环节，各个环节之间的联系比较紧密和规范，产品或服务的质量和标准也比较统一。这个阶段通常需要较短的时间，因为可以借鉴前期的经验和模式，快速推广和复制。同时，这个阶段也是产业链创新和变革最活跃的时期，因为面临着激烈的竞争压力和不断变化的市场需求。

在发展阶段，产业链往往是由规模效应和竞争效应所推动的。例如，在20世纪90年代后期到21世纪初期，电子商务行业经历了快速发展和激烈竞争。随着互联网用户数量和消费能力的增长，电子商务市场规模不断扩大。同时，在电子商务行业内部也出现了多种不同类型和模式的企业或平台，并进行了激烈的竞争。在这个过程中，电子商务产业链也逐渐完善和优化。例如，在网站建设方面，出现了专门提供网站设计、开发、维护等服务的企业；在网络服务方面，出现了专门提供域名注册、虚拟主机、服务器租用等服务的企业；在在线支付方面，出现了专门提供第三方支付、数字货币等服务的企业；在物流配送方面，出现了专门提供快递、仓储、分拣等服务的企业；在客户服务方面，出现了专门提供售后、退换货、投诉处理等服务的企业。这些环节之间形成了紧密的合作关系，并通过标准化、规范化、智能化等方式提高了效率和质量。

在发展阶段，电子商务产业链也涌现出一批具有国际影响力的领先企业或组织。例如，在平台型电子商务方面，阿里巴巴、京东、拼多多等成为全球十大电商平台；在内容型电子商务方面，淘宝直播、快手、抖音等成为全球最受欢迎的直播电商平台；在社交型电子商务方面，微信、小红书、蘑菇街等成为全球最具影响力的社交电商平台；在跨境型电子商务方面，网易考拉、唯品会、洋码头等成为全球最具竞争力的跨境电商平台；在行业型电子商务方面，美团、饿了么、滴滴出行等成为全球最具创新力的行业电商平台。这些企业或组织不仅在国内市场占据了主导地位，在国际市场也取得了突破性的进展，并带动了相关产业链上下游的发展。

3. 成熟阶段

随着技术趋于稳定和市场趋于饱和，产业链结构趋于固化和优化，规模趋于稳定或缓慢增长，效率趋于极致或下降，竞争趋于理性或恶性。在这个阶段，产业链已经形成了较为完善和成熟的分工和协作关系，各个环节之间的联系比较固定和规范，产品或服务的质量和标准也比较统一。这个阶段通常需要较长的时间，因为需要适应技术变革和市场变化所带来的影响，并寻找新的增长点和突破口。

在成熟阶段，产业链往往是由效率效应和创新效应所推动的。例如，在21世纪中期以后，电子商务行业可能进入成熟阶段。随着互联网技术发展趋于平缓和市场需求趋于饱和，电子商务市场规模增长速度可能放缓或停滞。同时，在电子商务行业内部也可能出现更加激烈的竞争格局，并伴随着行业整合、并购重组等现象。在这个过程中，电子商务产业链也可能面临调整和优化。例如，在网站建设方面，可能出现更加专注于某一领域或细分市场的垂直型网站；在网络服务方面，可能出现更加注重安全、稳定、高效的服务提供商；在在线支付方面，可能出现更加便捷、安全、智能的支付方式；在物流配送方面，可能出现更加快速、准时、环保的配送模式；在客户服务方面，可能出现更加人性化、专业、多元的服务形式。这些环节之间可能形成更加紧密和灵活的合作关系，并通过数字化、智能化等方式提高效率和质量。

在成熟阶段，电子商务产业链也需要不断创新和变革，以应对市场竞争和消费需求的变化。例如，在平台型电子商务方面，可能出现更加专注于垂直领域或细分市场的平台，或者更加注重社区化、个性化、定制化的平台；在内容型电子商务方面，可能出现更加丰富多样、高质量、有价值的内容，或者更加注重互动性、体验性、沉浸感的内容；在社交型电子商务方面，可能出现更加真实可信、有温度、有情感的社交，或者更加注重隐私保护、安全防护、用户权益的社交；在跨境型电子商务方面，可能出现更加便利通畅、低成本、高效率的跨境交易，或者更加注重本土化、文化化、品牌化的跨境营销；在行业型电子商务方面，可能出现更加深度融合、智能升级、绿色发展的行业电商平台，或者更加注重创新驱动、协同共赢、可持续发展的行业电商生态。这些创新和变革将有助于提升电子商务产业链的核心竞争力和市场份额。

4. 衰退阶段

随着技术过时和市场萎缩，产业链结构逐渐瓦解和淘汰，规模不断缩小，效率不断下降，竞争不断消退，出现了一些落后企业或组织。在这个阶段，产业链已经失去了原有的上下游关系和核心环节，各个环节之间的联系比较松散和混乱，产品或服务的质量和标准也比较低劣。这个阶段通常需要较长的时间，因为需要适应技术革新和市场变迁所带来的冲击，并寻找新的转型出路。

在衰退阶段，产业链往往是由淘汰效应和转型效应所推动的。例如，在未来某个时期，电子商务行业可能进入衰退阶段。随着新一代信息技术的出现和发展，电子商务行业可能面临技术过时和市场萎缩的风险。同时，在电子商务行业内部也可能出现更加剧烈的洗牌和优胜劣汰的现象，并伴随着行业退出、转型升级等现象。在这个过程中，电子商务产业链也可能面临瓦解和淘汰的压力。例如，在网站建设方面，可能出现更加先进、便捷、智能的网站制作工具或平台，取代传统的网站设计、开发、维护等服务；在网络服务方面，可能出现更加高速、稳定、安全的网络接入方式或协议，取代传统的域名注册、虚拟主机、服务器租用等服务；在在线支付方面，可能出现更加无缝、无接触、无中介的支付方式或机制，取代传统的第三方支付、数字货币等服务；在物流配送方面，可能出现更加自动化、智能化、无人化的配送方式或设备，取代传统的快递、仓储、分拣等服务；在客户服务方面，可能出现更加智能化、自主化、无人化的服务方式或系统，取代传统的售后、退换货、投诉处理等服务。这些环节之间可能形成更加松散和竞争的关系，并通过创新、优化等方式提高效率和质量。

在衰退阶段，电子商务产业链也需要不断转型和升级，以应对技术革新和市场变迁的挑战。例如，在平台型电子商务方面，可能出现更加集成化、多元化、全球化的平台，或者更加专注于某一领域或细分市场的平台；在内容型电子商务方面，可能出现更加创新性、高质量、有价值的内容，或者更加注重互动性、体验性、沉浸感的内容；在社交型电子商务方面，可能出现更加真实可信、有温度、有情感的社交，或者更加注重隐私保护、安全防护、用户权益的社交；在跨境型电子商务方面，可能出现更加便利通畅、低成本、高效率的跨境交易，或者更加注重本土化、文化化、品牌化的跨境营销；在行业型电子商务方面，可能出现更加深度融合、智能升级、绿色发展的行业电商平台，或者更加注重创新驱动、协同共赢、可持续发展的行业电商生态。这些转型和升级将有助于提升电子商务产业链的核心竞争力和市场份额。

二、产业链的构成研究和结构优化

（一）产业链的构成研究

1. 产业链的构成要素

（1）核心企业，指在产业链中具有主导地位和影响力的企业，它们通常掌握着产业链的核心技术、核心资源和核心市场，能够对产业链的其他环节进行有效的协调和控制，从而获取更多的利润和价值。核心企业是产业链的领导者和引领者，它们决定了产业链的方向和目标，也决定了产业链的竞争力和创新力。核心企业通常具有以下几个特征：①技术优势：核心企业拥有或掌握着产业链中最先进或最关键的技术，能够通过技术创新或技术转移来提高产业链中各环节的技术水平和技术效率，也能够通过技术标准或技术规范来规范产业链中各环节的技术行为和技术交流。②资源优势：核心企业拥有或控制着产业链中最重要或最稀缺的资源，能够通过资源整合或资源配置来优化产业链中各环节的资源利用和资源效益，也能够通过资源保护或资源开发来保障产业链中各环节的资源供应和资源安全。③市场优势：核心企业拥有或占据着产业链中最大或最有潜力的市场，能够通过市场开拓或市场营销来扩大产业链中各环节的市场需求和市场份额，也能够通过市场调研或市场反馈来了解产业链中各环节的市场动态和市场变化。

（2）关键环节，指在产业链中具有重要作用和价值的环节，它们通常涉及产业链的创新能力、竞争力和效率等方面，能够对产业链的整体发展和优化产生显著的影响。关键环节是产业链的支柱者和推动者，它们决定了产业链的质量和效果，也决定了产业链的稳定性和可持续性。关键环节通常具有以下几个特征：①创新性：关键环节具有较强的创新能力和创新意识，能够通过不断的研发、设计、改进等活动来提出或解决产业链中的新问题或新需求，也能够通过不断的学习、交流、合作等活动来吸收或分享产业链中的新知识或新经验。②竞争性：关键环节具有较高的竞争力和竞争意识，能够通过不断的优化、提升、降低等活动来提高或保持产业链中的核心竞争优势，也能够通过不断的分析、比较、调整等活动来应对或抵御产业链中的潜在竞争威胁。③效率性：关键环节具有较高的效率和效率意识，能够通过不断的精简、整合、协调等活动来减少或消除产业链中的无效或低效环节，也能够通过不断的监测、评估、改进等活动来提高或保证产业链中的有效或高效环节。

（3）支撑服务，指在产业链中提供必要的辅助和保障作用的环节，它们通常包括金融、物流、信息、咨询、培训等方面，能够为产业链的运行和发展提供有效的支持和促进。支撑服务是产业链的助力者和补充者，它们决定了产业链的顺畅和完善，也决定了产业链的延伸和拓展。支撑服务通常具有以下几个特征：①辅助性：支撑服务具有较强的辅助作用和辅助意识，能够通过提供必要的资金、物资、信息等资源来满足或补充产业链中各环节的基本需求，也能够通过提供必要的咨询、培训等服务来解决或帮助产业链中各环节的基本问题。②保障性：支撑服务具有较强的保障作用和保障意识，能够通过提供必要的保险、质量、安全等措施来防范或减少产业链中各环节的潜在风险，也能够通过提供必要的维修、维护、更新等措施来恢复或延长产业链中各环节的正常运行。③促进性：支撑服务具有较强的促进作用和促进意识，能够通过提供必要的优惠、奖励、激励等手段来激发或增强产业链中各环节的积极性，也能够通过提供必要的合作、交流、联盟等平台来拓展或增加产业链中各环节的合作性。

2. 产业链的构成特质

（1）集中度，指产业链中各环节或各企业之间在空间上或市场上的集聚程度，它反映了产业链的规模效应和区域效应。集中度越高，说明产业链中的企业越能够利用规模经济、外部经济和集聚经济等优势，提高生产效率、降低成本、增强竞争力。集中度也与产业链的稳定性和协调性有关，集中度越高，说明产业链中的企业越容易形成合作关系，减少信息不对称、交易成本和风险。

集中度可以从地理集中度、市场集中度、技术集中度等方面进行衡量。

（2）协调度，指产业链中各环节或各企业之间在目标上或行动上的一致程度，它反映了产业链的合作效应和网络效应。协调度越高，说明产业链中的企业越能够实现利益共享、风险分担、资源互补、知识共享等目标，提高整体效益和竞争力。协调度也与产业链的创新性和适应性有关，协调度越高，说明产业链中的企业越容易形成学习网络，促进技术创新和知识扩散，适应市场变化和需求变化。协调度可以从目标协调度、行动协调度、机制协调度等方面进行衡量。

（3）创新度，指产业链中各环节或各企业在技术上或知识上的更新程度，它反映了产业链的动态效应和学习效应。创新度越高，说明产业链中的企业越能够利用技术进步、知识积累和学习能力等优势，提高产品质量、降低生产成本、增加附加值。创新度也与产业链的竞争力和持续性有关，创新度越高，说明产业链中的企业越容易形成核心竞争力，抵御竞争压力和风险挑战，保持长期发展。创新度可以从技术创新度、知识创新度、组织创新度等方面进行衡量。

（4）竞争度，指产业链中各环节或各企业之间在市场上或资源上的争夺程度，它反映了产业链的效率效应和选择效应。竞争度越高，说明产业链中的企业越能够利用市场机制、价格信号和激励机制等优势，提高生产效率、降低资源浪费、增加消费者福利。竞争度也与产业链的优化性和进化性有关，竞争度越高，说明产业链中的企业越容易形成优胜劣汰的机制，促进产业结构优化和技术进步。竞争度可以从市场竞争度、资源竞争度、政策竞争度等方面进行衡量。

3. 产业链的结构层次

（1）按照产品或服务在生命周期中所处的阶段划分，可以将产业链划分为原材料层、加工制造层、产品销售层和消费服务层。这种划分方法主要从产品或服务的生产和消费两个方面来考察产业链的结构，反映了产业链中各环节对产品或服务的贡献和价值。例如，原材料层是指提供产品或服务所需的基本物质或要素的环节，如石油、木材、水等；加工制造层是指将原材料加工或制造成半成品或成品的环节，如炼油、造纸、制药等；产品销售层是指将产品或服务通过不同的渠道或方式销售给最终用户的环节，如批发、零售、电商等；消费服务层是指为最终用户提供产品或服务使用后的相关服务的环节，如维修、保养、回收等。

（2）按照技术或知识在生命周期中所处的阶段划分，可以将产业链划分为研发设计层、试验验证层、推广应用层和更新改进层。这种划分方法主要从技术或知识的创新和应用两个方面来考察产业链的结构，反映了产业链中各环节对技术或知识的获取和利用。例如，研发设计层是指进行技术或知识的探索和发明的环节，如科研机构、高校、专利机构等；试验验证层是指进行技术或知识的验证和改进的环节，如试验基地、试验企业、评估机构等；推广应用层是指进行技术或知识的应用和普及的环节，如生产企业、销售企业、用户群体等；更新改进层是指进行技术或知识的替代和更新的环节，如回收企业、再利用企业、新技术开发企业等。

（3）按照价值或利润在生命周期中所处的阶段划分，可以将产业链划分为增值创造层、稳定获取层、衰退损失层和再生复苏层。这种划分方法主要从价值或利润的变化和分配两个方面来考察产业链的结构，反映了产业链中各环节对价值或利润的贡献和获取。例如，增值创造层是指通过技术创新或市场开拓等方式来提高产品或服务的附加值的环节，如研发、设计、制造等；稳定获取层是指通过产品销售或服务提供等方式来稳定地获取产品或服务的附加值的环节，如销售、服务、消费等；衰退损失层是指由于技术过时或市场饱和等原因导致产品或服务的附加值下降或消失的环节，如回收、再利用、再制造等；再生复苏层是指通过技术更新或市场转型等方式来恢复或提升产品或服务的附加值的环节，如淘汰、替代、创新等。

4. 产业链的结构模式

（1）集群型产业链模式，指以地理邻近为基础，在一定区域内形成高度集中且高度协调的相互依存关系，并具有较强创新能力和竞争力的一种产业链模式。这种模式通常存在于发达地区或特定行业，并形成了明显的区域优势或品牌优势。例如，在意大利北部存在着许多以小型家族企业为主体的专门化生产集群，如皮革制品、家具、服装、纺织品、陶瓷、玻璃、鞋类、珠宝等行业，这些集群通过灵活分工、合作网络、技术创新、市场开拓等方式实现了规模经济与范围经济相结合，提高了国际竞争力。

（2）网络型产业链模式，指以信息技术为基础，在不同区域内形成相对分散且相对协调的相互合作关系，并具有较高灵活性和适应性的一种产业链模式。这种模式通常存在于新兴地区或新兴行业，并形成了多元化或差异化的市场策略。例如，在中国东南沿海地区存在着许多以民营企业为主体的专门化生产网络，如电子产品、纺织品、玩具、家电、汽车零部件等行业，这些网络通过信息技术、外包服务、虚拟组织、定制生产等方式实现了快速响应、客户满意、风险分散、创新传播等目标，提高了市场适应力。

（3）平台型产业链模式，指以核心企业为基础，在全球范围内形成高度集中且低度协调的相互竞争关系，并具有较强控制力和影响力的一种产业链模式。这种模式通常存在于跨国公司或领先企业，并形成了垄断性或领导性的市场地位。例如，在全球范围内存在着许多以跨国公司为主体的垂直整合生产平台，如苹果公司、沃尔玛公司、豪威公司等，这些平台通过核心技术、品牌影响、资源控制、标准制定等方式实现了价值捕获、成本压缩、质量保证、规则塑造等目标，提高了市场占有率和利润率。

（二）产业链的结构优化

产业链的结构优化是指根据市场需求变化和产业发展规律，采取相应的策略和措施，改善产业链中各个环节的效率、质量、价值和竞争力，从而提升产业链的整体水平和地位。产业链的结构优化主要方式有以下四种：

1. 整合

通过并购、联盟、合作等方式使原本分散或独立的产业环节或企业实现资源共享或利益共赢，从而提高产业链整体效率或降低交易成本。整合可以分为水平整合和垂直整合两种。水平整合是指同一产业链中同一层次的环节或企业之间的整合，目的是扩大规模、降低成本、提高市场份额或消除竞争对手。垂直整合是指同一产业链中不同层次的环节或企业之间的整合，目的是缩短流程、提高控制力、增加附加值或形成差异化优势。例如，苹果公司通过垂直整合了硬件、软件、服务等多个环节，形成了独特的生态系统，提高了产品质量和用户体验，增强了市场竞争力。

在进行产业链整合时，需要注意以下几点：第一，整合的对象应该具有较高的互补性和协同性，能够实现资源优化配置和价值最大化。第二，整合的方式应该符合市场规律和法律规范，避免损害公共利益和社会正义。第三，整合的过程应该注重沟通协调和风险控制，保持各方利益平衡和稳定发展。

2. 延伸

通过开发新产品、进入新市场、拓展新渠道等方式使原本单一或局限的产业环节或企业实现多元化或全面化，从而增加产品附加值或扩大市场份额。延伸可以分为前向延伸和后向延伸两种。前向延伸是指向上游环节或企业进行延伸，目的是获取更多的原材料、技术或知识等资源，提高产品创新能力或降低供应风险。后向延伸是指向下游环节或企业进行延伸，目的是获取更多的客户、渠道或服务等资源，提高产品销售能力或增加客户黏性。例如，亚马逊公司通过前向延伸了自有品牌商品和云计算服务等多个领域，通过后向延伸了物流配送和会员制度等多个领域，形成了庞大的电商平台，提高了产品多样性和用户满意度，扩大了市场影响力。

在进行产业链延伸时，需要注意以下几点：第一，延伸的方向应该符合市场需求和自身优势，能够实现产品差异化和市场细分化。第二，延伸的范围应该适度控制和精准定位，避免资源分散和品牌混淆。第三，延伸的效果应该持续跟踪和及时调整，保持产品质量和市场竞争力。

3. 升级

通过引进新技术、培育新知识、创造新品牌等方式使原本落后或平庸的产业环节或企业实现先进化或优质化，从而提高产品质量或增强市场竞争力。升级可以分为功能升级和过程升级两种。功能升级是指从低端环节或企业向高端环节或企业转移，目的是获取更高的利润率、更强的议价能力或更大的市场空间。过程升级是指在原有环节或企业内部进行改进，目的是提高生产效率、降低生产成本或减少生产浪费。例如，华为公司通过功能升级从通信设备制造商转变为智能手机领导者，通过过程升级不断优化生产管理和技术创新，形成了强大的研发能力和品牌影响力，提高了产品性能和市场认可度。

在进行产业链升级时，需要注意以下几点：第一，升级的动力应该来源于内部创新和外部学习，能够实现技术突破和知识积累。第二，升级的路径应该根据自身条件和目标选择，能够实现功能提升和过程改善。第三，升级的结果应该符合客户需求和社会责任，能够实现质量提高和价值增加。

4. 转型

通过改变原有产品结构、市场定位、经营模式等方式使原本不适应或不满足市场需求变化而进行根本性变革，从而实现产品创新或突破性发展。转型可以分为战略转型和模式转型两种。战略转型是指根据外部环境变化而调整内部战略方向，目的是寻找新的竞争优势或抓住新的发展机遇。模式转型是指根据内部资源能力而调整外部运作方式，目的是打造新的价值主张或满足新的用户需求。例如，腾讯公司通过战略转型从即时通讯软件开发商转变为社交网络平台运营商，通过模式转型从广告收入为主转变为游戏收入为主，并不断拓展金融、教育、医疗等多个领域，形成了庞大的社交生态圈，实现了产品多元化和持续增长。

在进行产业链转型时，需要注意以下几点：第一，转型的契机应该把握好市场变化和自身发展阶段，能够实现适时、适度。第二，转型的策略应该制定好目标愿景和行动计划，能够实现清晰、明确、可执行。第三，转型的过程应该管理好组织变革和风险防范，能够实现顺利、稳健、有效。

三、产业链的特征和类型

（一）产业链的特征

产业链是指一个产品或服务从原材料采购、生产制造、分销流通，到最终消费者的全过程，涵盖了各个环节的供应商、生产者、分销商和消费者。深入理解产业链的特征，有助于更好地把握产业链的本质和运行机制，为各个环节的经营主体在产业链中的定位和战略制定提供更准确的指导。产业链的特征可以具体从以下角度进行了解和认知。

1. 运行特征：全链条分工合作

产业链的分工合作是指将一个产品或服务的生产制造过程分解为多个环节，每个环节由不同的企业或组织承担，通过合作协调来完成整个价值链的构建和产品交付。产业链的分工合作特征体现了协作、创新、竞争和共同价值创造的重要性。各个环节通过专业化分工和紧密合作，共同构建了一个有机的价值链，推动产品或服务的成功交付，提高整体效率和竞争力。

产业链的分工合作是一种经济组织方式，强调各环节间的协作与互补。每个环节由专业化的企业承担，专注于自身擅长的领域，将资源、技术和经验集中在特定任务上，从而优化生产效率和质量，实现资源的优化配置和劳动力的高效利用。这种分工协作方式能够通过专业化的分工将整个生产过程高度精细化，进而提高生产效率和资源利用率，避免浪费资源。同时，通过分工合作，企业可以在生产、物流等环节实现规模经济，降低成本。尤其是产业链中的垂直整合分工，反映了企业在产业链中的定位和战略选择。垂直整合体现了企业内部控制和资源整合的意愿，而分工则强调了企业专业化和合作的需要。企业可以根据自身优势和市场需求，在垂直整合和分工之间找到平衡点，以获得最佳效果。

此外，产业链分工合作中存在着竞争与合作的动态平衡。各环节之间既是竞争对手，争夺市场份额和利润，又需要合作解决共同问题，如标准化、技术瓶颈等。这种竞争与合作的关系推动了产业链的协调和发展。这赋予了企业更大的灵活性和适应性。企业可以根据市场需求和竞争态势，灵活调整合作伙伴、优化供应链布局，以适应不断变化的环境。产业链分工合作通过每个环节的专业化和协作，实现了共同的价值创造。每个环节在完成自身任务的同时，也为整个价值链贡献了一部分价值。

2. 发展特征：技术创新是第一驱动力

技术创新是产业链发展的核心动力，它通过引入新技术和方法，推动产业链的演进，促使企业不断适应市场变化和提高竞争力。在产业链中，技术创新不仅仅影响创新的企业，还对整个产业链的格局和运行方式产生深远影响。

技术创新是指引入新的科学知识、技术方法、工艺流程等，以提高产品、服务或生产过程的性能、效率、质量等方面的能力。在产业链中，技术创新可以涉及产品设计、生产制造、市场营销等各个环节，以满足消费者需求、适应市场变化或提高整体竞争力。技术创新是产业链发展的重要驱动力之一。通过引入新技术，企业可以开发出更具竞争力的产品，提高生产效率，降低成本，甚至创造全新的市场。虽然在产业链中，技术创新往往遵循技术周期，从初始的研发和试验阶段逐渐成熟和应用。如果一个企业在技术创新方面落后于竞争对手，可能会在产业链中形成技术落后效应，导致失去市场份额和竞争优势。但是，技术创新在产业链中往往会产生技术外溢效应，这意味着一项技术创新可能不仅仅影响首先进行创新应用的企业，还可能通过技术外溢和推广应用对整个产业链产生影响。

技术创新可以分为颠覆性创新和增量创新。颠覆性创新是指引入彻底不同的技术或商业模式，可能颠覆现有的市场格局。增量创新则是在现有技术基础上进行改进和扩展，逐步提升产品性能和用户体验。技术创新往往需要形成创新生态系统，包括技术供应商、研发机构、资金支持、市场需求等，而产业链上的不同环节和参与者共同构建了这一创新生态系统，通过合作和互动促进技术创新的产生和传播。此外，尽管技术创新可能带来市场领先地位和巨大收益，但也伴随着失败的风险。在产业链中，企业需要在风险和回报之间找到平衡，制定合理的创新策略。

3. 模式特征：跨区域合作与全球化

在经济全球化和区域一体化的时代背景下，跨区域合作与全球化是现代产业链发展的重要特征，涉及不同国家、地区或文化之间的合作与互动，推动了资源整合、市场拓展、创新和多元文化的融合，同时也带来了更复杂的管理和竞争环境。

从区域一体化和区域合作发展出发，跨区域合作通常涉及不同国家或地区的企业、组织或政府合作，通过整合各地区的资源和专业优势，实现资源的最优配置和互补。例如，一个国家可能拥有丰富的原材料，另一个国家则擅长加工制造，通过跨区域合作可以实现资源的高效利用。不同地区的合作伙伴可以共同进行研发和创新，整合各自的技术和知识，加速新产品或新技术的开发。跨区域合作有助于汇集全球的创新力量，推动科技进步。跨区域合作可以帮助企业拓展新市场、降低单一市场的风险，通过合作伙伴的贸易网络，企业可以更容易地进入新的地理区域，获得更广阔的市场机会。另外，跨区域合作还能够促进不同文化、价值观和观念的交流与融合，有助于提高合作伙伴之间的理解和信任，同时也为创新和创意注入了多样性。

从经济全球化与国际大循环出发，全球化将供应链扩展到全球范围，不同地区的企业和环节参与其中。产品的组装、生产、分销等环节可能跨足多个国家，形成一个全球化的供应链网络。全球化促进了人才的全球流动，专业人士、技术专家和管理人员可以在不同国家和地区之间工作和合作。这有助于知识和经验的交流，推动全球创新和发展。与此同时，全球化也是一柄“双刃剑”，它使得企业不只在本地或国内市场竞争，而是直接面对全球范围内的竞争，这要求企业提高竞争力，适应不同国家和地区的市场需求；还使得企业受到全球范围内的政治不稳定、自然灾害等风险影响；这就要求企业面对产业链全球化，需要在国际标准化与本地化之间找到平衡，既要在产品设计、市场推广等方面进行本地化，以适应不同文化和市场的需求，也要在生产和供应链管理方面对接国际标准化，以提高生产经营效率和全球市场竞争力。

（二）产业链的类型

产业链可以按照不同的标准进行分类，常见类型有以下几种：

1. 集中型产业链和分散型产业链

按照产业链中各环节在空间上的分布情况，可以分为集中型产业链和分散型产业链。集中型产业链指的是产业链中各环节在空间上相对集中或聚集在某一地区或区域，形成了明显的区域优势和规模效益；分散型产业链指的是产业链中各环节在空间上相对分散或分布在不同地区或区域，形成了多元化和灵活性。

集中型产业链的典型例子是汽车制造链。汽车制造链是由汽车零部件制造、汽车整车组装、汽车销售和服务等环节组成的一个复杂的产业链。汽车制造链中各环节在空间上往往呈现出明显的集中或聚集的特征，即某一地区或区域内拥有较多的汽车制造相关的企业或组织，形成了一个完整而强大的汽车制造群体。这种集中或聚集的特征有利于提高汽车制造链中各环节之间的协调和配合，降低交易成本和运输成本，增强技术创新和知识共享，提高市场竞争力和品牌影响力。例如，美国的底特律、日本的东京、德国的斯图加特等都是世界著名的汽车制造中心，它们都拥有众多的汽车制造相关的企业或组织，形成了一个具有全球影响力的汽车制造集群。

分散型产业链的典型例子是电子信息产品制造链。电子信息产品制造链是由电子信息产品设计、电子信息产品制造、电子信息产品销售和服务等环节组成的一个复杂的产业链。电子信息产品制造链中各环节在空间上往往呈现出相对分散或分布的特征，即某一地区或区域内只拥有少数或部分的电子信息产品制造相关的企业或组织，形成了一个不完整而灵活的电子信息产品制造群体。这种分散或分布的特征有利于适应电子信息产品制造链中各环节之间的多样化和变化性，提高资源利用率和风险分散率，增强市场适应性和客户满意度，提高产品质量和创新性。例如，中国台湾地区、韩国、新加坡等都是世界著名的电子信息产品制造基地，它们都拥有一些专业化或领先化的电子信息产品制造相关的企业或组织，形成了一个具有全球竞争力的电子信息产品制造网络。

2. 紧密型产业链和松散型产业链

按照产业链中各环节之间的关联程度和协调性，可以分为紧密型产业链和松散型产业链。紧密型产业链指的是产业链中各环节之间有着高度的关联性和协调性，形成了强大的竞争力和创新能力；松散型产业链指的是产业链中各环节之间有着较低的关联性和协调性，形成了较弱的竞争力和创新能力。

紧密型产业链的典型例子是飞机制造链。飞机制造链是由飞机设计、飞机零部件制造、飞机整机组装、飞机销售和服务等环节组成的一个复杂的产业链。飞机制造链中各环节之间存在着高度的关联性和协调性，即某一环节的变化会对另一环节或整个产业链产生重大的影响或反馈。这种高度的关联性和协调性有利于提高飞机制造链中各环节之间的效率和质量，降低错误率和风险率，增强技术创新和知识积累，提高市场竞争力和品牌影响力。例如，美国波音公司、欧洲空中客车公司等都是世界著名的飞机制造商，它们都建立了一个由众多合作伙伴组成的紧密型飞机制造链，形成了一个具有全球影响力的飞机制造体系。

松散型产业链的典型例子是服装制造链。服装制造链是由服装设计、服装面料制造、服装加工、服装销售和服务等环节组成的一个简单的产业链。服装制造链中各环节之间存在着较低的关联性和协调性，即某一环节的变化对另一环节或整个产业链产生的影响或反馈相对较小或较弱。这种较低的关联性和协调性有利于适应服装制造链中各环节之间的多样化和变化性，提高资源利用率和市场适应率，增强市场分散性和客户满意度，提高产品多样性和创新性。例如，中国、孟加拉国、越南等都是世界著名的服装制造基地，它们都拥有一些专业化或低成本的与服装制造相关的企业或组织，形成了一个具有全球竞争力的松散型服装制造链。

3. 上游型产业链、下游型产业链和中游型产业链

按照产业链中各环节所处于生产过程中的位置，可以分为上游型产业链、下游型产业链和中游型产业链。上游型产业链指的是以原材料开采、加工、制造等为主要环节的产业链，其特点是资源密集型、劳动密集型、技术密集型等；下游型产业链指的是以产品销售、服务、消费等为主要环节的产业链，其特点是市场密集型、信息密集型、知识密集型等；中游型产业链主要是中间工业品，如装备制造的一些核心零部件、锅炉的核心部件燃烧器、电脑的核心部件 CPU 芯片，这些都处于产业链中间的位置，属于中间工业品，其特点是对宏观经济比较敏感，受原材料价格涨跌和下游需求的影响起伏较大，且有机会构建产业链影响力。

上游型产业链的典型例子是石油化工链。石油化工链是由石油开采、炼油、化工原料生产、化工产品生产等环节组成的一个复杂的产业链。石油化工链中各环节主要涉及原材料的开采、加工、制造等活动，其特点是资源密集型、劳动密集型、技术密集型等。资源密集型是指石油化工链中各环节对自然资源如石油、天然气等的依赖程度高，资源消耗量大，资源约束性强；劳动密集型是指石油化工链中各环节对人力资源如技术人员、操作人员等的需求量大，人力成本高，人力素质要求高；技术密集型是指石油化工链中各环节对技术资源如设备、工艺、专利等的投入量大，技术水平高，技术创新要求高。

下游型产业链的典型例子是电子商务链。电子商务链是由电子商务平台、电子商务商家、电子商务消费者等环节组成的一个简单的产业链。电子商务链中各环节主要涉及产品或服务的销售、服务、消费等活动，其特点是市场密集型、信息密集型、知识密集型等。市场密集型是指电子商务链中各环节对市场资源如客户、渠道、竞争者等的依赖程度高，市场规模大，市场竞争激烈；信息密集型是指电子商务链中各环节对信息资源如数据、网络、软件等的需求量大，信息传递快，信息安全重要；知识密集型是指电子商务链中各环节对知识资源如专业知识、创意思维、用户体验等的投入量大，知识水平高，知识创新要求高。

中游型产业链的典型例子是半导体制造链。半导体制造链是由半导体设计、半导体材料制造、半导体器件制造、半导体产品应用等环节组成的一个复杂的产业链。半导体制造链中各环节主要涉及中间工业品的生产和使用，如 CPU 芯片、内存芯片、显示芯片等，其特点是对宏观经济比较敏感，受原

材料价格涨跌和下游需求的影响起伏较大，且有机会构建产业链影响力。对宏观经济比较敏感是指半导体制造链中各环节的生产和销售受到宏观经济周期的波动的影响较大，如经济增长、通货膨胀、汇率变动等；受原材料价格涨跌和下游需求的影响起伏较大是指半导体制造链中各环节的成本和收入受到原材料如硅、铜等的价格变化和下游产品如电脑、手机等的需求变化的影响较大；有机会构建产业链影响力是指半导体制造链中各环节通过技术创新和标准制定等方式可以对上游或下游环节产生一定的影响或控制，如英特尔公司、三星公司等都是世界著名的半导体制造商，它们都通过自身的技术优势和市场地位对半导体制造链中其他环节产生了重要的影响。

4. 水平型产业链和垂直型产业链

按照产业链中各环节所属于不同行业或部门之间的关系，可以分为水平型产业链和垂直型产业链。水平型产业链指的是由同一行业或部门内部不同阶段或层次组成的产业链，其特点是同质性强、竞争性高、协作性低等；垂直型产业链指的是由不同行业或部门之间按照上下游顺序组成的产业链，其特点是异质性强、合作性高、竞争性低等。

水平型产业链的典型例子是钢铁制造链。钢铁制造链是由铁矿石开采、铁矿石加工、炼铁、炼钢、轧钢等环节组成的一个简单的产业链。钢铁制造链中各环节都属于钢铁行业或部门内部不同阶段或层次，其特点是同质性强、竞争性高、协作性低等。同质性强是指钢铁制造链中各环节所生产或使用的产品或服务具有相似或可替代的特征，如铁矿石、生铁、钢坯、钢材等；竞争性高是指钢铁制造链中各环节之间存在着激烈的价格竞争或质量竞争，如铁矿石供应商与炼铁企业之间、轧钢企业与钢材用户之间等；协作性低是指钢铁制造链中各环节之间缺乏有效的合作机制或合作意愿，如信息共享、技术交流、利益分配等。

垂直型产业链的典型例子是手机制造链。手机制造链是由手机设计、手机零部件制造、手机整机组装、手机销售和服务等环节组成的一个复杂的产业链。手机制造链中各环节分属于不同行业或部门之间，按照上下游顺序组成，其特点是异质性强、合作性高、竞争性低等。异质性强是指手机制造链中各环节所生产或使用的产品或服务具有不同或不可替代的特征，如手机设计方案，手机零部件如屏幕、电池、摄像头等，手机整机如苹果、三星、华为等；合作性高是指手机制造链中各环节之间存在着有效的合作机制或合作意愿，如订单订立、质量保证、技术支持、利益分享等；竞争性低是指手机制造链中各环节之间缺乏激烈的价格竞争或质量竞争，如手机设计公司与手机零部件供应商之间、手机整机制造商与手机销售商之间等。

5. 国内型产业链和国际型产业链

按照产业链中各环节所涉及不同地域或国家之间的关系，可以分为国内型产业链和国际型产业链。国内型产业链指的是由同一国家内部不同地域或区域组成的产业链，其特点是政策一致性强、文化认同度高、交易成本低等；国际型产业链指的是由不同国家之间按照全球分工组成的产业链，其特点是政策一致性弱、文化认同度低、交易成本高等。

国内型产业链的典型例子是家电制造链。家电制造链是由家电设计、家电零部件制造、家电整机组装、家电销售和服务等环节组成的一个简单的产业链。家电制造链中各环节都在同一国家内部的不同地域或区域进行，其特点是政策一致性强、文化认同度高、交易成本低等。政策一致性强是指家电制造链中各环节所遵循的法律法规、税收政策、贸易政策等基本相同或相近，有利于保障产业链中各环节的合法权益和公平竞争；文化认同度高是指家电制造链中各环节所涉及的语言、习惯、信仰等基本相通或相容，有利于促进产业链中各环节的沟通和协作；交易成本低是指家电制造链中各环节所面临的运输费用、通信费用、保险费用等基本较低或较优惠，有利于提高产业链中各环节的效率和效益。

国际型产业链的典型例子是服装贸易链。服装贸易链是由服装设计、服装面料制造、服装加工、服装销售和服务等环节组成的一个简单的产业链。服装贸易链中各环节分布在不同国家之间，按照全球分工进行，其特点是政策一致性弱、文化认同度低、交易成本高等。政策一致性弱是指服装贸易链中各环节所遵循的法律法规、税收政策、贸易政策等基本不同或差异较大，可能导致产业链中各环节的权益受损或竞争受限；文化认同度低是指服装贸易链中各环节所涉及的语言、习惯、信仰等基本不通或冲突较多，可能导致产业链中各环节的沟通和协作受阻或破裂；交易成本高是指服装贸易链中各环节所面临的运输费用、通信费用、保险费用等基本较高或较不优惠，可能导致产业链中各环节的效率和效益降低或损失。

第三节 产业链安全与韧性的定义、内涵及特征

产业链安全与韧性是当今经济环境中至关重要的概念。在全球化、数字化和不确定性日益增加的时代背景下，产业链的安全性和韧性对企业和整个

产业链的可持续发展至关重要。在本节，我们将深入探讨产业链安全与韧性的定义、内涵及特征。

一、大数据背景下产业链安全与韧性的定义

（一）传统的产业链安全与韧性

过去，产业链安全主要关注传统的物理安全和供应链风险管理。企业更加注重以下方面的安全措施，以保护实体资产免受盗窃、破坏或其他物质损失的威胁：

1. 物理安全保障

物理安全保障重点放在了物质资源的保护和管理上，具体包括：①设备保护：企业采取各种措施来确保生产设备的安全。例如，在制造业中，通过安装监控系统、加强出入口管控等手段，限制只有授权人员才能进入关键区域，以防止未经授权的访问和损坏。②仓储设施保护：企业致力于保护仓库和储存设施的安全。这可能包括安装安全系统、使用视频监控、加强门禁措施等，以确保货物不受盗窃、破坏或其他物理威胁的侵害。③物流安全：企业关注运输过程中的安全，特别是对车辆和货物的保护。通过采取措施如GPS追踪、实时监控、保护装置等，确保货物在运输过程中不会受到未经授权的接触或损坏。

2. 供应链风险管理

供应链风险管理重点放在了对供应链的风险管理和控制上，具体包括：①供应商审核：企业对供应商进行审核和评估，以确保供应商的质量和可靠性。通过对供应商的背景调查、质量管理体系评估等手段，降低供应链中断和零部件质量问题带来的风险。②供应链稳定性：企业注重供应链的可靠性和稳定性，这是确保生产和交付的关键要素。通过选择可靠的合作伙伴、进行供应商监管和协调等措施，确保供应链的顺畅运作，减少中断和延迟的风险。

综上所述，过去的产业链安全在物理安全保障和供应链风险管理两个视角下，注重设备和货物的保护、物流安全、供应商审核以及供应链的可靠性和稳定性等方面的安全措施。随着时代的发展，产业链安全的概念也在不断演进，涵盖了更多的方面和新兴的安全挑战。

（二）大数据时代产业链安全与韧性

当前，随着数字化技术的发展和信息化的普及，产业链安全的范围不断扩展。传统的物理安全和供应链风险管理已经无法满足新时代的安全需求。

现代产业链越来越依赖数字化系统和数据流动，对信息安全、数据保护和网络安全等领域的关注也日益突出。以电子商务行业为例，随着数字化技术的发展，产业链安全面临新的挑战。企业需要保护用户的个人信息和交易数据，以防止数据泄露和隐私侵犯。同时，电子商务企业还要面对网络攻击、虚假交易、欺诈行为等威胁。因此，现代产业链安全与韧性的观念更加综合和全面，不仅涵盖了传统的物理安全和供应链风险管理，还将信息安全、数据保护和网络安全等方面纳入考虑。

一方面，随着产业链的数字化转型，企业面临着更多与信息和网络相关的安全威胁。数据隐私和网络攻击成为了现代产业链安全面临的挑战之一。数据安全不仅是指对数据的保护和备份，还涉及数据的合规性、隐私保护和合法使用等方面的考量。此外，网络安全也成为了关键的一环，企业需要建立网络安全防护措施，如防火墙、入侵检测系统、漏洞管理等，以保护企业的网络系统免受威胁。举个案例，近年来发生的大规模数据泄露事件引起了广泛关注。例如，2017 年发生的 Equifax 数据泄露事件，该事件导致 1.4 亿美国人的个人信息被黑客获取。这次事件揭示了个人数据安全的重要性，以及企业在数据保护方面的责任和挑战。

因此，现代产业链安全与韧性的观念更加注重综合考虑各个环节的安全风险，并强调建立灵活的组织结构和合作关系，以应对复杂多变的市场环境和风险挑战。企业需要制定综合的安全策略和管理体系，以确保整个产业链的安全性和韧性。

另一方面，是供应链的安全性。供应链是产业链中的重要环节，也是风险传递和扩散的关键节点。过去，供应链安全主要关注物流和货物的安全，企业通过物流监控、仓储安全措施等方式减少货物丢失和损坏的风险。然而，随着供应链的数字化和全球化，供应链安全的范围扩展到信息安全、合规性和可持续性等方面。企业需要考虑供应链中的数据安全和信息流的安全。例如，企业应采取措施保护供应链中的信息免受黑客攻击和数据泄露的威胁。此外，企业还需要关注供应链合规性，如合规要求的遵守、供应商的社会责任等，以确保供应链的可持续性和稳定性。

因此，现代产业链安全与韧性的发展还促进了产业链参与者之间的合作和信息共享。通过建立合作伙伴关系和共享信息，企业可以更好地应对风险和危机。例如，金融行业的反洗钱合规要求，要求金融机构之间共享客户信息和可疑交易情报，以提高整个金融产业链的安全性和韧性。

综上所述，从传统安全观念出发，产业链安全的重点逐渐从物理安全和供应链风险管理扩展到信息安全、数据保护和网络安全等领域。现代产业链安全与韧性的观念更加综合和全面，涵盖了物理、信息和组织等多个层面的安全。它注重综合考虑各个环节的安全风险，并强调建立灵活的组织结构和合作关系，以应对复杂多变的市场环境和风险挑战。产业链安全与韧性的发展促进了产业链参与者之间的合作和信息共享，通过共同应对风险和危机，建立信任和合作关系，提高整个产业链系统的安全性和韧性。

二、大数据背景下产业链安全与韧性的内涵

在全球化和数字化的时代，产业链安全与韧性对国家经济社会发展和国际竞争力具有重要影响。产业链安全与韧性的内涵是指产业链在面对各种内外部风险和冲击时，能够保持其正常运行和功能实现的能力，包括抵抗能力、恢复能力、再适应能力和再定位能力（见图 2-1）。

图 2-1　产业链安全与韧性四力示意图

（一）产业链抵抗能力的概念和内涵

产业链抵抗能力是指产业链应对内外部冲击的能力，具体指产业链在遭受国内外市场、环境等冲击扰动时能够维持链条稳定、防止断裂、调整适应恢复到受冲击前的运行状态，甚至化危为机实现链条升级的能力。产业链抵抗能力主要表现为产业链的抵御风险能力和恢复能力。抵御风险能力是指产业链在受到冲击时能够减少损失、保持运转的能力；恢复能力是指产业链在冲击后能够迅速恢复正常或达到更优状态的能力。

大数据背景下，数据已成为重要的生产要素和战略资源，大数据技术对产业链抵抗能力有着重要的影响。一方面，大数据技术可以提高产业链的信息化水平，增强产业链各环节之间的协同效率和灵活性，提高产业链对市场

变化和客户需求的响应速度和精准度，从而增强产业链的抵御风险能力。另一方面，大数据技术可以促进产业链的创新能力，通过数据分析、挖掘和应用，推动产业链上下游的技术创新、产品创新、模式创新和服务创新，从而提高产业链的恢复能力和竞争优势。

（二）产业链恢复能力的概念和内涵

在全球化背景下，产业链是一个复杂的动态系统，受到各种内外部因素的影响，可能出现断裂、混乱、失衡等问题，影响产业链的稳定运行和价值创造。因此，提高产业链恢复能力，即产业链在遭受冲击后能够迅速恢复正常状态或实现更优状态的能力，是提升产业链韧性和现代化水平的重要内容。

在大数据时代，大数据技术作为数据对产业链恢复能力具有重要的影响。①大数据技术可以提高产业链的风险识别和预警能力。通过对海量数据的收集、分析、挖掘和应用，可以及时发现产业链中存在的潜在风险和薄弱环节，预测可能发生的冲击事件和影响程度，为产业链主体提供有效的决策支持和应对措施。②大数据技术可以提高产业链的协同调整和优化能力。通过构建数字化平台，实现产业链上下游各环节之间的信息共享、资源配置、协作创新等，可以增强产业链的内部联系和协同效率，提高产业链对冲击的适应性和弹性，促进产业链的优化重组和转型升级。③大数据技术可以提高产业链的创新驱动和价值提升能力。通过利用大数据技术推动新技术、新模式、新业态、新产品等创新活动，可以激发产业链主体的创新活力和潜力，增强产业链的核心竞争力和附加值，实现产业链从低端向高端、从单一向多元、从封闭向开放的跃升。

综上所述，在大数据背景下，产业链恢复能力有了更加深层次的含义，即产业链在遭受冲击后能够利用大数据技术实现风险识别与预警、协同调整与优化、创新驱动与价值提升等功能，从而恢复正常状态或实现更优状态的能力。

（三）产业链再适应能力的概念和内涵

在大数据时代，产业链的运行和发展面临着更加复杂和不确定的环境，需要具备更强的适应能力，即产业链再适应能力。产业链再适应能力是指产业链在遭遇外部冲击或内部变化时，能够通过调整结构、流程、资源、技术等要素，实现对新形势的快速响应和有效适应，保持或提升产业链的效率、稳定性和竞争力。

产业链再适应能力的内涵包括以下几个方面：第一，产业链再适应能力是一种动态的能力，不是一种静态的能力。它需要产业链主体不断地感知、分析、预测和评估外部环境和内部条件的变化，及时地制定和执行相应的调整措施，实现对新局面的有效适应。第二，产业链再适应能力是一种综合的能力，不是一种单一的能力。它涉及产业链上下游各环节和各主体之间的协同配合，需要在结构、流程、资源、技术等多个维度进行优化和创新，实现产业链整体效益的最大化。第三，产业链再适应能力是一种相对的能力，不是一种绝对的能力。它需要根据不同的外部冲击或内部变化的性质、程度和影响，采取不同的调整策略和措施，实现产业链在成本、效率、质量、安全等多个方面的平衡和协调。

大数据技术对提升产业链再适应能力具有重要的作用。第一，大数据技术可以提高产业链感知分析能力。大数据技术可以利用各类传感器、互联网等手段，实时地采集、存储、处理和分析产业链内外部的海量数据，揭示数据背后的规律、趋势和风险，为产业链主体提供更加精准、全面和及时的决策支持。第二，大数据技术可以提高产业链协同创新能力。大数据技术可以通过云计算、区块链等手段，实现产业链上下游各主体之间的数据共享、交换和协作，促进信息流、物流、资金流等要素在产业链内部的高效流动，激发产业链创新活力。第三，大数据技术可以提高产业链智能优化能力。大数据技术可以通过人工智能、物联网等手段，实现对产业链结构、流程、资源、技术等要素的智能化管理和优化，提升产业链运行效率、稳定性和竞争力。

综上所述，在大数据时代，产业链再适应能力具有更加深刻的内涵，即产业链在遭遇外部冲击或内部变化时，能够利用大数据技术实现感知分析、协同创新、智能优化等功能，从而实现对新形势的快速响应和有效适应，保持或提升产业链的效率、稳定性和竞争力的能力。

（四）产业链再定位能力的概念和内涵

在大数据时代，数据已成为重要的生产要素和战略资源，对经济社会发展产生了深刻的影响。大数据技术可以提高数据的采集、存储、加工、分析和服务能力，为各行业提供智能化、精准化、高效化的解决方案，推动产业转型升级和创新发展。在这一背景下，产业链再定位能力成为企业和行业应对市场变化、提升竞争优势、实现可持续发展的关键能力。

产业链再定位能力是指企业或行业在大数据环境下，根据自身资源、能力和市场需求，对产业链上下游各环节进行优化调整和重组整合的能力。产业链再定位能力包括两个方面：一是产业链内部再定位能力，即企业或行业对自身所处的产业链环节进行调整和优化，如增加或减少产品种类、改变产品结构、提升产品质量、降低生产成本等；二是产业链外部再定位能力，即企业或行业对所属的产业链进行跨越或切换，如进入或退出某个产业链、转向或拓展新的产业链、与其他产业链进行融合或联动等。

大数据技术对产业链再定位能力的影响机制主要有以下几个方面：

（1）提升数据资源获取和利用效率。大数据技术可以通过多源数据采集、云计算存储、分布式计算等手段，实现数据资源的快速获取、存储和处理，为企业或行业提供海量、多样、实时、准确的数据信息，帮助其洞察市场需求、消费偏好、竞争态势等，从而提高决策效率和精度，优化产品设计和服务模式，增强市场反应能力和创新能力。

（2）促进数据资源价值挖掘和交换。大数据技术可以通过数据挖掘、分析和可视化等手段，实现数据资源的深度挖掘和价值转化，为企业或行业提供有价值的洞察、预测、推荐等，帮助其发现潜在的商机、风险和机遇，从而提高产品附加值和服务价值，增强市场竞争力和盈利能力。同时，大数据技术也可以通过数据共享、交易和开放等手段，实现数据资源的流动和交换，为企业或行业提供更多的合作伙伴和资源渠道，从而拓展市场空间和发展机会。

（3）推动数据资源创新和变革。大数据技术可以通过人工智能、区块链等新技术的融合应用，实现数据资源的创新和变革，为企业或行业提供更先进、更智能、更安全的数据解决方案，帮助其实现产品和服务的创新和变革，从而提高产业链的技术水平和价值水平，增强产业链的核心竞争力和抗风险能力。

综上所述，大数据技术对产业链再定位能力的影响机制可以用以下公式概括：

产业链再定位能力=数据资源获取和利用效率+数据资源价值挖掘和交换+数据资源创新和变革。即大数据技术通过提升数据资源获取和利用效率、促进数据资源价值挖掘和交换、推动数据资源创新和变革，从而提高企业或行业的产业链再定位能力，实现产业链的优化调整和重组整合，适应市场变化，提升竞争优势，实现可持续发展。

三、产业链安全与韧性的特征

（一）产业链安全的特征

（1）主动性。主动性是指产业链中各个环节能够主动地识别和分析各种风险，采取有效的措施，避免或减少风险的发生和影响。主动性体现了产业链安全的前瞻性和主体性，要求产业链中各个环节不仅要有风险意识，还要有风险管理能力，能够及时发现风险隐患，制定风险应对策略，实施风险控制措施，提高风险抵御能力。主动性也体现了产业链安全的创新性和灵活性，要求产业链中各个环节不仅要遵循规则和标准，还要根据市场和环境的变化，不断创新风险管理方法，灵活调整风险管理模式，提高风险适应能力。

具体而言，产业链安全的主动性主要体现在以下三个方面：

第一，主动地进行风险评估和监测，及时发现潜在的或已经出现的风险，如市场需求变化、供应中断、技术落后、竞争对手威胁等，并制定相应的应对策略和预案。

第二，主动地进行风险管理和控制，通过优化产业链结构和布局、提升产业链质量和效率、加强产业链协同和创新等方式，降低产业链的脆弱性和依赖性，增强产业链的韧性和竞争力。

第三，主动地进行风险转移和分散，通过多元化供应来源、拓展市场渠道、建立战略储备等方式，减少单一供应商或客户的影响，提高产业链的应变能力和恢复能力。

（2）预防性。预防性是指产业链中各个环节能够预防地制定和执行各种规则和标准，规范和约束各方的行为，防止或消除风险的源头。预防性体现了产业链安全的规范性和系统性，要求产业链中各个环节不仅要遵守法律法规，还要建立健全内部规章制度，明确责任分工和权利义务，形成有效的监督和激励机制，提高风险合规能力。预防性也体现了产业链安全的协同性和协调性，要求产业链中各个环节不仅要关注自身利益，还要考虑整体利益，建立良好的沟通和协作关系，形成合理的利益分配和风险分担机制，提高风险协作能力。

具体而言，产业链安全的预防性主要体现在以下三个方面：

第一，预防地建立健全法律法规和政策制度，明确各方的权利义务和责任分担，保障产业链中各方的合法权益，维护产业链的公平竞争和良好秩序。

第二，预防地制定并执行严格的质量标准和安全规范，确保产业链中各个环节的产品或服务符合质量要求和安全要求，避免因质量问题或安全事故而造成损失或危害。

第三，预防地建立有效的监督检查和信用评价机制，对产业链中各方的行为进行监督检查和信用评价，并根据信用状况给予相应的奖惩措施，激励各方遵守规则和标准，提高信用水平。

（3）综合性。综合性是指产业链中各个环节能够综合地运用各种手段和资源，协调和整合各方的利益和需求，应对或解决风险的问题。综合性体现了产业链安全的多元性和复杂性，要求产业链中各个环节不仅要利用自身优势，还要借助外部支持，充分发挥政府、市场、社会等多方力量的作用，形成有效的资源配置和利用机制，提高风险资源能力。综合性也体现了产业链安全的开放性和包容性，要求产业链中各个环节不仅要满足自身需求，还要顾及他人需求，在尊重差异、保持多样的基础上，寻求共识、实现共赢，形成有效的利益协调和平衡机制，提高风险利益能力。

具体而言，产业链安全的综合性主要体现在以下三个方面：

第一，综合地利用政府、市场、社会等多种力量，形成多元化的利益相关者网络，实现信息共享、资源共享、利益共享，在面对风险时形成合力。

第二，综合地运用科技、金融、人才等多种要素，提升产业链中各个环节的创新能力、融资能力、人才能力，在面对风险时形成支撑。

第三，综合地采取协商、谈判、调解等多种方式，处理好产业链中各方之间的矛盾纠纷，在面对风险时形成共识。

（4）动态性。动态性是指产业链中各个环节能够动态地调整和优化自身的结构和模式，适应、跟随市场和环境的变化，提高或恢复自身的状态。动态性体现了产业链安全的变化性和不确定性，要求产业链中各个环节不仅要保持稳定运行，还要追求持续发展，在保证质量、效率、效益的同时，不断创新技术、产品、服务等方面，形成有效的结构优化和模式创新机制，提高风险发展能力。动态性也体现了产业链安全的恢复性和可持续性，要求产业链中各个环节不仅要抵御突发事件，还要应对长期挑战，在遭受冲击后能够迅速恢复正常状态，并在此基础上实现更高水平的发展；在保证安全、稳定、可靠的同时，不断提升绿色、低碳、循环等方面，形成有效的恢复调整和可持续发展机制，提高风险可持续能力。

具体而言，产业链安全的动态性主要体现在以下三个方面：

第一，动态地进行市场调研和情报收集，及时掌握市场需求变化趋势、技术发展动向、竞争对手战略布局等信息，并根据信息变化及时调整自身战略。

第二，动态地进行结构调整和模式创新，根据市场需求变化选择适合自身优势的产品或服务类型、生产或服务方式、销售或服务渠道等，并不断优化生产流程或服务流程，提高生产效率或服务质量。

第三，动态地进行资源配置和效益评估，根据市场需求变化合理配置人力、物力、财力等资源，定期对资源使用效果进行评估分析，并根据评估结果及时调整资源配置方案。

（二）产业链韧性的特征

产业链韧性是指产业链中各个环节能够快速恢复和适应各种内外部变化，保障产业链的持续优化和创新发展的能力。产业链韧性是提升产业链安全、应对产业链变革、实现产业链升级的重要条件，也是国家经济社会发展的重要支撑。产业链韧性的特征主要包括弹性、适应性、协同性和创新性四个方面。

（1）弹性。产业链韧性的弹性是指产业链中各个环节能够弹性地承受和缓解各种变化带来的冲击或压力，保持或恢复自身的功能和效率。这一概念源于系统理论中的弹性思维，即系统在遭受外部扰动时，能够通过自我调整和适应来维持或恢复其结构和功能。弹性能提升产业链的抗压能力，使产业链在面对市场需求波动、供应中断、环境变化等冲击时，能够保持其生产和销售的稳定，不受过大的影响。这要求产业链具有灵活的生产计划、合理的库存管理、有效的价格策略等。弹性能提升产业链的缓冲能力，使产业链在面对供应中断、环境变化等冲击时，能够利用多种方式来弥补供应缺口、减轻对生产的影响。这要求产业链具有多元化的供应网络、战略储备、紧急采购等。弹性还能提升产业链的恢复能力，使产业链在面对市场需求波动、供应中断、环境变化等冲击时，能够及时采取措施来减少损失，并尽快恢复正常运行。这要求产业链具有强大的风险防范、应急响应、恢复重建等。

具体而言，产业链韧性的弹性主要体现在以下三个方面：

第一，弹性地应对市场波动，通过灵活调整生产计划、库存水平、价格策略等，满足市场需求的变化，保持或提高市场份额和收入水平。例如，在新冠疫情期间，一些医疗用品和防护用品的生产企业能够及时调整生产规模和产品结构，迅速增加口罩、防护服等产品的供应，满足国内外市场的急需。

第二，弹性地应对供应中断，通过建立多元化的供应网络、战略储备、紧急采购等，保证原材料、零部件、能源等的稳定供应，减少或避免生产停滞或延误。例如，在美国对中国芯片企业实施出口限制后，一些芯片企业能够通过寻找替代供应商、增加库存储备、转移生产基地等方式，保障芯片的生产和供应。

第三，弹性地应对环境变化，通过加强风险防范、应急响应、恢复重建等，降低或消除自然灾害、社会动荡、政策变动等对产业链的不利影响。例如，在汶川地震发生后，一些受灾严重的汽车企业能够通过启动应急预案、调配资源、修复设施等方式，迅速恢复生产能力和市场运营。

（2）适应性。在全球化和数字化的背景下，产业链面临着多种风险和冲击，如疫情、贸易摩擦、资源紧缺、技术变革等。这些风险和冲击可能导致产业链中断、失衡或转移，给企业和社会带来巨大损失。因此，提升产业链韧性，即产业链在遭受干扰后能够恢复到原始状态或更加理想状态的能力，成为了当前产业发展的重要课题。而提升产业链韧性的关键在于提高产业链中各个环节的适应性，即产业链中各个环节能够适应地识别和利用各种变化带来的机会或挑战，调整或改变自身的策略和行为。适应性体现了产业链的灵活性、敏捷性和创新性，是产业链在不确定性环境中保持竞争力和可持续发展的核心素质。

具体而言，产业链韧性的适应性主要体现在以下三个方面：

第一，适应地把握市场机会，通过及时收集和分析市场信息，发现并满足潜在或新兴的市场需求，开拓或扩大市场空间。例如，在新能源汽车市场快速增长的背景下，一些传统汽车企业能够及时调整产品战略，加大新能源汽车的研发和投放力度，抢占市场先机。

第二，适应地迎接技术挑战，通过不断跟踪和掌握技术发展趋势，学习并引进新技术或改进旧技术，提升或更新产品或服务的质量和功能。例如，在人工智能技术飞速发展的背景下，一些制造业企业能够及时引入智能制造技术，提高生产自动化和智能化水平，提升产品质量和效率。

第三，适应地参与国际合作，通过积极融入全球价值链和区域一体化进程，建立并维护良好的国际关系和信誉，拓展或优化国际市场和资源。例如，在全球贸易保护主义抬头的背景下，一些外贸企业能够及时调整出口战略，积极参与区域经济合作协定（如 RCEP），开拓多元化的国际市场。

（3）协同性。协同性是指产业链中各个环节能够协同地沟通和协作，共享和整合信息和资源，形成有效的联动和互补。协同性是提高产业链效率、效益、安全和创新的重要条件，也是应对复杂多变的市场环境的关键能力。在全球化和数字化的背景下，产业链不仅是一种生产组织方式，也是一种竞争力的体现。产业链中各个环节之间的协同程度，直接影响着产业链的运行效率、效益、安全和创新。因此，提高产业链协同性，即产业链中各个环节能够协同地沟通和协作，共享和整合信息和资源，形成有效的联动和互补，成为了当前产业发展的重要课题。

具体而言，产业链韧性的协同性主要体现在以下三个方面：

第一，协同地实现信息共享，通过建立完善的信息平台和沟通渠道，实现产业链上下游各方之间的信息交流和反馈，提高信息的透明度和可靠度。

例如，在电商平台上进行线上交易的企业能够通过平台提供的数据分析工具，获取并分析消费者行为数据、竞争对手动态数据等信息，并根据信息调整自身产品或服务。

第二，协同地实现资源整合，通过建立有效的合作机制和激励机制，实现产业链上下游各方之间的资源配置和利益分配，提高资源的利用率和效益率。例如，在共享经济模式下运营的企业能够通过平台连接闲置资源与需求方，并根据供需关系确定价格与分成比例，并为双方提供保障与服务。

第三，协同地实现联动互补，通过建立灵活的组织结构和运行模式，实现产业链上下游各方之间的功能配合和价值创造，提高产业链的协调度和竞争力。例如，在工业互联网模式下运营的企业能够通过平台打通设备、人员、数据等要素，并根据实时数据优化生产流程与管理决策，并为上下游企业提供定制化解决方案。

（4）创新性。创新性指产业链中各个环节能够创新地开发和推广新产品、新技术、新服务等，提升或领先市场竞争力。创新性是产业链的生命力和核心力量，也是应对市场变化和国际竞争的关键能力。在全球化和数字化的背景下，产业链不仅是一种生产组织方式，也是一种创新组织方式。产业链中各个环节之间的创新程度，直接影响着产业链的效率、质量、安全和活力。因此，提高产业链创新性，即产业链中各个环节能够创新地开发和推广新产品、新技术、新服务等，成为了当前产业发展的重要课题。具体而言，产业链韧性的创新性主要体现在以下三个方面：

第一，创新地进行产品开发，通过深入了解客户需求和偏好，设计并生产出具有差异化优势、满足多样化需求的产品，并及时推向市场。例如，在智能手机市场竞争激烈的背景下，一些手机企业能够不断推出具有创新设计、功能、体验等特点的新品，并根据不同消费者群体进行差异化定位与营销。

第二，创新地进行技术研发，通过加强科研投入和人才培养，开发并掌握具有自主知识产权、符合国际标准、领先行业水平的技术，并及时转化为生产力。例如，在生物医药领域，一些医药企业能够不断进行新药的研发和临床试验，并取得国内外的认证和批准，为患者提供有效的治疗方案。

第三，创新地进行服务创新，通过改善服务流程和质量，提供出具有附加值优势、满足个性化需求的服务，并及时获取客户反馈。例如，在教育领域，一些教育企业能够利用互联网技术，提供出在线教育、个性化辅导、互动学习等新型的教育服务，并根据学习效果和用户评价进行持续改进。

第三章　大数据对产业链安全与韧性的影响理论机制分析

本部分主要介绍大数据对产业链安全与韧性的影响机制分析所依据的理论机制及其模型分析。理论机制主要包括技术效应理论、规模效应理论、网络外部性理论和逆向选择理论，下面将会具体介绍这几种理论以及这些理论在大数据技术提高产业链安全与韧性过程中的作用方法以及具体作用模型推导。

第一节　大数据对产业链安全与韧性影响的内在逻辑

一、大数据提高产业链安全性的内在逻辑

大数据在提高产业链的安全性方面发挥了重要作用。随着信息技术的快速发展，企业和组织积累了大量的数据，这些数据可以被利用来增强产业链的安全性。大数据提高产业链的安全性的内在逻辑有以下七点：

（1）数据驱动的风险识别与预防。大数据分析可以帮助企业更好地了解潜在的风险和威胁。通过监控大数据中的异常模式和趋势，企业可以迅速识别到潜在的风险事件。这包括网络入侵、数据泄漏、供应链问题、市场需求变化等各种潜在威胁。大数据的实时分析能力使企业能够更快地发现问题，并采取适当的措施来预防和减轻风险，从而提高了产业链的安全性。

（2）网络和数据安全。在数字化时代，网络和数据安全是产业链中至关重要的方面。大数据可以用于监控和分析网络流量、日志数据和用户行为，以检测潜在的安全漏洞和威胁。企业可以利用大数据技术来建立高度智能化的安全系统，能够自动识别并应对威胁，减少数据泄漏和未经授权的访问风险。

（3）供应链安全。供应链安全是产业链安全的关键组成部分。大数据分

析可以用于监测供应链的不同环节，包括原材料采购、制造、物流和分销。通过跟踪和分析大数据，企业可以更好地了解供应链中的潜在问题，如供应商的延迟交付、库存问题或质量问题。这有助于及早采取措施，以减少供应链中的不安全因素，确保生产和交付的安全性。

（4）消费者数据保护。大数据分析还可以用于保护消费者的数据隐私。随着越来越多的个人信息被数字化和在线存储，数据泄漏和滥用的风险也在增加。大数据技术可以帮助企业监控和保护客户数据，确保其不被未经授权的访问或恶意攻击所威胁。这有助于维护客户信任，保持产业链的安全性。

（5）反欺诈措施。大数据在识别和防范欺诈方面也发挥了关键作用。金融行业和电子商务等领域特别容易受到欺诈活动的影响。通过分析大数据，企业可以检测到异常交易、虚假身份和信用卡欺诈等问题。这有助于减少财务损失和维护业务的可持续性，提高了产业链的安全性。

（6）灾难管理和恢复。大数据还可以用于灾难管理和恢复计划。通过分析历史数据和模拟不同灾难场景，企业可以更好地准备应对自然灾害、供应链中断或其他突发事件。大数据的分析能力可以帮助企业优化应急响应计划，提高产业链的韧性和安全性。

（7）综合安全战略。综合安全战略是大数据在产业链中的安全性方面的关键。大数据分析可以用于综合安全情报，提供全面的风险视图，帮助企业制定和实施安全策略。这包括网络安全、物理安全、供应链安全和数据保护等多个方面。大数据技术有助于企业将不同的安全措施整合在一起，建立更强大的安全基础，提高产业链的安全性。

总之，大数据在提高产业链的安全性方面发挥了关键作用。通过数据驱动的风险识别、网络和数据安全、供应链安全、消费者数据保护、反欺诈措施、灾难管理和综合安全战略，大数据技术有助于企业更好地保障产业链的安全性，降低潜在风险，提高韧性，确保业务的可持续性。因此，大数据已成为现代企业不可或缺的工具，用以提高产业链的安全性。

二、大数据提高产业链韧性的内在逻辑

大数据在提高产业链的韧性方面发挥了关键作用，充分利用大数据技术可以帮助企业更好地适应不断变化的市场环境，应对突发事件，提高产业链的韧性。大数据提高产业链的韧性的内在逻辑有以下六点：

（1）多样性的数据源。大数据的特点之一是它可以整合来自多个不同来源的数据。这包括社交媒体数据、传感器数据、市场反馈、竞争情报等各种

数据来源。通过综合利用这些多样性的数据，企业可以更好地了解市场和产业链中的变化。这种多样性数据的使用增加了企业的决策精度，帮助它们更好地适应不同类型的冲击，提高了产业链的韧性。

（2）即时反馈和决策支持。大数据技术具备快速处理和分析大量数据的能力，使企业能够更快速地获取即时反馈。这种即时反馈可以用于及时调整战略、产品和服务，以适应市场的变化。大数据分析还可以为企业提供更好的决策支持。通过分析大数据，企业可以更好地了解市场趋势、竞争环境和客户需求，制定更灵活的战略，以便在不同的情况下保持竞争力。这有助于提高产业链的韧性。

（3）预测性维护。大数据分析可以用于预测性维护，这是一种利用数据来预测设备和机器可能出现故障的方法。通过监测设备和生产过程的数据，企业可以识别潜在的问题，并采取措施来降低风险。这有助于减少生产中断，提高产业链的韧性。

（4）供应链优化。大数据分析在供应链管理中发挥了关键作用。企业可以利用大数据来优化库存控制、供应商管理、运输规划和需求预测。通过更好地了解供应链中的变化和需求趋势，企业可以提前调整供应链中的环节，以应对市场需求的波动。这有助于降低库存成本、提高供应链的效率，增强产业链的韧性。

（5）协同合作。大数据技术还促进了不同环节之间的协同合作。通过共享数据和信息，不同的产业链环节能更好地协调行动，以应对突发事件和安全威胁。这种协同合作增加了产业链的整体韧性，使各个环节更好地协作，以解决问题和降低风险。

（6）智能决策和可持续性。大数据分析可以帮助企业更好地理解环境和社会因素对产业链的影响。这有助于制定可持续性战略，考虑环境责任，提高产业链的韧性，以应对未来的挑战。此外，大数据分析也支持智能决策，使企业能够更好地应对不断变化的市场条件，提高产业链的韧性。

总结起来，大数据在提高产业链的韧性方面发挥了重要作用。通过多样性的数据源、即时反馈和决策支持、预测性维护、供应链优化、协同合作、智能决策和可持续性战略，大数据技术有助于提高企业的适应能力，使其能更好地应对市场变化、供应链优化问题。

第二节　主要理论机制介绍及模型推导

一、技术效应理论机制及模型推导

（一）技术效应理论概念

技术效应理论，又称技术差异理论，是经济学中的一个关键概念，它探讨了技术进步如何影响产业和市场的变化。这一理论提供了深刻的洞察力，帮助解释了为什么不同企业或国家在技术领域的创新和采纳方面表现出差异。技术效应理论强调了技术进步对生产率、成本、市场竞争和产业结构的影响，以及如何这些影响最终塑造了经济体系。

技术效应是指技术水平和创新在经济体系中的应用如何影响企业、行业和整个经济的绩效。这些效应可以体现为生产效率的提高、成本的降低、产品质量的提升以及市场份额的扩大。技术效应还涵盖了技术进步对劳动力市场、资源配置和市场竞争的影响。

技术效应理论包括以下主要要素：

（1）技术创新：技术创新是技术效应的核心。它包括新技术的研发和应用，以及现有技术的改进。技术创新可以涉及生产过程的改进、新产品的开发、新材料的使用等。

（2）生产效率：技术创新通常导致生产效率的提高。这意味着企业能够以更少的资源（劳动力、资本、原材料等）生产更多的产品或提供更多的服务。

（3）成本结构：技术效应影响企业的成本结构。通过技术创新，企业可以降低生产成本，提高经济效益。这对市场竞争和价格制定具有重要影响。

（4）市场竞争：技术效应可以改变市场竞争格局。企业通过技术创新提供更具吸引力的产品或服务，从而在市场上获得竞争优势。

（5）产业结构：技术效应也塑造了产业结构。它可能导致某些行业的扩张，同时导致其他行业的缩减或消失。这影响了整个产业链的组织和分工。

技术效应可以分为以下几种类型：

（1）正技术效应（Positive Technological Effect）：正技术效应发生在技术创新导致生产效率提高、成本降低和产品质量提升的情况下。这种效应通常对企业和整个经济产生积极影响。

（2）负技术效应（Negative Technological Effect）：负技术效应发生在技术创新导致劳动力的替代、成本增加或环境负面影响的情况下。这种效应可能对某些产业或劳动力市场造成不利影响。

（3）中性技术效应（Neutral Technological Effect）：中性技术效应发生在技术创新对生产效率或成本没有显著影响的情况下。这种效应通常是暂时的，或者技术创新的影响在不同方面相互抵消。

技术效应的强度和方向受到多种因素的影响，包括技术水平、市场需求、政府政策、知识产权、竞争环境等。这些因素共同塑造了技术创新的方向和效应。

技术效应理论的重要性在于它提供了一种理解技术创新如何改变经济和产业链的框架。它有助于政府、企业和研究者更好地应对技术变革，促进经济增长和产业升级。通过深入理解技术效应，可以更好地规划创新战略、产业政策和资源配置，以更好地适应快速变化的技术环境。

（二）模型分析

为了具体分析大数据对产业链安全与韧性的影响，我们可以构建一个模型如下：

假设一个简单的两阶段产业链模型，其中第一阶段为上游企业（U），第二阶段为下游企业（D）。每个企业都有两种选择：使用或不使用大数据技术（B）。

假设每个企业都有一个生产函数：$Y=A\times K^\alpha\times L^\beta\times B^\gamma\times\varepsilon$，其中Y为产出，A为生产率参数，K为资本投入，L为劳动投入，B为大数据技术投入（取值为0或1），γ为大数据技术对生产率的影响系数（取值大于0），ε为随机干扰项。

假设每个企业都有一个利润函数：$\pi=P\times Y-w\times L-r\times K-c\times B$，其中P为产品价格，w为工资水平，r为资本成本率，c为大数据技术成本。

假设每个企业都有一个溢出函数：$S=\theta\times B$，其中S为溢出收益，θ为溢出系数（取值大于0），B为大数据技术投入（取值为0或1）。溢出收益是指企业使用大数据技术后，对其他企业产生的正向外部性，如知识共享、协同效应等。

假设每个企业都是利润最大化的理性决策者，且知道其他企业的决策和参数。则每个企业的决策问题可以表示为：

$\max\pi+S$

s. t. $Y=A\times K^\alpha\times L^\beta\times B^\gamma\times\varepsilon$

$\pi = P \times Y - w \times L - r \times K - c \times B$

$S = \theta \times B$

$B \in \{0, 1\}$

通过求解该模型，我们可以得到每个企业使用或不使用大数据技术的最优决策，以及相应的产出、利润和溢出收益。进而，我们可以分析大数据技术对产业链技术创新的影响，例如：

当上游企业使用大数据技术时，可以提高自身的生产率和利润，同时也可以通过溢出效应提高下游企业的生产率和利润，从而增强产业链的稳定性和安全性。

当下游企业使用大数据技术时，可以提高自身的生产率和利润，同时也可以通过溢出效应提高上游企业的生产率和利润，从而增强产业链的韧性和可持续性。

当上下游企业都使用大数据技术时，可以实现产业链的协同创新和竞争优势，同时也可以通过溢出效应提高整个产业链的生产率和利润，从而增强产业链的扩张性和包容性。

（三）大数据技术提高产业链的技术创新

大数据技术对产业链的技术创新有着深远的影响，它在多个方面促进了创新的发展。大数据是指以前所未有的规模和速度生成、收集和分析的数据，这些数据的多样性和复杂性为创新提供了新的机会和挑战。以下将详细说明大数据技术如何提高产业链的技术创新。

（1）数据驱动的创新。大数据技术提供了大规模、实时的数据收集和分析能力，这种数据驱动的创新方式成为了产业链中技术创新的重要推动力。企业可以利用大数据来了解市场趋势、消费者需求、竞争对手的动态以及产品性能等关键信息。这种数据驱动的创新不仅加速了新产品和服务的开发，还为企业提供了更多实验和测试的机会，以不断改进其产品和服务。

举例来说，零售业可以使用大数据分析来了解消费者的购物行为和偏好，从而设计更吸引人的促销活动和产品布局。制造业可以通过大数据分析来实现实时监控和预测设备的维护需求，减少生产中断和成本。这些数据驱动的创新提高了企业的竞争力，同时也改善了产品和服务的质量。

（2）预测分析和优化。大数据技术使企业能够更好地理解未来趋势和需求，从而更好地规划资源、制定战略和进行产品研发。通过高级分析和机器学习算法，企业可以进行预测分析，识别新的商机、市场机会和风险。这种数据驱动的预测有助于提前应对市场变化，加强了创新的前瞻性。

例如，金融行业可以使用大数据和机器学习来预测市场趋势和风险，制定更精准的投资策略。医疗领域可以利用大数据分析来预测疾病传播趋势，帮助公共卫生部门更好地应对疫情。这种预测分析和优化有助于提高决策的质量，同时也增加了技术创新的机会。

（3）创新生态系统的建设。大数据技术推动了创新生态系统的建设，通过合作和开放创新，不同领域的企业和创新者可以共同参与创新。大数据平台和工具的开放性使得不同的组织能够共享数据和资源，从而更容易合作开展创新项目。

例如，开发者可以在大数据平台上构建应用程序，利用丰富的数据源来创建新的解决方案。这种合作和开放创新模式有助于加速技术创新的速度，吸引更多的人才和资源参与创新生态系统。

（4）数据驱动的产品和服务。大数据技术使企业能够开发更智能和个性化的产品和服务。通过分析大数据，企业可以更好地了解消费者的需求，并为其提供更有针对性的产品和服务。这种数据驱动的个性化有助于满足不同消费者的需求，同时也为企业创新带来新的商机。

以社交媒体平台为例，通过分析用户的行为和兴趣，这些平台可以提供个性化的广告和内容，提高用户的参与度和忠诚度。在医疗领域，大数据分析可以为个体化医疗和疾病管理提供支持，提高了医疗服务的质量和效益。

（5）持续学习和改进。大数据技术为企业提供了持续学习和改进的机会。通过实时数据分析，企业可以不断监测其产品和服务的表现，并采取即时措施来改进。这种数据驱动的持续改进有助于提高产品和服务的质量，满足不断变化的市场需求。

举例来说，云计算服务提供商可以实时监测服务器性能和用户体验，根据数据分析结果进行调整，以确保高质量的服务交付。制造业可以使用传感器和大数据分析来监测设备运行状况，预测维护需求，减少生产中断。这种持续学习和改进的文化有助于推动技术创新的不断演进。

总之，大数据技术在产业链中促进了技术创新的发展，通过数据驱动的创新、预测分析和优化、创新生态系统的建设、数据驱动的产品和服务以及持续学习和改进，大数据推动了企业更好地满足市场需求、提高生产效率和改进产品质量，进而提高了整个产业链的竞争力和创新能力。大数据技术的应用将继续在产业链中发挥重要作用，推动技术创新不断前进。

二、规模效应理论机制及模型推导

（一）规模效应理论概念

规模理论是经济学领域的一个关键概念，它探讨了企业和产业规模对生产和成本的影响。规模理论的核心观点是，生产规模的扩大或缩小将影响企业的生产效率、成本结构和市场竞争力。规模理论有助于解释为什么企业倾向于不断扩大规模以降低成本，同时也涉及了最佳规模的概念。以下将详细介绍规模理论的概念和关键要点。

（1）规模的定义：规模是指生产或经营活动的规模、范围或容量。在经济学中，规模通常指的是生产规模，即生产单位产品或提供服务的数量或产能。规模可以分为不同级别，包括小规模、中等规模和大规模。

（2）规模效应的概念：规模效应是指生产规模的扩大或缩小对企业的生产效率和成本产生的影响。

（3）规模效应主要类型：内部规模效应（Internal Economies of Scale）：这种效应指的是企业内部生产规模的扩大如何降低单位产品的生产成本。内部规模效应可能源于生产设备的更充分利用、分工的提高、采购成本的降低等。通常情况下，随着规模的扩大，单位产品的平均成本会下降，这使得企业能够以更低的价格生产产品，提高市场竞争力。外部规模效应（External Economies of Scale）：这种效应指的是一个产业或地区内的多个企业共同从更大规模生产中受益。外部规模效应可能源于技术创新、人才聚集、供应链的发展等。这些因素可以使整个产业受益，从而降低整体市场的成本，推动更多的企业进入市场。

规模效应的原理包括以下关键要点：

（1）成本下降：随着规模的扩大，企业通常能够更有效地利用生产要素，如劳动力、资本和原材料，从而降低单位产品的成本。

（2）技术进步：大规模生产通常会促进技术创新。企业在更大规模下有更多的资源用于研发和创新，从而提高生产效率和产品质量。

（3）市场竞争力：成本下降可以使企业提供更有竞争力的价格，吸引更多的消费者。这有助于企业在市场上获得更大的份额。

（4）市场进入壁垒：较大规模的企业通常拥有更多的资源来投资于市场进入壁垒，如广告、品牌建设和分销网络，这使得其他企业难以进入市场。

总之，规模理论强调了企业和产业规模对生产效率、成本结构和市场竞争力的影响。规模效应是许多产业中取得竞争优势的关键因素之一。了解规模效应的原理和应用有助于企业优化其生产和竞争战略，从而提高市场绩效。

（二）模型分析

规模理论提供了一种分析大数据对产业链安全与韧性的有用框架。在这个分析中，我们将探讨大数据的规模效应，即大规模数据分析如何影响产业链的安全性和韧性，并构建了一个简单的数理模型来说明这一影响。

根据规模效应理论，大数据的规模效应可以通过以下方式影响产业链的安全性和韧性：

（1）成本效益：大数据分析通常需要大量数据和计算资源。大规模的数据集可以降低每单位数据处理和分析的成本。这使得企业更容易投资于数据分析和安全措施，以提高产业链的安全性。

（2）预测和风险管理：大数据分析能够更准确地预测潜在威胁和风险。通过分析大规模数据，企业可以识别异常情况，检测潜在的安全漏洞，从而提前采取措施来增强安全性。

（3）实时监控：大数据技术可以支持实时监控产业链的各个环节。这种实时监控有助于及时发现问题和应对突发事件，从而增强韧性。

（4）资源分配的优化：大数据分析可以帮助企业更有效地分配资源，例如人力资源和资本。通过优化资源的使用，企业可以更好地管理风险并提高韧性。

现在，让我们构建一个简单的数理模型，以说明大数据如何影响产业链的安全性和韧性。为了用规模理论分析大数据对产业链安全与韧性的影响，我们可以构建一个简单的模型，如下所示：

假设产业链安全与韧性可以用一个指标 S 来衡量，它反映了产业链在面对内外部风险时的稳定性和恢复能力。

假设大数据对产业链安全与韧性的影响可以分为正面影响和负面影响，分别用两个指标 P 和 N 来衡量，它们反映了大数据在提升产业链效率、创新、协同等方面的作用和在增加产业链复杂度、脆弱性、不确定性等方面的作用。

假设大数据的规模可以用一个指标 D 来衡量，它反映了大数据涉及的数据量、数据类型、数据来源、数据应用等多个维度。

假设 P 和 N 都与 D 呈现出幂律关系，即 $P=aD^{b,N=cD}d$，其中 a，b，c，d 都是常数。

假设 S 是 P 和 N 的函数，即 S=f（P，N），其中 f 是一个非线性函数。

根据这个模型，我们可以分析大数据规模变化对产业链安全与韧性的影响。具体来说，我们可以通过以下几个步骤来完成：

第一步，根据实际情况确定 a，b，c，d 等参数的值，这需要收集和分析相关的数据和信息。

第二步，根据实际情况确定 f 函数的形式，这需要考虑到 P 和 N 之间的相互作用和影响。

第三步，根据 D 的不同取值计算出 P 和 N 的值，并代入 f 函数得到 S 的值。

第四步，根据 S 随 D 变化的趋势和特点，分析大数据规模对产业链安全与韧性的影响，并提出相应的建议和措施。

（三）大数据技术提高产业链的规模效应

大数据技术提高了产业链的规模效应，主要体现在以下几个方面：

（1）数据规模的扩大：大数据技术使企业能够处理和分析大规模数据，包括传统数据和来自多个来源的数据。这使得企业可以获得更全面的信息，更好地了解市场、客户和竞争对手。

（2）更准确的决策：大数据技术可以帮助企业更好地理解客户需求、市场趋势和供应链动态。通过更准确的数据分析，企业可以制定更明智的决策，提高产品定制能力，减少库存，优化资源分配等。

（3）增强市场竞争力：大数据技术可以提供关键的竞争优势。通过分析大规模数据，企业可以更好地了解客户，精确定位市场，改进产品和服务，增加市场份额。

（4）创新机会：大数据技术鼓励创新。通过分析大数据，企业可以发现新的市场机会，开发新产品和服务，提高效率，实现增长。

（5）更好的客户体验：大数据技术使企业能够提供个性化客户体验。通过分析客户行为和偏好，企业可以提供更相关和有针对性的产品和服务，提高客户满意度。

为了更具体地说明大数据技术如何提高规模效应，我们可以以零售业为例。零售业在日常运营中生成大量的数据，包括销售数据、库存数据、顾客数据、市场数据等。利用大数据技术，零售商可以进行以下操作：

（1）需求预测：通过分析历史销售数据和市场趋势，零售商可以更准确地预测不同产品的需求。这有助于减少库存过剩或不足，降低成本，并提高销售效益。

（2）个性化营销：大数据技术使零售商能够根据每位客户的购物历史和偏好提供个性化的促销和建议。这提高了客户忠诚度和购买率。

(3) 供应链优化：大数据分析可以跟踪供应链的各个环节，从原材料采购到交付客户。这有助于减少生产和运输成本，提高交货速度。

(4) 竞争分析：零售商可以使用大数据技术来监测竞争对手的价格、促销和库存情况，以及市场上新兴竞争对手的崛起。这有助于更好地适应市场竞争。

(5) 客户反馈分析：零售商可以分析客户反馈，了解产品和服务的优点和不足。这有助于改进产品质量和客户体验。

通过上述方式，大数据技术提高了零售业的规模效应，使企业能够更高效、更智能地经营，提高市场竞争力。

三、网络外部性理论机制及模型推导

(一) 网络外部性理论概念

网络外部性理论主要研究网络中存在的正负外部性问题，即一方的加入或退出对其他方的效用或成本产生的影响。正外部性指一方的加入或退出使其他方的效用或成本增加，负外部性指一方的加入或退出使其他方的效用或成本减少。网络外部性理论分析了网络外部性的来源、类型、度量等问题，并提出了一些解决方案，如兼容标准、互联互通、补贴税收等，以实现网络外部性的内部化，提高社会福利。

外部性理论关注的是市场交易的影响，尤其是负外部性和正外部性，以及如何内部化外部性效应或通过政府政策来纠正市场失灵。外部性理论通常强调在市场中通过税收、补贴、法规和产权来纠正外部性问题。网络外部性理论则关注网络效应对产品或服务采纳和普及的影响。它通常涉及产品或服务的采纳者数量对其他人的价值产生积极影响。网络外部性理论强调了用户数量和用户之间的互联性对产品或服务的成功扩散和市场份额的增长的关键作用。外部性理论关注市场交易中的外部效应，而网络外部性理论是外部性理论的一个特定子领域，侧重于网络效应对产品或服务采纳和市场扩散的影响。两者都在经济学中起着重要的作用，但关注的领域和机制有所不同。

网络外部性是网络经济中最重要的特征之一，也是导致网络市场失灵或有效的主要原因之一。网络外部性产生的根本原因是网络中节点或用户之间存在着互相依赖和互动的关系，这种关系使得个体行为对整体效果产生了重大影响，而这种影响又不能通过市场价格机制得到反映和调节。因此，网络外部性造成了个体行为与社会最优之间的偏离，导致了资源配置的低效率。

网络外部性可以根据其影响效果、产生领域、时空范围等不同维度进行分类。按照影响效果，可以分为正向网络外部性和负向网络外部性。正向网络外部性是指一个节点或用户的加入或退出使其他节点或用户获得额外的收益或节省额外的成本。例如，电话用户越多，每个用户打电话的便利性和价值就越高。负向网络外部性是指一个节点或用户的加入或退出使其他节点或用户承担额外的损失或增加额外的成本。例如，道路上车辆越多，每个车主行驶的速度和安全性就越低。

按照产生领域，可以分为生产领域的网络外部性和消费领域的网络外部性。生产领域的网络外部性是指由生产活动所导致的网络外部性。例如，一个企业采用某种标准技术可以促进其他企业采用同样技术，从而降低生产成本和提高产品质量。消费领域的网络外部性是指由消费行为所带来的网络外部性。例如，一个消费者购买某种商品可以增加其他消费者购买同样商品的需求和满意度。

按照时空范围，可以分为代内网络外部性和代际网络外部性。代内网络外部性是指在同一时期内，在同一地区或不同地区之间产生的网络外部性。例如，一个城市建设地铁可以改善该城市及周边城市居民的交通状况。代际网络外部性是指在不同时期之间，在同一地区或不同地区之间产生的网络外部性。例如，当前一代人过度开发资源和污染环境会损害后代人的福利。

为了解决网络外部性问题，实现资源配置的有效率和公平性，需要采取一些措施来内化网络外部性，即将个体行为对整体效果产生的影响纳入个体行为者自身的收益或成本。常见的内化手段有以下几种：

（1）兼容标准：通过制定和执行统一或兼容的标准来促进不同节点或用户之间的互联互通，从而增强正向网络效应或减弱负向网络效应。例如，在电信、计算机、互联网等领域制定统一或兼容的技术标准、协议标准、数据标准等。

（2）补贴税收：通过政府对正向网络效应产生者给予补贴或对负向网络效应产生者征收税收来调节个体行为与社会最优之间的偏离，从而实现网络外部性的内部化。例如，对环境保护或公共交通等具有正向网络效应的行为给予补贴，对污染排放或私家车使用等具有负向网络效应的行为征收税收。

（3）财产权：通过明确和保护网络中各方的财产权来促进网络外部性的内部化，即让网络外部性的受益者或受损者拥有对网络资源或服务的所有权或使用权，从而使他们能够通过市场交易来实现网络外部性的分配和补偿。例如，对知识产权、频谱资源、环境资源等进行明确和保护，让其所有者或使用者能够通过市场价格机制来实现收益或成本的分担。

（4）合同协议：通过网络中各方之间的自愿协商和签订合同协议来实现网络外部性的内部化，即让网络外部性的受益者或受损者能够通过合同条款来约定网络资源或服务的提供和使用条件，从而使他们能够通过契约关系来实现收益或成本的分配和补偿。例如，对电信、互联网、银行等领域中的互联互通、数据共享、支付结算等服务进行合同协议的制定和执行。

（二）模型分析

为了具体分析大数据对产业链安全与韧性的影响中网络外部性理论的具体作用机制，本书构建了一个简单的模型，如下：

假设一个由 N 个环节组成的产业链，每个环节都需要使用大数据进行生产或服务。每个环节都有两种选择：使用自有数据或使用外部数据。使用自有数据可以保证数据安全和质量，但成本较高；使用外部数据可以降低成本和提高效率，但可能存在数据泄露和质量不稳定等风险。每个环节都会根据自身利益最大化来决定使用哪种数据。

设第 i 个环节使用自有数据的概率为 p_i，使用外部数据的概率为 $1-p_i$。

则该环节使用自有数据的收益为 $R_i(p_i)$，使用外部数据的收益为 $R_i(1-p_i)$。

假设 $R_i(p_i)$ 是关于 p_i 的递减函数，$R_i(1-p_i)$ 是关于 p_i 的递增函数，并且存在唯一的交点 p_i^*，使得 $R_i(p_i^*)=R_i(1-p_i^*)$。

则第 i 个环节会选择 $p_i=p_i^*$ 作为最优策略。

设第 i 个环节使用自有数据对其他环节产生的正外部性为 $E_i(p_i)$，使用外部数据对其他环节产生的负外部性为 $E_i(1-p_i)$。

假设 $E_i(p_i)$ 是关于 p_i 的递增函数，$E_i(1-p_i)$ 是关于 p_i 的递减函数，并且存在唯一的交点 p_i^{**}，使得 $E_i(p_i^{**})=E_i(1-p_i^{**})$。

则第 i 个环节会选择 $p_i=p_i^{**}$ 作为社会最优策略。

由于每个环节只考虑自身利益，而忽略了对其他环节的外部性影响，所以会出现 p_i^* 不等于 p_i^{**} 的情况，即存在一种市场失灵。为了实现社会最优，需要政府或其他机构进行干预，通过税收、补贴、规制、标准等手段，使得每个环节的私人收益与社会收益相一致，即 $R_i(p_i)+E_i(p_i)=R_i(1-p_i)+E_i(1-p_i)$。

这个模型可以用来分析不同的情形下，大数据对产业链安全与韧性的影响。例如，如果某个环节的数据泄露风险较高，或者对其他环节的负外部性较大，那么该环节应该增加使用自有数据的概率，以提高产业链的安全性和韧性。反之，如果某个环节的数据协同效率较高，或者对其他环节的正外部性较大，那么该环节应该增加使用外部数据的概率，以提高产业链的效率和创新性。

（三）大数据技术提高产业链中的外部性

从网络外部性理论的角度来看，大数据对于产业链安全与韧性的影响有以下几个方面：

（1）大数据可以提高产业链的正面网络外部性，即通过数据共享、协同和融合，实现产业链各环节之间的信息互通和价值共创，提升产业链整体的效率和竞争力。例如，通过大数据平台和应用，供应商、生产商、物流商、分销商和消费者等可以实现数据资源的有效整合和利用，优化供需匹配，降低库存成本，提高客户满意度。

（2）大数据也可能引发产业链的负面网络外部性，即由于数据安全风险、数据质量问题、数据垄断现象等导致产业链各环节之间的信息不对称和价值损失，降低产业链整体的稳定性和可靠性。例如，数据泄露、篡改、攻击等事件的发生，可能会影响产业链各环节的正常运作，造成经济损失和信任危机。

（3）大数据可以帮助产业链平衡正负网络外部性，即通过数据治理、数据标准、数据安全等措施，规范和保障数据资源的合理流动和利用，增强产业链各环节之间的协调和互信，提升产业链整体的安全性和韧性。例如，通过建立健全的数据法律法规、数据伦理规范、数据质量管理、数据安全保障等制度机制，可以促进产业链各环节之间的数据合作和共赢。

四、逆向选择理论及模型推导

（一）逆向选择理论概念

逆向选择是指在信息不对称的情况下，市场上的低质量产品或者高风险的参与者会逐渐取代高质量产品或者低风险的参与者，从而导致市场失灵或者效率降低。逆向选择理论主要研究市场中存在质量异质性的情况，即卖方对产品的质量知道得比买方多，买方无法区分高质量和低质量的产品，从而导致低质量的产品驱逐高质量的产品，市场出现“劣币驱逐良币”的现象。逆向选择理论提出了一些解决方案，如政府监管、第三方认证、信用评级等，以降低信息不对称的程度，保证市场的有效运行。

逆向选择的典型例子是二手车市场和保险市场。在二手车市场中，卖方对车辆的质量有更多的了解，而买方则难以分辨好车和坏车。如果买方对所有车辆都出一个平均价格，那么卖方就会倾向于出售低质量的车辆，而留下高质量的车辆。这样，市场上就会充斥着劣质的车辆，也就是所谓的“柠檬效应”。在保险市场中，保险公司对投保人的风险水平有不完全的信息，而投保人则对自己的风险水平有更多的了解。如果保险公司对所有投保人都收取一个平均的保费，那么高风险的投保人就会倾向于购买更多的保险，而低风险的投保人就会倾向于购买更少的保险或者不购买保险。这样，保险公司就会面临更多的索赔，也就是所谓的“不良选择”。

逆向选择可以通过一些机制来缓解或解决。例如，在二手车市场中，卖方可以提供品质保证或者第三方检验来证明车辆的质量，从而提高买方对高质量车辆的信心和支付意愿。在保险市场中，保险公司可以根据投保人的特征或者行为来区分风险水平，并收取不同的保费，从而使高风险投保人承担更多的成本，而低风险投保人享受更多的优惠。

（二）模型分析

为了具体分析大数据对产业链安全与韧性的影响中逆向选择理论的具体作用机制，本书构建了一个简单的模型，如下：

假设一个由 N 个环节组成的产业链，每个环节都需要使用大数据进行生产或服务。每个环节都有两种类型：高质量和低质量。高质量类型指该环节能够提供高效率、高品质、高创新的产品或服务；低质量类型指该环节只能提供低效率、低品质、低创新的产品或服务。每个环节都有一个信誉水平：高信誉或低信誉。高信誉类型指该环节能够诚实地披露自己的真实类型；低信誉类型指该环节会隐瞒或伪造自己的真实类型。

设第 i 个环节为高质量类型的概率为 q_i，为低质量类型的概率为 $1-q_i$。设第 i 个环节为高信誉类型的概率为 r_i，为低信誉类型的概率为 $1-r_i$。则该环节为高质量且高信誉类型的概率为 $q_i r_i$，为高质量且低信誉类型的概率为 $q_i(1-r_i)$，为低质量且高信誉类型的概率为（$1-q_i$）r_i，为低质量且低信誉类型的概率为$(1-q_i)(1-r_i)$。

设第 i 个环节使用大数据后能够观察到第 j 个环节（$j \neq i$）的真实类型（即信誉水平和质量水平）的概率为 p_{ij}。则该环节不能观察到第 j 个环节（$j \neq i$）的真实类型（即只能根据第 j 个环节自己声称的类型来判断）的概率为 $1-p_{ij}$。

设第 i 个环节使用大数据后能够提升自己的质量水平（即从低质量变成高质量）的概率为 s_i。则该环节不能提升自己的质量水平（即仍然保持原来的质量水平）的概率为 $1-s_i$。

设第 i 个环节使用大数据后能够提升自己的信誉水平（即从低信誉变成

高信誉）的概率为 t_i。则该环节不能提升自己的信誉水平（即仍然保持原来的信誉水平）的概率为 $1-t_i$。

设第 i 个环节使用大数据的收益为 R_i，不使用大数据的收益为 C_i。假设 $R_i>C_i$，即使用大数据总是比不使用大数据更有利。则第 i 个环节会选择使用大数据作为最优策略。

设产业链的安全性和韧性指标为 S，它是一个介于 0 和 1 之间的数，表示产业链能够抵御风险和恢复正常运作的能力。假设 S 是关于各环节的类型、信誉、观察概率、提升概率和收益的函数，且满足以下性质：

S 随着产业链中高质量类型和高信誉类型的比例增加而增加，即高质量和高信誉有利于提高产业链的安全性和韧性。

S 随着产业链中各环节能够观察到其他环节真实类型的概率增加而增加，即信息透明有利于提高产业链的安全性和韧性。

S 随着产业链中各环节能够提升自己质量水平和信誉水平的概率增加而增加，即质量提升和信誉提升有利于提高产业链的安全性和韧性。

S 随着产业链中各环节使用大数据后获得的收益增加而增加，即收益增加有利于提高产业链的安全性和韧性。

这个模型可以用来分析不同的情形下，大数据对产业链安全与韧性的影响。例如，如果某个环节使用大数据后能够观察到其他环节的真实类型，并且发现其中有低质量或低信誉的参与者，那么该环节可以选择与之终止合作或者要求其改善质量或信誉，从而提高产业链的安全性和韧性。反之，如果某个环节使用大数据后不能观察到其他环节的真实类型，并且被低质量或低信誉的参与者欺骗或伤害，那么该环节会降低产业链的安全性和韧性。

（三）大数据减少产业链中的逆向选择

大数据可以在减少产业链中的逆向选择情况方面发挥关键作用。逆向选择是信息不对称情况下的一种市场失败，通常出现在供应链中。以下是大数据如何减少产业链中的逆向选择情况的方式：

1. 评估供应商和产品质量

大数据分析可以帮助企业收集有关供应商和产品的大量信息，包括供应商的历史记录、产品质量、客户反馈等。通过分析这些数据，企业可以更好地评估供应商的可信度和产品的质量。基于大数据分析的供应商评估模型可以帮助企业识别高风险供应商，降低逆向选择的风险。

2. 监测市场交易

大数据技术可用于实时监测市场中的交易和交易行为。这可以帮助企业发现不正当竞争行为、欺诈和低质量产品的出现。通过数据分析，企业可以快速检测到不寻常的交易模式，从而及早发现潜在的逆向选择问题。

3. 建立信誉评级系统

大数据可以用于构建供应商和产品的信誉评级系统。这些评级系统基于历史数据和客户反馈，帮助购买者更好地了解供应商和产品的可信度。信誉评级系统可以提供透明的信息，使市场更具信任度，减少逆向选择的可能性。

4. 提高产品追踪能力

大数据技术可以用于跟踪产品的生产和分发过程，从源头到终端，确保产品的质量和完整性。通过物联网传感器、RFID 技术和区块链等工具，企业可以实时监控产品的位置和状态，减少逆向选择的机会。

5. 持续监测和反馈循环

大数据分析使企业能够建立持续的监测和反馈循环。这包括收集客户反馈、市场数据和供应链信息，然后将这些信息用于改进产品和服务。持续监测和反馈循环有助于企业更好地适应市场需求和降低逆向选择风险。

6. 数据驱动的决策

大数据分析可用于支持决策过程。企业可以使用数据分析来制定采购策略、供应商选择和产品质量控制的决策。数据驱动的决策有助于提高市场透明度，减少逆向选择的问题。

总之，大数据可以通过提供更多信息、监测市场行为、建立信誉评级系统、提高产品追踪能力、持续监测和反馈以及数据驱动的决策来减少产业链中的逆向选择情况。这些方法帮助企业更好地管理供应链，提高市场的透明度和可信度，降低逆向选择的风险，从而提高了整个产业链的效率和可靠性。

第三节　其他理论机制介绍

一、系统动力学理论

（一）系统动力学理论的基本概念

系统动力学理论既是一门分析研究信息反馈系统的学科，也是一门认识系统问题和解决系统问题的综合性交叉学科。它可以用于研究处理旅游社会学、旅游经济和旅游生态等一类长期性和周期性的问题，也可以用于研究工业互联网、供应链管理、数字经济等领域的复杂动态系统。系统动力学模型的构建步骤包括绘制因果回路图、绘制存量流量图、建立系统动力学方程、模型检验、模型的仿真模拟和政策优化。

系统动力学理论是一门分析研究信息反馈系统的学科，也是一门认识系统问题和解决系统问题的综合性交叉学科。它是基于系统论，吸收了控制论、信息论的精髓，是一门综合自然科学和社会科学的横向学科。它运用“凡系统必有结构，系统结构决定系统功能”的系统科学思想，根据系统内部组成要素互为因果的反馈特点，从系统的内部结构来寻找问题发生的根源，而不是用外部的干扰或随机事件来说明系统的行为性质。

（二）系统动力学理论的特征

它是一种定性分析与定量分析相结合的仿真技术，它以反馈控制理论为基础，以计算机仿真技术为手段，主要用于研究复杂系统的结构、功能与动态行为之间的关系。

它是一种结构的方法、功能的方法和历史的方法的统一，它通过观察系统内六种流（订单流、人员流、资金流、设备流、物料流和信息流）的交互运作过程，讨论不同流里，其积量（水平变量）的变化与影响积量的各种率量（速率变量）行为。

它是一种开放系统的研究方法，它认为系统的行为模式与特性主要根植于其内部的动态结构与反馈机制，并且考虑了时间滞延（timedelay）的影响。

它是一种适用于对数据不足或精度要求不高的问题进行研究的方法，它既可以处理一些高阶非线性动态的问题，也可以进行政策优化和控制。

（三）系统动力学理论的分类

根据应用领域，可以分为工业动力学、城市动力学、世界动力学、生态动力学、社会经济动力学等。

根据建模方法，可以分为因果回路图法、存量流量图法、方程法等。

根据模型检验方法，可以分为模型检验法、单位检验法、现实性检验法等。

根据模型仿真方法，可以分为参数优化法、结构优化法、边界优化法等。

（四）系统动力学理论视角下的大数据对产业链安全与韧性的影响

大数据时代为供应链管理提供了难得的机会，同时也对传统的供应链管理带来了巨大的挑战。大数据可以帮助企业实现对供应链的实时监测、精准预测、智能决策和优化调控，提高供应链的效率、质量和灵活性，增强供应链的创新能力和竞争优势。但是，大数据也给供应链带来了数据安全、数据共享、数据分析等方面的风险和挑战，需要企业加强数据治理、数据标准、数据协同等方面的建设，以保障供应链的稳定运行。因此，要提升产业链安全与韧性，需要利用大数据技术构建数字化供应链，打造韧性供应链。韧性供应链是指公司快速识别、应对供应中断并从中恢复的能力。

二、博弈论

（一）博弈论理论的基本概念

博弈论是一门研究理性的决策者的策略行为相互作用的理论，是应用数学的一个分支。博弈论可以用于分析经济、政治、社会、军事等领域中存在着利益冲突或合作的现象，揭示其中的规律和策略。博弈论的基本要素包括参与者、策略、收益和均衡。博弈论可以根据不同的标准进行分类，如合作博弈与非合作博弈、有限博弈与无限博弈、完全信息博弈与不完全信息博弈等。博弈论理论是一门研究多个理性决策者之间的策略行为和相互作用的数学理论和方法，也是运筹学的一个重要分支。它是由冯·诺依曼于 1928 年创立的，此后冯·诺依曼与摩根斯坦将博弈论系统地应用于经济领域，被认为是经济学最伟大的成果之一。它在生物学、经济学、国际关系、计算机科学、政治学、军事战略等多个领域都有广泛的应用。

（二）博弈论的特征

它是一种分析激励结构和信息结构的工具，它考虑了决策者之间的相互依赖和相互影响，以及决策者对自己和对方的信息和信念的影响。

它是一种建立在理性假设和共同知识假设上的理论，它假定决策者都是利益最大化的，并且都知道彼此都是这样，并且都知道彼此都知道这一点，以此类推。

它是一种运用数学模型和方法进行定性分析和定量分析的理论，它通过建立博弈模型来描述决策者之间的策略选择和支付函数，并通过求解均衡点来预测决策者的最优行为。

（三）博弈论的分类

根据是否存在具有约束力的协议，可以分为合作博弈和非合作博弈。合作博弈是指决策者之间可以通过签订契约或组成联盟来实现合作，从而提高整体效用；非合作博弈是指决策者之间不能或不愿意进行合作，只能根据自己的利益进行单独的策略选择。

根据是否存在时间顺序，可以分为静态博弈和动态博弈。静态博弈是指决策者之间在同一时间做出策略选择，不考虑时间因素的影响；动态博弈是指决策者之间按照一定的顺序或重复地做出策略选择，需要考虑时间因素和历史因素的影响。

根据是否存在信息不对称，可以分为完全信息博弈和不完全信息博弈。完全信息博弈是指决策者之间对于博弈模型中的所有参数都有完全相同的了解，不存在信息差异或不确定性；不完全信息博弈是指决策者之间对于博弈模型中的某些参数存在不同程度的了解或不确定性，存在信息差异或不确定性。

根据是否存在随机因素，可以分为确定性博弈和随机性博弈。确定性博弈是指决策者之间的策略选择和支付函数都是确定的，不受随机因素的影响；随机性博弈是指决策者之间的策略选择和支付函数都是随机的，受到随机因素的影响。

（四）博弈论视角下的大数据对产业链安全与韧性的影响

大数据可以提供更多更精准的信息，帮助产业链中的参与者进行更优化的决策，提高产业链的效率和竞争力。但是，大数据也带来了一些挑战和风险，如数据安全、数据隐私、数据质量、数据分析等方面的问题。这些问题可能导致产业链中的参与者之间出现博弈的情况，影响产业链的安全与韧性。例如，产业链中的上游企业和下游企业之间可能存在信息不对称的问题，即上游企业掌握了更多关于产品质量、成本、库存等方面的信息，而下游企业则缺乏这些信息。这种情况下，上游企业可能会利用信息优势来提高价格或降低质量，从而获得更高的利润，而下游企业则会面临更高的采购成本或更低的产品质量，从而降低其利润和市场份额。这种情况下，上下游企业之间形成了一种不完全信息静态博弈，其均衡结果可能是低效率和低福利的。

为了解决这种问题，大数据技术可以发挥重要作用。通过建立数据共享平台，实现产业链中各参与者之间的信息共享和透明化，可以减少信息不对称，提高信任和合作，促进资源优化配置，提高产业链的安全与韧性。例如，通过使用区块链技术，可以实现产业链中各环节的数据记录和追溯，保证数据的真实性和可验证性，防止数据被篡改或泄露。这样，上下游企业之间就可以形成一种完全信息静态博弈，其均衡结果可能是高效率和高福利的。

三、创新扩散理论

（一）创新扩散理论的基本概念

创新扩散理论是一门研究新观念、新事物、新产品在特定的社会系统中，通过特定的渠道，随着时间推移而普及、扩散的过程，侧重于大众传播对社会文化的影响的理论，是美国学者埃弗雷特·罗杰斯（E. M. Rogers）于20世纪60年代提出的。创新扩散理论的四个要素是创新、传播渠道、时间和社会系统。创新扩散理论包括创新决策过程、创新采用者的分类、创新属性、扩散网络等方面。

创新扩散理论的基本概念有以下几个：

（1）创新。创新是指一种被个人或其他采纳单位视为新颖的观念、实践或事物。创新的新颖性并不取决于该事物被创造出来的时间，而更多的指应用它去帮助满足某个需要或解决某类问题。

（2）扩散。扩散是指一个过程，在这个过程中创新通过沟通渠道随着时间推移被传递或共享给社会系统中的人们。扩散的实质是通过信息交换的过程将一个新方法传播给一个人或者其他更多人。

（3）采纳。采纳是指个体或其他采纳单位对一项创新做出有利于采用或拒绝该创新的决定。采纳是创新决策过程的最后一个阶段，也是创新扩散过程的结果。

（4）沟通渠道。沟通渠道是指信息从一个个体传向另一个个体的手段，一堆个体之间信息交换关系的性质决定了在什么条件下知情方会或者不会将创新传播给未知方，以及传播的效果如何。沟通渠道包括大众传媒和人际传媒两种类型。

（5）社会系统。社会系统是指一群相互联系的个体，他们共同解决一个问题或达成一个目标。社会系统可以是一个国家、一个地区、一个组织、一个群体等不同层次和规模的社会单位。

创新扩散理论的特征有以下几点：

（1）它是一种分析激励结构和信息结构的工具，它考虑了个体之间的相互依赖和相互影响，以及个体对自己和对方的信息和信念的影响。

（2）它是一种建立在理性假设和共同知识假设上的理论，它假定个体都是利益最大化的，并且都知道彼此都是这样，并且都知道彼此都知道这一点，以此类推。

（3）它是一种运用数学模型和方法进行定性分析和定量分析的理论，它通过建立创新扩散模型来描述个体之间的采纳行为和扩散速度，并通过求解均衡点来预测个体的最优行为。

创新扩散理论可以分为以下几个分类：

（1）根据创新的类型，可以分为产品创新和过程创新。产品创新是指一种新的或显著改进的产品或服务，过程创新是指一种新的或显著改进的生产或交付方法。

（2）根据创新的来源，可以分为内源创新和外源创新。内源创新是指由社会系统内部的个体或组织发起或引入的创新，外源创新是指由社会系统外部的个体或组织发起或引入的创新。

（3）根据创新的范围，可以分为增量创新和突破性创新。增量创新是指对现有产品或过程的小幅改进或优化，突破性创新是指对现有产品或过程的根本性改变或替代。

（4）根据创新的采纳者，可以分为个人创新和组织创新。个人创新是指由个人作为采纳单位的创新，组织创新是指由组织作为采纳单位的创新。

（二）创新扩散理论视角下的大数据对产业链安全与韧性的影响

大数据是指规模巨大、类型多样、价值密度低、时效性高的数据集合。大数据可以提供更多更精准的信息，帮助产业链中的参与者进行更优化的决策，提高产业链的效率和竞争力。但是，大数据也带来了一些挑战和风险，如数据安全、数据隐私、数据质量、数据分析等方面的问题。这些问题可能导致产业链中的参与者之间出现博弈的情况，影响产业链的安全与韧性。

四、复杂性理论

（一）复杂性理论的基本概念

复杂性理论是一门研究复杂系统的跨学科的理论，它认为复杂系统是由许多相互依赖、相互作用、自适应和非线性的组成部分构成的，这些部分形成了一个动态的、开放的、远离平衡的和具有涌现性的整体。复杂性理论试图揭示复杂系统的一般规律和原理，以及如何对复杂系统进行建模、分析和控制。

复杂性理论是理论计算机科学和数学的一个分支，它致力于将可计算问题根据它们本身的复杂性分类，以及将这些类别联系起来。

复杂性理论的基本概念有以下几个：

（1）可计算问题。可计算问题是指一个原则上可以用计算机解决的问题，亦即这个问题可以用一系列机械的数学步骤解决，如算法。可计算问题可以分为判定型问题和函数型问题。判定型问题是指只需回答“是”或“否”的问题，如判断一个数是否为素数。函数型问题是指需要返回一个具体的结果或者“不存在”的问题，如求一个数的最大公约数。

（2）计算模型。计算模型是指用来描述和分析可计算问题和算法的数学抽象模型，如图灵机、电路、随机访问机等。计算模型可以分为一致性模型和非一致性模型。一致性模型是指对于任意规模的输入，都使用同一个算法或程序来解决问题，如图灵机。非一致性模型是指对于不同规模的输入，可以使用不同的算法或程序来解决问题，如电路。

（3）计算资源。计算资源是指在计算模型上执行算法所需的资源量，如时间、空间、随机源、通信量等。计算资源与计算模型是相关的，不同的计算模型可能有不同的资源度量方式。计算资源可以用来刻画可计算问题和算法的难易程度和效率。

（4）复杂性类。复杂性类是指将具有相似复杂性特征的可计算问题归为一类的集合，如 P、NP、PSPACE 等。复杂性类可以用来划分可计算问题的难解性和可解性，以及比较不同可计算问题之间的相对难易程度。

（5）复杂性测度。复杂性测度是指用来度量复杂性类之间关系的方法，如归约、完全性、均衡等。复杂性测度可以用来证明一些重要的复杂性定理和猜想，如时间层级定理、P 与 NP 关系猜想等。

复杂性理论的特征有以下几点：

（1）它是一种分析可计算问题和算法本质特征和限制条件的工具，它考虑了不同计算模型和资源条件下的可行性和有效性。

（2）它是一种建立在理性假设和共同知识假设上的理论，它假定个体都是利益最大化的，并且都知道彼此都是这样，并且都知道彼此都知道这一点，以此类推。

（3）它是一种运用数学模型和方法进行定性分析和定量分析的理论，它通过建立复杂性模型来描述可计算问题和算法的复杂性特征和关系，并通过求解均衡点来预测个体的最优行为。

复杂性理论可以分为以下几类：

（1）根据计算模型的类型，可以分为一致性复杂性理论和非一致性复杂性理论。一致性复杂性理论是指基于一致性计算模型，如图灵机、随机访问机等，来研究可计算问题和算法的复杂性理论。非一致性复杂性理论是指基于非一致性计算模型，如电路、有限自动机等，来研究可计算问题和算法的复杂性理论。

（2）根据计算资源的类型，可以分为时间复杂性理论、空间复杂性理论、随机复杂性理论、通信复杂性理论等。时间复杂性理论是指以时间作为主要资源来研究可计算问题和算法的复杂性理论。空间复杂性理论是指以空间作为主要资源来研究可计算问题和算法的复杂性理论。随机复杂性理论是指以随机源作为主要资源来研究可计算问题和算法的复杂性理论。通信复杂性理论是指以通信量作为主要资源来研究可计算问题和算法的复杂性理论。

（3）根据可计算问题的类型，可以分为判定型问题的复杂性理论和函数型问题的复杂性理论。判定型问题的复杂性理论是指以判定型问题作为主要对象来研究可计算问题和算法的复杂性理论。函数型问题的复杂性理论是指以函数型问题作为主要对象来研究可计算问题和算法的复杂性理论。

（二）复杂性理论视角下的大数据对产业链安全与韧性的影响

复杂性理论是一种用来分析复杂系统的理论，它认为复杂系统是由许多相互作用的元素组成的，这些元素之间的相互作用会产生预料之外的行为和结果。复杂性理论可以用来研究供应链韧性，因为供应链也是一个复杂系统，它由多个参与者、多个层次、多个流程组成，受到内部环境和外部环境的影响。

第四节　机制实践路径

一、农业产业链实践路径

大数据在农业产业链中的应用，是指利用大数据技术收集、分析、挖掘和利用农业生产、流通、消费等各环节的数据，实现农业生产的精准化、智能化和高效化，提高农业产业链的安全性和韧性。大数据在农业产业链中的应用，体现了信息经济学理论的基本思想，即信息是一种重要的经济资源，信息的获取、处理和传递对经济活动和社会福利有重要影响。

大数据在农业产业链中的应用，可以从以下几个方面提高农业产业链的安全性和韧性：

（1）提高农业生产的安全性和效率。大数据可以通过收集和分析土壤、气候、作物、病虫害等数据，为农民提供种植、施肥、灌溉、防治等指导建议，实现精准农业生产。大数据也可以通过监测和预测天气、市场、政策等变化，为农民提供风险预警和保险服务，实现智慧农业生产。大数据还可以通过整合和优化农机、物流、仓储等资源，为农民提供共享服务，实现高效农业生产。

（2）提高农产品流通的安全性和效率。大数据可以通过追踪和记录农产品从田间到餐桌的全过程，为消费者提供质量溯源和安全保障，实现透明农业。大数据也可以通过分析和预测消费者需求和偏好，为生产者提供市场信息和定价策略，实现精准营销。大数据还可以通过连接和协调生产者、加工者、分销者、零售者等多方参与者，为各方提供平台服务，实现协同农业。

（3）提高农业创新的安全性和效率。大数据可以通过收集和整合各类科研数据，为科研人员提供创新支撑和协作平台，实现创新农业。大数据也可以通过挖掘和利用各类专利数据，为企业提供知识产权保护和转化服务，实现知识型农业。大数据还可以通过发现和培育各类创新模式和创新主体，为社会提供创新激励和培训服务，实现创业型农业。

二、电商产业链实践路径

大数据在电商产业链中的应用，是指利用大数据技术收集、分析、挖掘和利用电商平台、商家、消费者等各方的数据，实现电商生态系统的优化和升级，提高电商产业链的安全性和韧性。大数据在电商产业链中的应用，体现了网络经济学理论的基本思想，即网络效应、信息不对称、网络外部性等特征对网络市场和网络行为的影响。

大数据在电商产业链中的应用，可以从以下几个方面提高电商产业链的安全性和韧性：

（1）提高电商平台的安全性和效率。大数据可以通过收集和分析平台上的交易数据、用户行为数据、商品评价数据等，为平台提供风险识别和防范、信用评估和管理、智能推荐和匹配等服务，实现平台安全运营和精准营销。大数据也可以通过监测和预测市场需求和变化，为平台提供产品创新和优化、价格制定和调整、营销方案和活动策划等服务，实现平台动态优化和持续增长。大数据还可以通过整合和协调平台内外的资源，为平台提供物流配送、金融支付、售后保障等服务，实现平台效率的提升和用户体验的改善。

（2）提高电商商家的安全性和效率。大数据可以通过收集和分析商家自身的经营数据、竞争对手的动态数据、行业趋势数据等，为商家提供市场分析和预测、产品设计和开发、库存管理和调控等服务，实现商家经营决策的科学化和智能化。大数据也可以通过收集和分析消费者的购买数据、偏好数据、反馈数据等，为商家提供用户画像和分群、个性化推荐和促销、客户关系管理等服务，实现商家用户获取和留存的精准化和高效化。大数据还可以通过收集和分析社会舆情数据、政策法规数据、行业标准数据等，为商家提供舆情监测和应对、合规经营和风险规避等服务，保证商家经营安全和稳定。

（3）提高电商消费者的安全性和效率。大数据可以通过收集和分析消费者自身的购物历史数据、浏览点击数据、社交分享数据等，为消费者提供个性化推荐和搜索、智能导购和咨询、快速下单和支付等服务，提高消费者购物便捷度和满意度。大数据也可以通过收集和分析商品的品质数据、评价数据、溯源数据等，为消费者提供商品。大数据在电商产业链中的应用，还可以通过收集和分析平台、商家、消费者之间的互动数据、评价数据、投诉数据等，为消费者提供商品评价和比较、售后服务和保障、维权投诉和纠纷解决等服务，赢取消费者的信任，保障购物安全。

三、物流产业链实践路径

大数据在物流产业链中的应用，是指利用大数据技术收集、分析、挖掘和利用物流平台、物流企业、物流用户等各方的数据，实现物流生态系统的优化和升级，提高物流产业链的安全性和韧性。

大数据在物流产业链中的应用，体现了数字经济学理论的基本思想，即网络效应、信息不对称、网络外部性等特征对网络市场和网络行为的影响。

大数据在物流产业链中的应用，可以从以下几个方面提高物流产业链的安全性和韧性：

（1）提高物流平台的安全性和效率。大数据可以通过收集和分析平台上的订单数据、运输数据、仓储数据等，为平台提供风险识别和防范、信用评估和管理、智能匹配和分配等服务，实现平台安全运营和精准服务。大数据也可以通过监测和预测市场需求和变化，为平台提供产品创新和优化、价格制定和调整、营销方案和活动策划等服务，实现平台动态优化和持续增长。大数据还可以通过整合和协调平台内外的资源，为平台提供物流金融、保险、法律等服务，实现平台效率的提升和用户体验的改善。

（2）提高物流企业的安全性和效率。大数据可以通过收集和分析企业自身的经营数据、竞争对手的动态数据、行业趋势数据等，为企业提供市场分析和预测、运营管理和优化、成本控制和降低等服务，实现企业经营决策的科学化和智能化。大数据也可以通过收集和分析用户的需求数据、满意度数据、反馈数据等，为企业提供用户画像和分群、个性化服务和促销、客户关系管理等服务，实现企业用户获取和留存的精准化和高效化。大数据还可以通过收集和分析社会舆情数据、政策法规数据、行业标准数据等，为企业提供舆情监测和应对、合规经营和风险规避等服务，保障企业经营的安全和稳定。

（3）提高物流用户的安全性和效率。大数据可以通过收集和分析用户自身的购买历史数据、偏好数据、评价数据等，为用户提供个性化推荐和搜索、智能导购和咨询、快速下单和支付等服务。大数据在物流产业链中的应用，还可以通过收集和分析平台、企业、用户之间的互动数据、评价数据、投诉数据等，为用户提供物流评价和比较、售后服务和保障、维权投诉和纠纷解决等服务，赢得用户的信任，保障物流安全。

第四章　大数据背景下产业链安全与韧性的现状分析

在全球化和数字化的时代，产业链安全与韧性对国家经济社会发展和国际竞争力具有重要影响。产业链安全与韧性是指产业链在面对各种内外部风险和冲击时，能够保持其正常运行和功能实现的能力，包括抵抗能力、恢复能力、再适应能力和再定位能力。大数据技术既是促进产业链安全与韧性的因素，也是挑战产业链安全与韧性的因素。近年来，新冠疫情、地缘政治变化、科技革命和产业变革等因素给全球产业链带来了前所未有的挑战和机遇，提升产业链安全与韧性成为各国共同关注的重大课题。

在现状分析中，基于经济学家罗斯托（2001）提出的五阶段增长理论，一个国家或地区的经济发展可以分为传统社会、起飞前提条件阶段、起飞阶段、成熟阶段和大众高消费时代阶段。在不同的发展阶段，产业链的抵抗能力也会有所不同。一般来说，发展阶段越高，产业链的抵抗能力越强，因为产业结构更加多元化、技术水平更加先进、市场机制更加完善。因此，对于抵抗能力的评价，可以从产业链完整度、关键节点依赖度、产业链中断风险等方面进行分析。

基于 Solow（1956）提出的增长模型，一个国家或地区的经济增长主要取决于资本积累、劳动力增长和技术进步。因此，在受到冲击后，产业链可以通过增加资本投入、扩大劳动力规模和提高技术水平来提升恢复能力。同时，政府也可以通过财政政策和货币政策来刺激需求和供给，促进产业链恢复。因此，对于恢复能力的评价，可以从产业链恢复时间、恢复成本、恢复效果等方面进行分析。

基于熊彼特（1990）提出的创新理论，创新是经济发展的动力和源泉。创新可以分为产品创新、工艺创新、市场创新、组织创新和制度创新。在受到冲击后，产业链可以通过各种形式的创新来实现再适应，如开发新产品、采用新工艺、开拓新市场、改善组织管理、优化制度安排等。因此，对于再适应能力可以从产业链创新维度进行分析。

基于弗里德曼（2003）的全球化理论，全球化是一种不可逆转的趋势，它使世界各地的人、货物、资本、信息等更加自由地流动。在受到冲击后，产业链可以通过全球化战略来实现再定位，例如，将产业链向低成本、高效率、高潜力的国家或地区转移，或者将产业链向高附加值、高技术、高品质的国家或地区重建，从而提升产业链在全球价值链中的地位和收益。因此，对于再定位能力可以从产业链位置、产业链转移等方向进行分析。

中国作为世界第二大经济体、世界第一制造业大国，拥有门类齐全、独立完整的产业体系，在全球产业链中占有重要地位。特别是在新冠疫情期间，中国制造业展现出了强大的韧性和活力，为全球经济复苏和稳定作出了重要贡献。但与发达国家相比，中国在产业链发展的质量上还存在差距，部分领域关键核心技术受制于人，美国对中兴、华为等高科技企业从产业链上进行打压，暴露出中国产业链安全与韧性不足的问题。党的二十大以来，以习近平同志为核心的党中央从战略和全局的高度，作出了“着力提升产业链韧性和安全水平”的重大决策部署。数字经济时代制造业高质量发展亟须解决的问题是如何提升产业链韧性、实现产业链现代化。随着新一代信息技术如大数据、人工智能、云计算、移动互联网、物联网等日益发展，数字经济对我国产业体系产生深刻变革，一方面传统产业实现数字化转型，另一方面新产业、新业态不断涌现。新的科技革命、产业革命势不可当，全球产业链竞争愈发激烈，畅通、安全、稳定、强韧是产业链现代化的更高要求。从国家层面来看，我国经济正进入高质量发展阶段，制造业高质量发展是经济发展的重点，要增强产业发展水平对经济转型升级的内在动力，就要不断提升产业链韧性，强化产业链现代化水平；从产业层面来看，制造业高质量发展不仅要求产业规模的增加，还包括产业质量、产业安全、产业协同、产业弹性等方面的共同发展，以及产业链的完整性、协同性、强韧性等的协调统一。面对新变局、新挑战，着力提升产业链韧性和安全水平，形成自主可控、稳定畅通、安全可靠、抗压能力强的产业链，在关键时刻不掉链子，事关经济发展大局。要把握新一轮科技革命和产业变革新机遇，切实保障我国产业链的安全稳定，同时深化产业链国际合作，让发展成果更好惠及各国人民。提升产业链韧性不仅是现阶段我国实现产业链现代化进程中的重要内容，也是增强经济韧性、实现经济高质量发展的应有之义。因此，如何在大数据背景下提升中国产业链安全与韧性，是本章关注的重要课题。

第一节 大数据背景下产业链抵抗能力现状

在大数据时代背景下，数据已成为重要的生产要素和战略资源，大数据技术对产业链抵抗能力有着重要的影响。一方面，大数据技术可以提高产业链的信息化水平，增强产业链各环节之间的协同效率和灵活性，提高产业链对市场变化和客户需求的响应速度和精准度，从而增强产业链的抵御风险能力。另一方面，大数据技术可以促进产业链的创新能力，通过数据分析、挖掘和应用，推动产业链上下游的技术创新、产品创新、模式创新和服务创新，从而提高产业链的恢复能力和竞争优势。

一、中国产业链抵抗能力的总体评价

近年来，中国产业链抵抗能力的总体水平已得到长足的发展与进步，但仍存在一些缺点和不足。主要体现在以下几个方面：

（1）中国产业链规模优势明显，但质量效益有待提高。中国已成为世界第一制造业大国，拥有联合国产业分类中所列全部工业门类的 41 个工业大类、207 个工业中类和 666 个工业小类，形成了门类齐全、独立完整的产业体系。然而，规模优势并不等于质量优势，我国制造业仍然存在“大而不强”的问题。从产业结构来看，我国制造业仍以中低端产品为主，高端产品市场份额较低，关键核心技术受制于人；从创新能力来看，我国制造业仍以跟随型创新为主，原创性创新较少，核心专利数量和质量不高；从效益水平来看，我国制造业仍以低附加值、低利润为特征，与发达国家相比存在较大差距。因此，在保持规模优势的同时，还要提高质量效益，实现由制造大国向制造强国的转变。

（2）中国产业链完整度较高，但协同性不足。中国拥有完整的产业链体系，从原材料到中间品再到最终产品，基本上都可以在国内生产或采购。这种完整度在一定程度上提高了我国产业链的自给自足能力和稳定性，在疫情等突发事件下也表现出了较强的韧性。然而，在全球化背景下，完整度并不意味着封闭自足，而是要与开放互补。我国产业链在完整度上的优势还没有充分转化为协同性上的优势，即能在全球范围内找到最优资源配置和最佳合作伙伴，实现互利共赢。目前，我国产业链还存在一些薄弱环节，如芯片、光刻机、触摸屏等高端零部件和关键材料，在全球产业链分工下仍存在“卡

脖子”等难题。因此，在维持和提升产业链完整度的同时，应加大产业协同性建设，提升产业链抵抗能力。

（3）中国产业链创新能力不断提升，但仍有较大差距。创新能力是产业链抵抗能力的重要保障，也是产业链升级的内在动力。中国产业链在创新能力方面已经取得了显著的进步，表现在以下三个方面：一是研发投入持续增加，研发强度不断提高。2022 年，我国研发经费投入达到 3.03 万亿元，占 GDP 的比重为 2.6%，位居全球第二。二是科技成果不断涌现，创新质量不断提升。2022 年，我国发明专利申请量达到 160.5 万件，授权量达到 54.7 万件，分别位居全球第一和第二。三是创新主体日益活跃，创新生态不断完善。2022 年，我国科技型企业达到了 46.8 万家，科技型中小企业达到了 43.9 万家，科技成果转化率达到了 14.3%。然而，与国际先进水平相比，我国产业链创新能力仍有较大差距和不足，主要体现在以下三个方面：一是研发投入结构不合理，基础研究和应用研究相对薄弱。2022 年，我国基础研究经费投入仅占研发经费总额的 6.5%，远低于美国、日本、德国等国家的 15%以上的水平。二是科技成果转化效率不高，核心技术受制于人。我国在部分领域和环节仍存在关键核心技术缺失或依赖进口的问题，如芯片、光刻机、触摸屏等高端零部件和关键材料，在全球产业链中处于被动地位。三是创新主体协同性不强，创新生态不够完善。我国产业链中的各个环节之间缺乏有效的沟通和协作机制，导致创新资源配置不均衡、创新需求对接不顺畅、创新风险分担不合理等问题。因此，在提高产业链创新能力方面，还要进一步加大基础研究和应用研究的投入力度，突破关键核心技术的瓶颈，构建多元化、开放式、协同式的创新生态体系。

（4）中国产业链开放程度较高，但互利共赢空间仍需加大。开放程度是产业链抵抗能力的重要衡量指标之一，也是产业链优化升级的重要途径之一。中国产业链在开放程度方面已经取得了显著的成就，表现在以下四个方面：一是贸易规模持续扩大，贸易地位日益提升。2022 年，我国货物贸易进出口总额达到 36.2 万亿元，占全球贸易份额的 13.2%，位居全球第一。二是投资合作不断深化，投资布局更加优化。2022 年，我国对外直接投资流量为 1520 亿美元，位居全球第二；我国对外承包工程完成营业额达到 5300 亿美元，位居全球第一。三是区域开放布局逐步优化，区域合作机制不断完善。我国与“一带一路”沿线国家贸易额占比达到 30.5%，与东盟、欧盟、日本、韩国等主要贸易伙伴的经贸合作不断深入；我国积极参与亚太经合组织、金砖国家、上海合作组织等多边区域合作机制，推动区域全面经济伙伴关系协定（RCEP）签署。四是服务贸易创新发展，服务开放水平不断提高。2022年，我国服务进出口总额达到6.2万亿元，占GDP的比重达到6.5%，其中出口增速高于进口增速，服务贸易逆差持续收窄（见图4-1）。然而，与国际先进水平相比，我国产业链开放程度仍有较大差距和不足，主要体现在以下四个方面：一是贸易结构不平衡，高附加值产品出口占比不高。2022年，我国高技术产品出口占比为28.6%，低于韩国、日本等国家的水平。二是投资效益不高，对外投资风险较大。2022年，我国对外直接投资回报率为5.9%，低于全球平均水平的6.4%。三是区域开放合作不充分，区域内部分领域存在摩擦和障碍。我国与部分邻近国家在海洋权益、边境问题等方面存在争议和矛盾；我国与部分发达国家在知识产权、市场准入等方面存在分歧和难点。四是服务贸易发展潜力未充分释放，服务开放领域有待扩大。2022年，我国服务进出口总额占全球服务贸易份额的6.4%，低于货物贸易份额的13.2%；我国服务业领域仍存在一些准入限制和监管壁垒。因此，在提高产业链开放程度方面，还要进一步深化改革开放，着力提升产业链的全球竞争力，实现互利共赢。

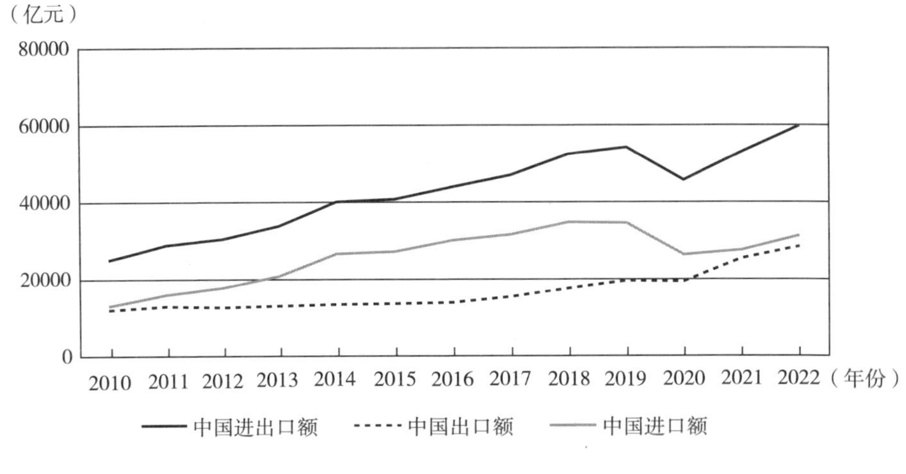

图4-1 历年中国进出口贸易额

资料来源：国家统计局。

二、中国产业链抵抗能力的行业差异

中国产业链抵抗能力是指中国产业链在应对内外部风险与挑战时表现出

的维持自身系统稳定、防止断裂和抗冲击的能力。不同行业的产业链抵抗能力存在差异，主要取决于以下三个方面：第一，行业的数字化水平。数字化是提升产业链韧性的重要路径，数字技术可以提高产业链的效率、协同性和适应性，降低交易成本和风险。一般来说，数字化水平越高的行业，其产业链抵抗能力越强。例如，软件和信息技术服务、电信、互联网等行业，由于高度依赖数字技术，其产业链受到的影响相对较小，甚至出现了增长。第二，行业的创新能力。创新能力是提升产业链韧性的核心动力，创新能力强的行业可以更快地突破关键核心技术，减少对外部供应的依赖，增强产业链的自主可控性。一般来说，创新能力越强的行业，其产业链抵抗能力越强。例如，生物医药、医疗器械、新能源等行业展现了较强的创新活力和应对能力。第三，行业的国际竞争力。国际竞争力是提升产业链韧性的重要保障，国际竞争力强的行业可以更好地利用全球资源和市场，增加产业链的多元化和灵活性。一般来说，国际竞争力越强的行业，其产业链抵抗能力越强。例如，电子信息、机械设备、纺织服装等行业，在全球市场占有较高份额，享有较高声誉，其产业链表现出较强的复苏能力。

中国各行业按照其产业链抵抗能力可以分为四类：一是抵抗能力较强且恢复速度较快的行业。这类行业主要包括软件和信息技术服务、电信、互联网、生物医药、医疗器械等高科技和新兴行业，以及电子信息、机械设备等传统优势行业。这类行业具有较高的数字化水平、创新能力和国际竞争力。二是抵抗能力较弱且恢复速度较慢的行业。这类行业主要包括石油、煤炭、钢铁、有色金属等传统资源型行业，以及纺织服装、家具、玩具等劳动密集型行业。这类行业受到环境保护、能源转型、国际贸易摩擦等多重因素的影响。三是抵抗能力较强但恢复速度较慢的行业。这类行业主要包括航空、旅游、餐饮、娱乐等服务型行业，以及汽车、家电等消费品制造业。这类行业具有一定的市场需求和竞争优势。四是抵抗能力较弱但恢复速度较快的行业。这类行业主要包括建筑、基础设施、物流等基础性行业，以及农林牧渔等初级产业。

在全球化背景下，不同行业或领域的产业链抵抗能力存在显著差异，这与其产业链的结构、特征、环境等因素有关。这里将从电子信息产业、汽车产业、医药产业三个典型行业入手，分析其产业链抵抗能力的影响因素和存在的问题。

（一）电子信息产业

电子信息产业是我国的战略性新兴产业，也是我国参与全球价值链最深入的行业之一。电子信息产业的产业链包括上游的集成电路、中游的电子元器件和下游的电子终端产品等环节，涉及多个子行业和领域。对电子信息产业的产业链抵抗能力的评价主要从以下几个方面：一是技术创新能力。技术创新是电子信息产业发展的核心驱动力，也是提升产业链抵抗能力的关键因素。我国在部分领域已经具备了较强的技术创新能力，如通信设备、智能手机、超算等，但在集成电路、光刻机、触摸屏等关键核心技术方面仍存在较大差距，导致产业链易受制于人，面临断链风险。二是产业链协同能力。我国电子信息产业在产业链协同方面已经取得了一定进展，如华为、小米等企业建立了全球化的供应商体系和合作伙伴网络，但仍面临着供应商质量不稳定、供需不平衡、协调机制不健全等问题。三是国际竞争能力。国际竞争包含市场对电子信息产品和服务的需求量和需求结构。市场需求反映了电子信息产业的市场竞争力和市场适应力，也影响了产业链的稳定性和弹性。我国电子信息产业在国内市场拥有较大的需求规模和潜力，但在国际市场仍面临着品牌认知度低、市场准入难、贸易壁垒多等挑战。

综上所述，我国电子信息产业的产业链抵抗能力整体上处于中等水平，但在不同环节和领域存在较大差异，需要进一步提升技术创新能力、产业链协同能力和市场需求能力，以增强产业链的安全性和竞争性。

（二）汽车产业

汽车产业是我国的支柱性制造业，也是我国参与全球价值链最广泛的行业之一。汽车产业的产业链包括上游的钢铁、化工、电子等原材料和零部件，中游的整车制造和下游的销售、维修、回收等服务，涉及多个子行业和领域。对汽车产业的产业链抵抗能力的评价主要从以下几个方面：一是技术创新能力。技术创新是汽车产业发展的核心动力，也是提升产业链抵抗能力的关键因素。我国在部分领域已经具备了较强的技术创新能力，如新能源汽车、智能网联汽车等，但在传统燃油汽车、高端汽车、关键零部件等方面仍存在较大差距，导致产业链易受外部冲击，面临竞争压力。二是产业链协同能力。我国汽车产业在产业链协同方面已经取得了一定进展，如比亚迪、长城等企业建立了垂直整合的产业链模式，但仍面临着供应商数量多、质量参差不齐、协调机制不健全等问题。三是国际竞争能力。国际竞争包含市场对汽车产品和服务的需求量和需求结构。市场需求反映了汽车产业的市场竞争力和市场适应力，也影响了产业链的稳定性和弹性。我国汽车产业在国内市场拥有较大的需求规模和潜力，但在国际市场仍面临着品牌认知度低、市场准入难、贸易壁垒多等挑战。

综上所述，我国汽车产业的产业链抵抗能力整体上处于中上水平，但在不同环节和领域存在较大差异，需要进一步提升技术创新能力、产业链协同能力和市场需求能力，以增强产业链的安全性和竞争性。

（三）医药产业

医药产业是我国的战略性支柱产业，也是我国参与全球价值链最深入的行业之一。医药产业的产业链包括上游的原料药、中间体、辅料等原材料，中游的制剂、生物制品、医疗器械等产品，下游的医疗服务、健康管理等服务，涉及多个子行业和领域。对医药产业的产业链抵抗能力的评价主要从以下几个方面：一是技术创新能力。技术创新是医药产业发展的核心动力，也是提升产业链抵抗能力的关键因素。我国在部分领域已经具备了较强的技术创新能力，如新冠疫苗、生物药品、基因工程药物等，但在高端化学药品、关键医疗器械、原创新药等方面仍存在较大差距，导致产业链易受外部冲击，面临竞争压力。二是产业链协同能力。产业链协同是指产业链各环节之间通过信息共享、资源整合、利益协调等方式实现优化配置和高效运作的能力。我国医药产业在产业链协同方面已经取得了一定进展，如恒瑞医药、复星医药等企业建立了全球化的产业链模式，但仍面临着供应商数量多、质量参差不齐、协调机制不健全等问题。三是国际竞争能力。国际竞争包含市场对医药产品和服务的需求量和需求结构。市场需求反映了医药产业的市场竞争力和市场适应力，也影响了产业链的稳定性和弹性。我国医药产业在国内市场拥有较大的需求规模和潜力，但在国际市场仍面临着品牌认知度低、市场准入难、贸易壁垒多等挑战。

综上所述，我国医药产业的产业链抵抗能力整体上处于中上水平，但在不同环节和领域存在较大差异，需要进一步提升技术创新能力、产业链协同能力和市场需求能力，以增强产业链的安全性和竞争性。

三、中国产业链抵抗能力提升的经验和做法

提升中国产业链抵抗能力是推进产业链现代化的重要内容，也是增强经济韧性的关键环节。在数字经济时代，新要素、新模式、新产业、新业态为产业链韧性提供了新动力。目前，中国产业链抵抗能力提升还存在着核心基础产业能力薄弱导致产业链不完整、要素市场化程度较低导致产业链不稳、基础创新能力不足导致产业链不强等问题，如图 4-2 所示。

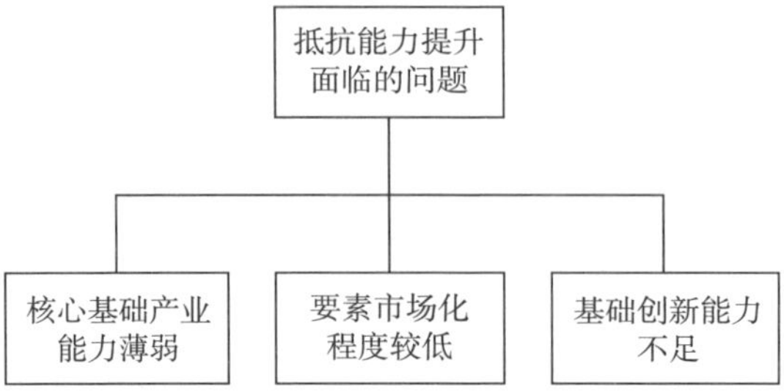

图 4-2　抵抗能力提升面临的问题

新时代下，中国主要采取了以下经验和做法：

（一）政策支持

政策支持是提升产业链抵抗能力的重要保障，主要包括宏观政策、财税政策、金融政策、贸易政策等方面。宏观政策方面，中国坚持以供给侧结构性改革为主线，推动高质量发展，加快构建新发展格局，增强产业链韧性和安全水平。财税政策方面，中国实施减税降费、优化税收结构、加大财政支出等措施，缓解企业负担，促进投资创新。金融政策方面，中国实施普惠金融、绿色金融、科技金融等战略，扩大金融服务覆盖面，降低融资成本，支持实体经济发展。贸易政策方面，中国坚持开放合作，积极参与多边和区域经济合作机制，推动自由贸易区建设，维护多边贸易体制，促进国际市场畅通。

（二）技术创新

技术创新是提升产业链抵抗能力的核心动力，主要包括基础研究、关键技术、数字化转型等方面。基础研究方面，中国加大对基因技术、量子科技、智慧医疗、类脑智能等前沿科技基础研究的支持，围绕基础材料、核心零部件、重大装备、先进科学仪器和检验检测设备、工业软件等存在重大产业安全隐患的领域或严重制约产业发展的产业链关键短板和痛点布局创新链，以夯实基础研究为依托，强化应用基础研究。关键技术方面，中国着力突破芯片、光刻机、触觉传感器等领域的“卡脖子”技术，实现原创技术引领性突破，支持各地围绕禀赋优势打造细分领域的标志性产业。数字化转型方面，中国依托数字经济大力推进产业链数字化升级，加快打造新型数字示范平台，发挥龙头企业带动作用，注重扶持“专精特新”企业，推动产业链向更完整、更稳定、更强健的方向发展。

（三）市场调节

市场调节是提升产业链抵抗能力的有效途径，主要包括市场主体、市场机制、市场环境等方面。市场主体方面，中国支持各类所有制企业平等参与市场竞争，鼓励民营企业、中小企业、外资企业等多元化市场主体发展壮大，增加产业链的多样性和灵活性。市场机制方面，中国深化要素市场化改革，完善土地、资本、技术、人才等要素配置机制，促进要素高效流动和优化组合。市场环境方面，中国优化营商环境，加强知识产权保护，打击不正当竞争行为，营造公平竞争的市场秩序。

（四）国际合作

国际合作是提升产业链抵抗能力的重要途径，主要包括多边合作、区域合作、双边合作等方面。多边合作方面，中国积极参与全球治理体系建设和改革，维护多边贸易体制和国际经济秩序，推动全球产业链合作共赢。区域合作方面，中国深度融入区域经济一体化进程，推动区域全面经济伙伴关系协定（RCEP）生效实施，加快中欧投资协定谈判进程，积极推进中日韩自贸区建设等。双边合作方面，中国坚持对外开放的基本国策不动摇，拓展双边贸易和投资合作空间，建立高水平开放平台和开放型经济新体制。

中国提升产业链抵抗能力的经验和做法如图 4-3 所示，其体现了中国产业链发展的主动性、创新性、开放性和协同性，为应对内外部冲击、保障产业链稳定运行、推进产业链现代化提供了有力支撑。在数字经济时代，中国也必将继续发挥自身优势，深化改革开放，加强科技创新，拓展国际合作，不断提升产业链抵抗能力，为实现高质量发展和共同繁荣作出贡献。

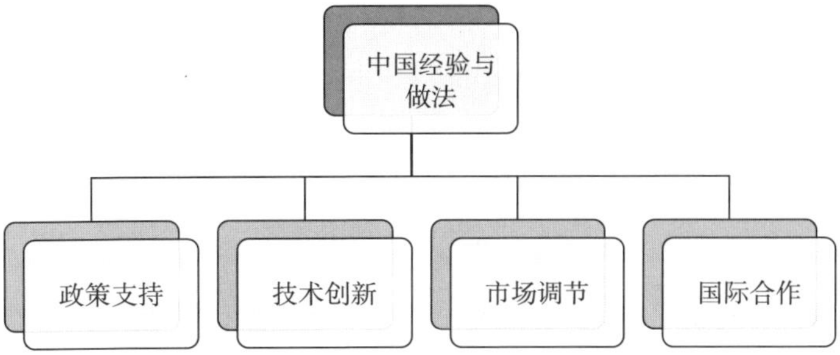

图 4-3　中国提升产业抵抗能力的经验与做法示意图

第二节 大数据背景下产业链恢复能力现状

在全球化背景下，产业链是一个复杂的动态系统，受到各种内外部因素的影响，可能出现断裂、混乱、失衡等问题，影响产业链的稳定运行和价值创造。因此，提高产业链恢复能力，即产业链在遭受冲击后能够迅速恢复正常状态或实现更优状态的能力，是提升产业链韧性和现代化水平的重要内容。

在大数据时代，大数据技术作为数据对产业链恢复能力具有重要的影响。一方面，大数据技术可以提高产业链的风险识别和预警能力。通过对海量数据的收集、分析、挖掘和应用，可以及时发现产业链中存在的潜在风险和薄弱环节，预测可能发生的冲击事件和影响程度，为产业链主体提供有效的决策支持和应对措施。另一方面，大数据技术可以提高产业链的协同调整和优化能力。通过构建数字化平台，实现产业链上下游各环节之间的信息共享、资源配置、协作创新等，可以增强产业链的内部联系和协同效率，提高产业链对冲击的适应性和弹性，促进产业链的优化重组和转型升级。此外，大数据技术还可以提高产业链的创新驱动和价值提升能力。通过利用大数据技术推动新技术、新模式、新业态、新产品等创新活动，可以激发产业链主体的创新活力和潜力，增强产业链的核心竞争力和附加值，实现产业链从低端向高端、从单一向多元、从封闭向开放的跃升。

一、中国产业链恢复能力的总体评价

产业链恢复能力是指产业链在遭受内外部冲击扰动时，能够通过调整资源要素、技术水平、政策制度等，适应环境变化，维持产业链自身稳定运行的能力，主要包括产业链的内部调整适应程度、产业链的恢复速度与恢复程度。产业链恢复能力是衡量产业链韧性的重要指标，也是推进产业链现代化的重要内容。

（一）中国产业链恢复能力的总体水平

中国作为世界第一制造业大国，拥有联合国产业分类中所列全部工业门类的 41 个工业大类、207 个工业中类和 666 个工业小类，产业体系门类齐全、独立完整。在新冠疫情的冲击下，中国率先控制住疫情，率先实现经济社会恢复常态化运行，率先实现经济增长由负转正。2020 年，中国经济增长 2.3%，成为全球唯一实现正增长的主要经济体。2021 年前三季度，中国经

济增长 9.8%，对世界经济增长贡献率超过 30%。这些成绩充分展示了中国产业链恢复能力的总体水平。

具体来看，中国产业链恢复能力主要表现在以下几个方面：一是产业链供应链全面恢复。在疫情防控常态化的背景下，中国采取了一系列政策措施，保障了各类生产要素的供给和流通，促进了各行各业有序复工复产。2020 年全年，规模以上工业增加值同比增长 2.8%，其中第四季度增长 7.1%；2021 年前三季度，规模以上工业增加值同比增长 14.7%。各类市场主体活力不断释放，新设市场主体数量持续增加。2020 年全年，新设市场主体达到 2069.4 万户，同比增长 6.3%；2021 年前三季度，新设市场主体达到 2496.8 万户，同比增长 24.5%。外贸进出口稳中提质，实现历史最高水平。2020 年全年，货物进出口总值 32.16 万亿元人民币，同比增长 1.9%；2021 年前三季度，货物进出口总值 28.22 万亿元人民币，同比增长 22.7%。二是内生动力加快成长。在数字经济驱动下，新要素、新模式、新产业、新业态不断涌现出来，推动了传统产业的数字化转型和新兴产业的数字化创新。2020 年，中国数字经济规模达到 39.2 万亿元，占 GDP 的比重达 38.6%，其中数字化转型和数字化创新分别贡献了 25.4%和 13.2%。数字经济产业对产业结构优化升级有着重要的影响。首先，数字经济产业为传统产业生产提供技术支撑，促使传统产业生产方式、业务流程和组织方式发生变革，提升了传统产业效率和产品技术含量，有助于传统产业优化升级。其次，数字经济产业催生了新的商业模式和消费模式，扩大了消费需求和市场空间，促进了消费升级和服务升级。最后，数字经济产业推动了新兴产业的发展和创新，形成了一批具有国际竞争力的领军企业和品牌，增强了我国在全球价值链中的话语权和影响力。三是人才培养与引进加速推进。人才是产业链发展的重要支撑，也是提升产业链韧性的关键因素。在疫情冲击下，我国加大了人才培养与引进的力度，为产业链恢复提供了人力资源保障。2020 年全年，全国高等教育毛入学率达到 54.4%，高等教育规模居世界第一；全国高校毕业生达 893.9 万人，同比增长 3.8%；全国高技能人才总量达 1.7 亿人，同比增长 5.9%。同时，我国实施更加积极、更加开放、更加有效的人才政策，吸引海外高层次人才回国创新创业。2020 年全年，共有 7.8 万名留学人员回国创新创业。此外，我国还通过建立“双创”平台、优化“双创”环境、完善“双创”服务等措施，激发了广大人才的创新创造活力。

（二）中国产业链恢复能力的总体特点

综合来看，中国的产业链恢复能力具有以下特点：

中国产业链恢复能力具有较强的抵御能力。这主要得益于我国拥有完整独立的工业体系、庞大稳定的内需市场、完善高效的防疫措施、灵活有效的政策调节等优势。在疫情冲击下，我国及时采取了一系列政策措施，保障了各类生产要素的供给和流通，稳定了市场预期和信心，有效缓解了疫情对产业链运行的负面影响。

中国产业链恢复能力具有较快的恢复速度。这主要得益于我国产业链的现代化水平不断提升，具体体现在：第一，核心技术攻关布局持续展开，支撑产业链的创新能力提升。我国出台了一系列产业政策，针对电子信息、新材料、新能源、生物医药等重点领域，组织实施关键技术产业化专项，打通产业链关键堵点。同时，我国加大了对国家级综合创新中心和区域创新中心的建设支持，推动创新链与产业链的融通发展。第二，产业链效率政策加快形成，促进产业链运行更加顺畅。我国深化了流通体制改革，完善了物流基础设施建设，提高了流通效率。我国稳步推进大中小企业融通发展，鼓励专精特新中小企业发展、小巨人企业、单项制造业冠军企业发展，促进产业链合作有序、良性竞争。第三，要素优化升级政策协调推进，提升产业链的质量和效益。我国加强了更专业化的人才培养，提高了产业链上下游的土地资源规划与配置。我国充分借助区块链、物联网、5G、生物识别、人工智能等前沿技术，搭建服务上下游企业的产业链金融服务平台，推进产业链金融发展。我国推动产业链绿色化发展，建立产业链上下游生态补偿机制。第四，融入全球产业链的空间不断拓展，提升产业链的国际竞争力。我国以外商投资营商环境优化为基本点，稳外资外贸、稳产业链和产业链，积极推动全球开展产业链韧性能力建设合作，推动全球创新链命运共同体建设，提升国际物流竞争力，培育了一批具有国际竞争力的物流企业。

中国产业链恢复能力具有较好的适应能力。这主要得益于我国产业链的多元化和灵活化特征，体现在产业结构、区域布局、市场需求、技术应用等方面。在疫情冲击下，我国产业链能够及时调整和优化，适应不同场景和需求的变化，提高了产业链的抗风险能力和发展潜力。

二、中国产业链恢复能力的行业差异

本节将比较不同行业或领域的产业链恢复能力，分析其影响因素和存在问题，如农产品产业链、旅游服务产业链、教育服务产业链等。

产业链恢复能力是衡量产业链韧性的重要指标，也是提升产业链现代化水平的关键因素。不同行业或领域的产业链恢复能力存在差异，这与其所处的市场环境、技术特征、政策支持等多方面因素有关。本节将比较分析农产品产业链、旅游服务产业链、教育服务产业链三个典型领域的产业链恢复能力，分析其影响因素和存在问题，并提出相应的政策建议。

（一）农产品产业链

农产品产业链是指从农产品生产到加工、储运、销售、消费等各个环节构成的价值网络，涉及农民、企业、消费者等多方主体。农产品产业链的恢复能力体现在其对市场需求变化、自然灾害、疫情防控等冲击扰动的适应和调整能力，以及其在受到冲击后恢复正常运行的速度和程度。我国农产品产业链在冲击中受到较大影响，主要表现在以下几个方面：一是生产端受阻，春耕备耕受到延迟，种苗、饲料等投入品供应不足，部分地区出现了蔬菜、水果等生鲜农产品滞销现象；二是流通端受阻，物流成本上升，部分地区出现了蔬菜、肉类等生鲜农产品断档现象；三是消费端受阻，餐饮业萎缩，线下市场关闭或缩减营业时间，导致部分农产品需求下降。

针对冲击对农产品产业链的影响，我国采取了一系列有效措施，促进了农产品产业链的快速恢复。主要包括：一是加强政策支持，出台了保障春耕备耕、稳定粮食生产、促进农民增收等一系列政策措施，提高了对农业生产和流通的财政补贴和金融支持力度；二是加强市场调节，建立了省际联防联控机制和重点地区联动保供机制，及时发布市场信息和价格预警，加强市场监管和执法，打击哄抬物价等行为，保障农产品市场的总体平稳。

（二）旅游服务产业链

旅游服务产业链是指从旅游资源开发到旅游产品设计、生产、分销、消费等各个环节构成的价值网络，涉及旅游景区、酒店、交通、餐饮、购物、娱乐等多方主体。旅游服务产业链的恢复能力体现在其对市场需求变化、自然灾害、疫情防控等冲击扰动的适应和调整能力，以及其在受到冲击后恢复正常运行的速度和程度。我国旅游服务产业链在冲击中受到严重影响，主要表现在以下几个方面：一是需求端受阻，居民出行意愿下降，旅游消费需求锐减，部分地区出现了旅游景区关闭、酒店空置、交通停运等现象；二是供给端受阻，旅游企业经营困难，资金链断裂，部分企业倒闭或裁员，旅游人才流失，旅游产品创新能力下降；三是协同端受阻，旅游服务产业链各环节之间的信息沟通、资源配置、风险分担等协同机制受到破坏，导致旅游服务质量下降和效率降低。

针对冲击对旅游服务产业链的影响，我国采取了一系列有效措施，促进了旅游服务产业链的快速恢复。主要包括：一是加强政策支持，出台了稳定和扩大旅游消费需求、支持和引导旅游企业复工复产、推动旅游业转型升级等一系列政策措施，提高了对旅游业的财政补贴和金融支持力度；二是加强市场调节，建立了跨省市联防联控机制和重点地区联动保障机制，及时发布市场信息和价格指导，加强市场监管和执法，打击不合理涨价和不正当竞争；三是加强协同创新，推动了线上线下融合发展模式和新型智慧旅游模式，促进了旅游服务产业链各环节之间的信息共享、资源整合、风险分担等协同机制。

（三）教育服务产业链

教育服务产业链是指从教育资源开发到教育产品设计、生产、分销、消费等各个环节构成的价值网络，涉及教育机构、教师、学生、家长、社会等多方主体。教育服务产业链的恢复能力体现在其对市场需求变化、自然灾害、疫情防控等冲击扰动的适应和调整能力，以及其在受到冲击后恢复正常运行的速度和程度。我国教育服务产业链在冲击中遭受重创：一是需求端受阻，学生无法正常上课，教育消费需求大幅下降，部分地区出现了学校关闭、教师失业、学生辍学等现象；二是供给端受阻，教育机构经营困难，资金链断裂，部分机构倒闭或裁员，教育人才流失，教育产品创新能力下降；三是协同端受阻，教育服务产业链各环节之间的信息沟通、资源配置、风险分担等协同机制受到破坏，导致教育服务质量下降和效率降低。

针对冲击对教育服务产业链的影响，我国采取了一系列有效措施，促进了教育服务产业链的快速恢复。主要包括：一是加强政策支持，出台了保障和促进教育公平、支持和引导教育机构复工复课、推动教育业转型升级等一系列政策措施，提高了对教育业的财政补贴和金融支持力度；二是加强市场调节，建立了跨省市联防联控机制和重点地区联动保障机制，及时发布市场信息和价格指导，加强市场监管和执法，打击不合理涨价和不正当竞争；三是加强协同创新，推动了线上线下融合发展模式和新型智慧教育模式，促进了教育服务产业链各环节之间的信息共享、资源整合、风险分担等协同机制。

三、中国产业链恢复能力提升的经验和做法

面对复杂多变的国内外形势，中国采取了一系列有效措施，全力保障产业链稳定畅通，推动工业经济加快恢复，提升产业链韧性和水平。本节将总结中国产业链恢复能力提升的主要经验和做法，如危机管理、资源配置、协同合作等（见图4-4）。

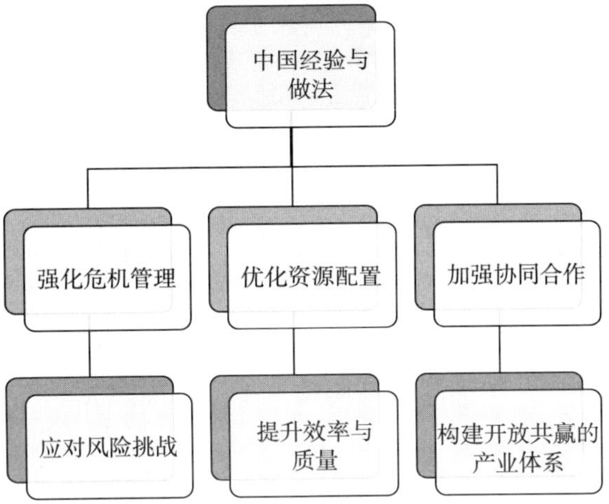

图 4-4　中国提升产业链恢复能力的经验与做法

（一）强化危机管理，及时应对风险挑战

面对风险和危机，中国政府高度重视产业链的稳定运行，及时制定并落实了一系列政策措施，以保障重点领域、重点企业、重点物资的生产和流通。具体包括：

（1）建立健全工作机制。国务院成立物流保通保畅工作领导小组，推动解决了一大批物流运输受阻、上下游衔接不畅的突出问题。工信部等部门建立了产业链协调平台，加强中央地方工作协同联动，为汽车、集成电路、医疗物资等重点行业外资企业提供反映问题的快捷通道。

（2）实施“白名单”制度。以关系国计民生的重点产业关键物资为重点发布批并动态调整“白名单”企业 1722 家，推动各地 2 万余家“白名单”企业区域互认，以点带链、以链带面，有力促进工业经济企稳回升。

（3）建立预警协调机制。建立汽车企业零部件库存“红灯”预警、大宗原材料供应“红黄蓝”预警协调机制，逐一推动解决企业反映的原材料供应、员工返岗、物流运输等问题。

（4）加强国际合作。积极参与全球抗疫合作，向世界各国提供医疗物资援助，支持多边机构发挥作用。同时，积极维护多边贸易体制，反对贸易保护主义和单边主义，推动构建开放型世界经济。

（二）优化资源配置，提高效率和质量

中国政府着力优化资源配置方式和结构，激发市场主体活力和创新能力，提高产业链效率和质量。具体包括：

（1）落实落细稳经济政策。实施更大规模的减税降费、增加财政支出、扩大有效投资、稳定外贸外资等措施，为产业链恢复提供有力支撑。根据不同行业、不同企业的实际情况，制定差异化的扶持政策，帮助企业渡过难关，保障产业链上下游的协调发展。

（2）推动数字化转型。充分利用数字技术和平台，提升企业生产经营效率和质量，增强产业链的韧性和水平。加快推进工业互联网、物联网、人工智能等新技术在制造业中的广泛应用，打造智能制造、绿色制造等新模式，培育一批“专精特新”中小企业和制造业单项冠军企业。

（3）优化产业结构。坚持以供给侧结构性改革为主线，淘汰落后产能，提升产业集中度和集聚度，培育壮大一批具有国际竞争力的数字产业集群。加快发展战略性新兴产业，加强关键核心技术攻关，提高自主创新能力和自主可控水平。

（三）加强协同合作，构建开放共赢的产业链体系

中国坚持对外开放的基本国策不动摇，积极维护多边贸易体制，反对贸易保护主义和单边主义，推动构建开放型世界经济。面对全球产业链的重构和调整趋势，中国采取了一系列措施，加强国内国际两个市场两种资源的有效衔接，构建开放共赢的产业链体系。具体包括：

（1）深化区域合作。积极推进“一带一路”建设，与沿线国家和地区加强基础设施互联互通、贸易投资便利化、数字经济合作等领域的合作。积极参与区域经济一体化进程，签署并实施《区域全面经济伙伴关系协定》（RCEP），推动中欧投资协定谈判达成平衡、高水平、互利共赢的协议。

（2）实施双循环战略。积极适应国内外形势变化，加快构建以国内大循环为主体、国内国际双循环相互促进的新发展格局。充分发挥我国超大规模市场优势和国内需求潜力，提高供给体系对内需的适应性和灵活性，增强经济发展的韧性和稳定性。同时，坚持对外开放的基本国策不动摇，深化多边和双边经贸合作，推动形成高标准的自由贸易区网络，积极参与全球经济治理和区域合作，提升我国在全球产业链、价值链中的地位和影响力。

第三节　大数据背景下产业链再适应能力现状

大数据技术对提升产业链再适应能力具有重要的作用。一方面，大数据

技术可以提高产业链感知分析能力。大数据技术可以利用各类传感器、互联网等手段，实时地采集、存储、处理和分析产业链内外部的海量数据，揭示数据背后的规律、趋势和风险，为产业链主体提供更加精准、全面和及时的决策支持。另一方面，大数据技术可以提高产业链协同创新能力。大数据技术可以通过云计算、区块链等手段，实现产业链上下游各主体之间的数据共享、交换和协作，促进信息流、物流、资金流等要素在产业链内部的高效流动，激发产业链创新活力。此外，大数据技术也可以提高产业链智能优化能力。大数据技术可以通过人工智能、物联网等手段，实现对产业链结构、流程、资源、技术等要素的智能化管理和优化，提升产业链运行效率、稳定性和竞争力。

一、中国产业链再适应能力的总体评价

产业链再适应能力是衡量一个国家产业竞争力和抗风险能力的重要指标，也是推动产业转型升级和创新发展的内在动力。本节将从以下三个方面对中国产业链再适应能力的总体水平、特点，以及与国际先进水平的差距和不足进行评价：

（一）总体水平

中国产业链再适应能力总体上呈现出稳中有升的态势。在近年来全球经济形势复杂多变、贸易保护主义抬头、新冠疫情冲击等多重挑战下，中国产业链表现出了较强的韧性和活力，成功应对了各种风险和困难，保持了稳定运行和良好发展。

具体来看，中国产业链再适应能力主要体现在以下几个方面：

1. 产业结构不断优化

中国产业结构从以初级产品为主向以中高端产品为主转变，从以规模扩张为主向以质量效益为主转变，从以资源消耗为主向以创新驱动为主转变。数据显示，2022 年前三季度，我国规模以上工业增加值同比增长 13. 5%，其中高技术制造业增长 18. 8%，比规模以上工业快 5. 3 个百分点；战略性新兴产业增长 17. 9%，比规模以上工业快 4. 4 个百分点。这说明我国产业结构正在向更高端、更智能、更绿色的方向发展，提高了产业链的附加值和竞争力。

2. 创新能力不断提升

中国科技创新水平持续提升，科技成果不断涌现，为产业链提供了强大的技术支撑。数据显示，2022 年前三季度，我国研发投入同比增长 11. 6%，高于同期 GDP 增速 4. 6 个百分点；全社会研发经费强度（占 GDP 比重）达

到2.43%，创历史新高。在人工智能、量子信息、生物技术、新材料等前沿领域，我国取得了一系列重大突破和创新成果，如天问一号火星探测器成功着陆火星并开展科学探测、量子计算机“九章”实现超越经典计算机10亿倍的量子优越性等。

3. 国际合作能力不断增强

中国积极参与全球产业链供应链的建设和治理，推动构建开放型世界经济，为产业链供应链的稳定和发展提供了有利条件。数据显示，2022年前三季度，我国货物贸易进出口总值同比增长23.5%，其中出口增长23.7%，进口增长23.3%；服务贸易进出口总值同比增长16.7%，其中出口增长25.6%，进口增长10.9%。这说明我国产业链供应链的国际竞争力和影响力不断提升，为全球经济复苏和增长作出了重要贡献。

（二）特点

中国产业链再适应能力的特点主要有以下几个方面，如图4-5所示。

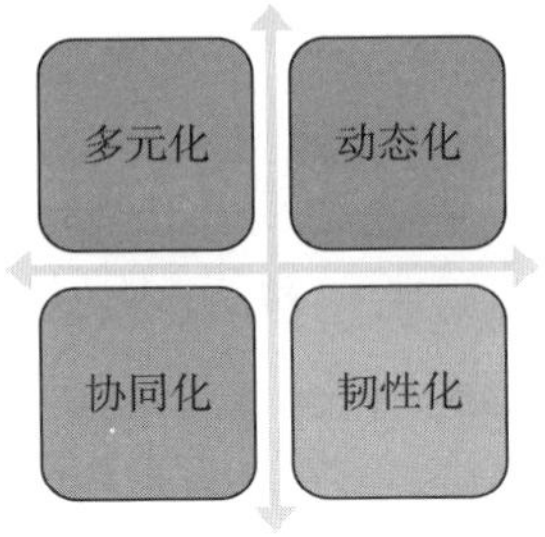

图4-5　中国产业链再适应能力的四大特点

1. 多元化

中国产业链涵盖了从农业到制造业，从服务业到战略性新兴产业的多个领域，具有较强的综合性和包容性。中国产业链也具有较高的多样性和差异性，不同地区、不同行业、不同企业在产业链上的位置、角色、功能和水平各不相同，形成了多层次、多维度、多样化的产业链格局。

2. 动态化

中国产业链在不断适应外部环境变化和内部需求变化的过程中，也在不断调整自身结构和模式，实现了从低端到高端，从粗放到集约，从封闭到开放，从单一到多元的动态演进。中国产业链也在不断吸收新技术、新材料、新模式、新业态等创新要素，提高了产业链的智能化、数字化、绿色化水平。

3. 协同化

中国产业链在横向上实现了不同行业、不同领域、不同地区之间的协调联动，形成了以区域为基础，以城市群为载体，以产业集群为核心的协同发展模式。中国产业链在纵向上实现了上中下游企业之间的紧密合作，形成了以龙头企业为引领，以中小微企业为支撑，以创新平台为纽带的协同创新机制。

4. 韧性化

中国产业链在经历了全球金融危机、贸易摩擦、新冠疫情等重大冲击后，表现出了较强的抵御风险和恢复发展的能力。中国产业链通过加强自主创新，提高关键技术和关键材料的自给率；通过优化资源配置，提高生产效率和质量；通过拓展国内外市场，提高供需匹配度；通过加强国际合作，提高全球治理水平等方式，增强了产业链的韧性和活力。

（三）差距和不足

虽然我国产业链再适应能力在一定程度上得到了提升，但与发达国家相比，还存在着一些差距和不足，主要表现在以下几个方面：

1. 创新能力不够强

这是制约我国产业链再适应能力的主要瓶颈。从全球价值链的角度看，我国在部分产业链上仍处于低端或中端环节，缺乏核心技术和关键零部件的自主创新能力，对外部供应存在较大依赖性，面临被“卡脖子”的风险。从数字化转型的角度看，我国在工业软件、芯片、云计算等领域与发达国家还有较大差距，数字化技术在工业生产中的应用水平和效果还有待提高。从创新体系的角度看，我国在科技创新的投入、机制、环境等方面还存在一些不足，科研成果向实际生产力转化的效率和效果还有待提升。

2. 协调能力不够高

这是影响我国产业链再适应能力的重要因素。从国内协调的角度看，我国产业链在区域间、行业间、企业间的协同配合还不够紧密，存在一些信息不对称、资源错配、利益冲突等问题，影响了产业链的效率和稳定性。从国际协调的角度看，我国产业链在全球范围内的布局和分工还不够优化，存在过度依赖、单一来源、易受干扰等问题，影响了产业链的安全和可靠性。

3. 绿色能力不够强

这是制约我国产业链再适应能力的重要挑战。从生态环境的角度看，我国产业链在生产运行过程中还存在污染排放、资源消耗、碳排放等问题，对环境造成一定压力和负担，影响了产业链的可持续性。从绿色发展的角度看，我国产业链在节能减排、循环利用、低碳转型等方面还有较大提升空间，需要加快推进绿色技术创新和绿色管理模式改革，提高产业链的绿色竞争力。

二、中国产业链再适应能力的行业差异

产业链再适应能力的高低，影响着我国产业的稳定性、安全性和可持续性，也关系到我国在全球价值链中的地位和话语权。因此，提升产业链再适应能力，是我国实现高质量发展的重要任务。

由于不同行业或领域的产业特征、发展阶段、市场环境、技术水平等方面存在差异，因此，产业链再适应能力也呈现出明显的行业差异。本节将从新能源汽车产业、智慧城市建设、数字文化创意产业三个方面，比较分析它们的产业链再适应能力的现状、影响因素和存在问题。

（一）新能源汽车产业

新能源汽车产业是我国战略性新兴产业的重要组成部分，也是我国实现碳达峰碳中和目标的关键领域。近年来，我国新能源汽车产业取得了显著的发展成果，市场规模持续扩大，技术水平不断提升，已成为全球最大的新能源汽车市场和生产基地。新能源汽车产业不仅是我国战略性新兴产业之一，也是我国应对气候变化的重要举措。2022 年，我国新能源汽车销量突破 680 万辆，占全球市场份额的一半以上，展现了我国新能源汽车产业的强大实力和潜力。

我国新能源汽车产业链再适应能力较强，主要表现在以下几个方面：第一，产业链配套完善。我国拥有世界上最完整的新能源汽车产业链，涵盖了从原材料、零部件、整车到充电设施等各个环节，形成了以北京、上海、广州、深圳等为代表的多个区域性新能源汽车集群。这为我国新能源汽车产业应对外部冲击或内部变化提供了强大的支撑。第二，产品创新活跃。我国新能源汽车企业积极投入研发创新，不断推出具有自主知识产权和市场竞争力的产品，满足消费者多样化需求。同时，我国新能源汽车企业也加强与高校、科研机构、互联网企业等多方合作，探索智能网联、自动驾驶等前沿技术的应用。这为我国新能源汽车产业提升附加值和核心竞争力创造了条件。第三，政策环境有利。我国政府高度重视新能源汽车产业发展，出台了一系列政策措施，包括财政补贴、税收优惠、购置指标、充电基础设施建设等，激发了市场主体活力和消费需求。同时，我国政府也加强了对新能源汽车行业的监管和规范，促进了行业健康有序发展。

尽管如此，我国新能源汽车产业链再适应能力方面仍存在一些问题和挑

战，主要有以下几点：第一，关键核心技术受制于人。我国新能源汽车产业链中，一些关键核心技术和零部件，如动力电池、电机控制器、车载芯片等，仍然依赖进口或外资企业，存在被“卡脖子”的风险。这不仅影响了我国新能源汽车产业的成本和利润，也制约了我国新能源汽车产业的创新能力和发展空间。第二，产业协同配合不够。我国新能源汽车产业链中，各个环节之间的协同配合还不够紧密和高效，存在一些信息不对称、资源浪费、效率低下等问题。例如，新能源汽车与充电设施之间的标准不统一，导致充电难、充电慢等问题；新能源汽车与电网之间的互动不够，导致电网负荷不平衡、电能利用率低等问题。第三，市场竞争日趋激烈。随着全球新能源汽车产业的快速发展，国际市场竞争日趋激烈。一些发达国家和地区，如欧盟、美国、日本等，纷纷加大对新能源汽车产业的政策支持和技术投入，推出了一批高品质、高性能、高智能的新能源汽车产品，对我国新能源汽车产业形成了强劲的竞争压力。同时，一些发展中国家和地区，如印度、东南亚等，也在积极发展新能源汽车产业，争夺低端市场份额。

（二）智慧城市建设

智慧城市建设是我国推进城市现代化、提升城市治理水平、增进城市民生福祉的重要方向。近年来，我国智慧城市建设取得了显著成效，已经形成了以北京、上海、深圳等为代表的一批智慧城市示范区，涌现了一批具有国际影响力的智慧城市解决方案和应用案例。

我国智慧城市建设产业链再适应能力较强，主要表现在以下几个方面：

（1）产业链结构完整。我国智慧城市建设产业链涵盖了从基础设施、平台建设、应用开发、运营服务等各个环节，形成了以华为、阿里巴巴、腾讯等为代表的一批具有全球竞争力的智慧城市解决方案提供商，以及一批专业化、细分化的智慧城市应用开发商和运营商。这为我国智慧城市建设提供了强有力的技术支撑和服务保障。

（2）产业链创新活跃。我国智慧城市建设产业链积极利用云计算、大数据、物联网、人工智能等新一代信息技术，不断推出具有自主知识产权和市场竞争力的智慧城市产品和服务，满足不同城市的不同需求。同时，我国智慧城市建设产业链也加强与高校、科研机构、社会组织等多方合作，探索智慧交通、智慧医疗、智慧教育等前沿领域的创新应用。这为我国智慧城市建设提升品质和效益创造了条件。

（3）产业链协调高效。我国智慧城市建设产业链注重各个环节之间的协调高效，建立了有效的沟通机制和合作机制，促进了上下游企业之间的协同发展，提高了产业链运行效率和灵活性。例如，华为与各地政府合作建设了一批“数字政府”平台，实现了政务数据的共享和流通；阿里巴巴与各地公共服务机构合作推出了一批“城市大脑”项目，实现了城市管理的智能化和精细化。

尽管如此，我国智慧城市建设产业链再适应能力方面仍存在一些问题和挑战，主要有以下几点：第一，数据安全风险突出。我国智慧城市建设产业链涉及大量的公共数据和个人数据，这些数据在收集、存储、传输、分析、使用等过程中，都可能面临被窃取、篡改、泄露等安全风险。这不仅影响了我国智慧城市建设产业链的信任度和可靠性，也威胁了公共安全和个人隐私。第二，标准规范不统一。在我国智慧城市建设产业链中，各个环节之间的标准规范还不够统一和兼容，导致智慧城市建设产业链的互联互通和协同效应不够显著。例如，不同城市之间的智慧城市平台和应用之间的数据格式和接口不兼容，导致数据共享和交换困难；不同企业之间的智慧城市产品和服务之间的质量标准和评价体系不一致，导致产品质量和服务水平参差不齐。第三，市场竞争日趋激烈。随着全球智慧城市建设产业的快速发展，国际市场竞争日趋激烈。一些发达国家和地区，如欧盟、美国、日本等，纷纷加大对智慧城市建设产业的政策支持和技术投入，推出了一批高品质、高性能、高智能的智慧城市解决方案和应用案例，对我国智慧城市建设产业形成了强劲的竞争压力。同时，一些发展中国家和地区，如印度、东南亚等，也在积极发展智慧城市建设产业，争夺低端市场份额。

（三）数字文化创意产业

数字文化创意产业是指以数字技术为手段或载体，以文化创意为核心内容或价值主张的产业。它包括数字内容产业（如网络文学、网络音乐、网络游戏等）、数字媒体产业（如网络视频、网络直播、网络广告等）、数字艺术产业（如数字动漫、数字影视、数字美术等）等。数字文化创意产业是我国文化产业的重要组成部分，也是我国文化软实力的重要体现。近年来，我国数字文化创意产业发展迅速，市场规模不断扩大，创新能力不断提升，已成为全球最大的数字文化创意市场之一。

我国数字文化创意产业链再适应能力较强，主要表现在以下几个方面：第一，产业链结构丰富。我国数字文化创意产业链涵盖了内容生产、平台传播、用户消费等各个环节，形成了以阿里文娱、腾讯文娱、百度文娱等为代表的一批具有全球竞争力的数字文化创意平台，以及一批专业化、细分化的数字文化创意内容生产商和服务商。这为我国数字文化创意产业提供了丰富多样的产品和服务。第二，产业链创新活跃。我国数字文化创意产业链积极利用云计算、大数据、人工智能等新一代信息技术，不断推出具有自主知识产权和市场竞争力的数字文化创意产品和服务，满足用户多样化需求。同时，我国数字文化创意产业链也加强与高校、科研机构、社会组织等多方合作，探索数字教育、数字旅游、数字博物馆等前沿领域的创新应用。这为我国数字文化创意产业提升品质和效益创造了条件。第三，产业链协调高效。我国数字文化创意产业链注重各个环节之间的协调高效，建立了有效的沟通机制和合作机制，促进了上下游企业之间的协同发展，提高了产业链运行效率和灵活性。例如，阿里文娱与各地政府合作建设了一批“数字文化中心”，实现了线上线下的无缝对接；腾讯文娱与各地公共服务机构合作推出了一批“智慧图书馆”项目，实现了图书资源的共享和流通。

尽管如此，我国数字文化创意产业链再适应能力方面仍存在一些问题和挑战，主要有以下几点：第一，内容质量参差不齐。我国数字文化创意产业链中，一些内容生产商和服务商为了迎合市场需求和获取利润，忽视了内容质量和价值导向，生产了一些低俗、粗糙、雷同的内容，损害了我国数字文化创意产业的形象和声誉。第二，技术安全风险突出。我国数字文化创意产业链涉及大量的公共数据和个人数据，这些数据在收集、存储、传输、分析、使用等过程中，都可能面临被窃取、篡改、泄露等安全风险。这不仅影响了我国数字文化创意产业链的信任度和可靠性，也威胁了公共安全和个人隐私。第三，市场竞争日趋激烈。随着全球数字文化创意产业的快速发展，国际市场竞争日趋激烈。一些发达国家和地区，如欧盟、美国、日本等，纷纷加大对数字文化创意产业的政策支持和技术投入，推出了一批高品质、高性能、高智能的数字文化创意产品和服务，对我国数字文化创意产业形成了强劲的竞争压力。同时，一些发展中国家和地区，如印度、东南亚等，也在积极发展数字文化创意产业，争夺低端市场份额。

三、中国产业链再适应能力提升的经验和做法

产业链再适应能力是指产业链在遭遇内外部冲击或变化时，能够及时调整自身结构、模式、技术等，以适应新的市场需求和竞争环境的能力。提升产业链再适应能力，有利于增强产业链的韧性、创新性和竞争力，促进产业链的现代化和高质量发展。近年来，我国面对新冠疫情、国际贸易摩擦、全球治理变革等多重挑战，积极推进产业链创新与应用，加快产业转型升级，培育新动能，打造新优势，展现了较强的产业链再适应能力。

总结我国产业链再适应能力提升的主要经验和做法（见图 4–6），主要有以下几方面：

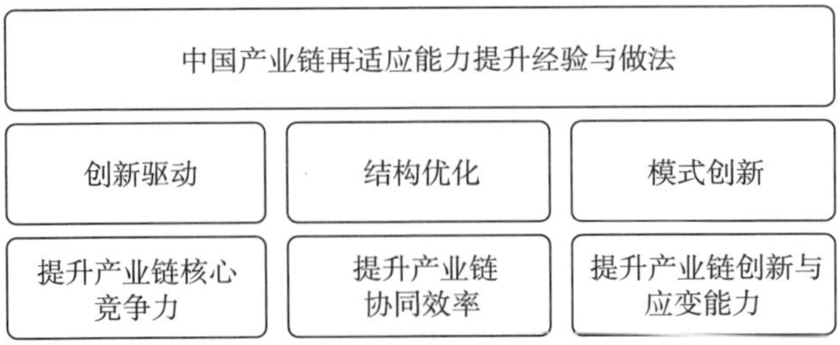

图 4–6　中国产业链再适应能力提升的经验与做法

（一）创新驱动，提升产业链核心竞争力

创新是引领发展的第一动力，也是提升产业链再适应能力的关键因素。我国坚持以科技创新为引领，加大对关键核心技术的攻关和突破，提高产业链自主可控水平。例如，在电子信息领域，我国制定了《增强制造业核心竞争力三年行动计划》，重点推进集成电路、软件和新型元器件等核心产业的发展，培育光电通信、无线通信、高性能计算等信息产业群，推动形成光电子、微电子等产业链。在生物医药领域，我国加快了疫苗研发和生产，成功推出了多种新冠疫苗，并向全球提供了重要支持。在新能源汽车领域，我国加快了电池、电机、电控等关键零部件的自主研发和集成创新，形成了较为完整的新能源汽车产业链。

除了加强关键核心技术的攻关外，我国还大力推进数字化、智能化、网络化等新技术在各个行业领域的广泛应用，促进传统产业的数字化转型和数字产业的创新发展。例如，在农业领域，我国推动农村一二三产业融合发展，利用大数据、物联网、人工智能等技术提高农产品生产效率和质量。在制造业领域，我国推进工业互联网平台建设和应用，实现了制造过程的智能化、柔性化和精益化。在服务业领域，我国支持电商、物流、金融等服务型平台的发展，打造了共享经济、在线教育等新型服务业模式。强化了各领域产业的创新再适应能力。

（二）结构优化，提升产业链协同效率

结构是产业链再适应能力的重要影响因素之一。优化产业链结构，有利于提高产业链的协同效率，降低运行成本，增强抗风险能力。我国在产业链结构优化方面，主要采取了以下措施：

一是推动产业结构由低端向高端、由粗放向集约、由单一向多元的转变，提高产业链的附加值和技术含量。我国制定了《新一代人工智能发展规划》《国家战略性新兴产业发展规划（2021—2035 年）》等一系列规划和政策，引导和支持企业加大研发投入，培育和发展战略性新兴产业，打造一批具有国际竞争力的领军企业和品牌。同时，我国也加快了传统产业的转型升级，推动煤炭、钢铁、有色金属等行业去产能、去库存、去杠杆、降成本、补短板，提高资源利用效率和环境友好性。

二是推动区域结构由分散向集中、由随意向有序、由封闭向开放的转变，提高产业链的集聚效应和协同效应。我国实施了《长江经济带发展规划纲要》《粤港澳大湾区发展规划纲要》《京津冀协同发展规划纲要》等一系列区域发展规划，促进区域间的协调发展和功能互补，打造一批具有国际影响力的城市群和世界级城市。同时，我国也积极参与"一带一路"建设，深化与沿线国家和地区的经贸合作，推动跨境产业链的互联互通和优化布局。

三是推动组织结构由简单向复杂、由封闭向开放、由僵化向灵活的转变，提高产业链的创新能力和应变能力。我国鼓励和支持企业采用平台化、网络化、模块化等新型组织形式，构建开放式的创新网络和合作伙伴关系，实现资源共享和价值共创。同时，我国也倡导和引导企业实施精益管理、敏捷制造、智能制造等先进管理理念和方法，提高生产过程的自动化、智能化、柔性化水平。

（三）模式创新，提升产业链的创新能力和应变能力

模式是产业链再创新能力的重要影响因素之一。创新产业链的模式，有利于提高产业链的创新效率，降低创新风险，增强创新活力。我国在产业链模式创新方面，主要采取了以下措施：

一是推动平台化发展，提高产业链的协同效率和资源利用效率。我国支持和培育一批具有国际竞争力的产业互联网平台，打造一批跨行业、跨领域、跨地域的产业生态圈，实现产业链的数字化、网络化、智能化。同时，我国也鼓励和引导传统企业利用互联网、大数据、人工智能等技术，构建开放式的平台体系，实现与上下游企业、科研机构、金融机构等的深度融合和协同创新。

二是推动网络化发展，提高产业链的灵活性和适应性。我国支持和培育一批具有国际影响力的网络化组织形式，如工业互联网、区块链、共享经济等，实现产业链的去中心化、分布式、去中介化。同时，我国也鼓励和引导

传统企业利用网络化技术，构建动态可调整的组织结构，实现与外部环境的快速响应和变革。

三是推动模块化发展，提高产业链的标准化和兼容性。我国支持和培育一批具有国际领先水平的模块化技术和产品，如5G通信、芯片设计、智能制造等，实现产业链的高效集成和快速迭代。同时，我国也鼓励和引导传统企业利用模块化技术，构建可拆装、可替换、可升级的产品结构，实现与不同需求和场景的灵活匹配。

第四节　大数据背景下产业链再定位能力现状

在大数据时代，数据已成为重要的生产要素和战略资源，对经济社会发展产生了深刻的影响。大数据技术可以提高数据的采集、存储、加工、分析和服务能力，为各行业提供智能化、精准化、高效化的解决方案，推动产业转型升级和创新发展。在这一背景下，产业链再定位能力成为企业和行业应对市场变化、提升竞争优势、实现可持续发展的关键能力。

一方面，大数据技术能够提升数据资源获取和利用效率。大数据技术可以通过多源数据采集、云计算存储、分布式计算等手段，实现数据资源的快速获取、存储和处理，为企业或行业提供海量、多样、实时、准确的数据信息，帮助其洞察市场需求、消费偏好、竞争态势等，从而提高决策效率和精度，优化产品设计和服务模式，增强市场反应能力和创新能力。另一方面，大数据技术能够促进数据资源价值挖掘和交换。大数据技术可以通过数据分析和可视化等手段，实现数据资源的深度挖掘和价值转化，为企业或行业提供有价值的洞察、预测、推荐等，帮助其发现潜在的商机、风险和机遇，从而提高产品附加值和服务价值，增强市场竞争力和盈利能力。同时，大数据技术也可以通过数据共享、交易和开放等手段，实现数据资源的流动和交换，为企业或行业提供更多的合作伙伴和资源渠道，从而拓展市场空间和发展机会。此外，大数据技术还能推动数据资源创新和变革。大数据技术可以通过人工智能、区块链等新技术的融合应用，实现数据资源的创新和变革，为企业或行业提供更先进、更智能、更安全的数据解决方案，帮助其实现产品和服务的创新和变革，从而提高产业链的技术水平和价值水平，增强产业链的核心竞争力和抗风险能力。

一、中国产业链再定位能力的总体评价

产业链再定位能力是指一个国家或地区在全球产业链中调整自身所处的位置和角色的能力，它反映了一个国家或地区的产业竞争力和发展潜力。产业链再定位能力的高低取决于多种因素，如创新能力、要素成本、市场规模、政策环境、国际合作等。本节将从以下几个方面评价中国产业链再定位能力的总体水平和特点，以及与国际先进水平的差距和不足：

（一）中国产业链再定位能力的总体水平

中国产业链再定位能力在过去几十年中不断提升，从主要承接国际分工的低端环节，逐步向中高端环节延伸，形成了以制造业为核心的完整产业体系，成为全球最大的工业品生产和出口国。根据世界银行发布的《世界发展报告 2020》，中国在全球价值链中的参与度（即进出口额占 GDP 的比例）从 2000 年的 35.7%上升到 2018 年的 37.4%，高于全球平均水平（29.5%）。中国在全球价值链中的向上跨越度（即进口中间品占出口总额比例的下降幅度）从 2000 年的-0.9%提高到 2018 年的 3.9%，表明中国在全球价值链中所处的位置有所上升。中国在全球价值链中的附加值份额（即出口产品中本国附加值占比）从 2000 年的 59.9%增长到 2018 年的 66.4%，高于美国（59.7%）、日本（64.5%）和德国（64.6%），说明中国在全球价值链中具有较强的附加值创造能力。

（二）中国产业链再定位能力的主要特点

中国产业链再定位能力的三大特征如图 4-7 所示。

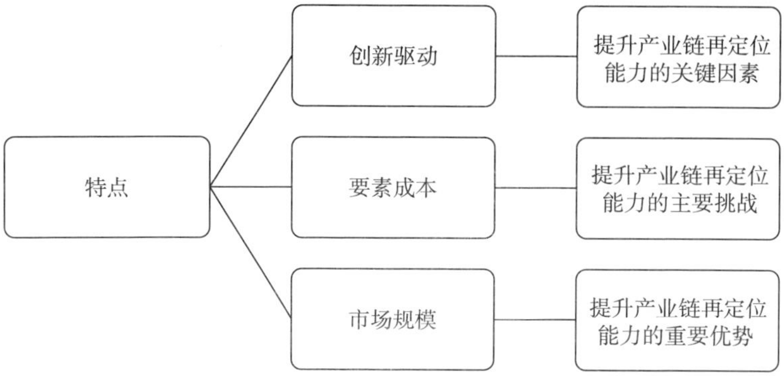

图 4-7 中国产业链再定位能力的三大特征

第一，创新驱动是中国产业链再定位能力提升的关键因素。中国在科技创新方面取得了显著成就，科技投入不断增加，科技人才队伍不断壮大，科技成果不断涌现，科技创新对经济增长的贡献率不断提高。根据《2020 年全球创新指数报告》，中国在全球创新指数排名中位居第 14 位，连续 10 年保持在前 30 位，并在创新质量方面排名第 17 位，领先于其他中等收入国家。中国在人工智能、5G、云计算、大数据、物联网等新兴技术领域取得了重大突破，为产业升级和转型提供了强大支撑。同时，中国也加强了与国际创新网络的对接和合作，积极参与全球科技治理和规则制定，为全球科技进步和人类福祉作出了贡献。中国的创新驱动战略为产业链再定位提供了强大的动力和支撑。

第二，要素成本是中国产业链再定位能力面临的主要挑战。随着中国经济社会的发展，人口红利逐渐消退，劳动力成本不断上升，土地、能源、环境等资源约束日益加剧，制约了中国产业链再定位能力的提升。根据国际劳工组织发布的《全球工资报告 2018/19》，中国的平均实际工资增长率从 2006 年的 18.3%下降到 2017 年的 6.9%，但仍高于全球平均水平（1.8%）。根据世界银行发布的《全球经济展望 2020》，中国的单位劳动力成本从 2000 年的 0.9 美元/小时上升到 2018 年的 5.2 美元/小时，高于印度（1.1 美元/小时）、越南（2.4 美元/小时）等竞争对手。此外，中国在土地、能源、环境等方面也面临着较大的压力和成本。这些因素导致中国在全球产业链中的相对优势有所减弱，一些低端产业和环境污染较大的产业出现了向其他国家和地区转移的趋势。

第三，市场规模是中国产业链再定位能力的重要优势。中国拥有世界上最大的人口规模和最广阔的市场空间，为产业链再定位提供了巨大的需求潜力和消费动力。根据国际货币基金组织发布的《世界经济展望数据库》，中国的国内生产总值（GDP）从 2000 年的 1.21 万亿美元增长到 2019 年的 14.34 万亿美元，占全球 GDP 的比重从 3.7%提高到 16.3%，成为全球第二大经济体。中国的人均 GDP 从 2000 年的 949 美元增长到 2019 年的 10262 美元，进入中等收入国家行列。中国在汽车、手机、电脑、电视等领域拥有庞大的消费市场，为产业链再定位提供了强劲的内需支撑。同时，中国也积极扩大对外开放，参与多边和双边贸易及投资合作，推动区域全面经济伙伴关系协定（RCEP）等自由贸易协定签署，为产业链再定位提供了广阔的国际市场。

（三）差距和不足

第一，中国制造业仍处于价值链中低端，整体附加值低。虽然我国产业不断向中高端升级，但是总体上我国产业附加值还有待提高，与制造强国的差距还十分明显。根据亚洲开发银行编制的各区域投入产出表（ADB-MRIO）计算的中美两国出口中的国内增加值（DVAR）显示，2019 年美国制造业的 DVAR 为 51.32%，中国为 45.35%。这一差距在高技术行业更为显著。2019 年美国电气和光学设备的 DVAR 为 71.45%，而中国仅为 29.02%。中国在高技术制造业领域与发达国家差距仍然较大。

第二，产业基础相对薄弱，关键核心技术存在“卡脖子”问题。中国产业基础在“量”的层面取得巨大成就，然而在“质”的层面相当不足，完整工业体系并不完全等同于“强”产业体系，中国工业体系中“卡脖子”现象频现。2018 年，《科技日报》在“亟待攻克的核心技术”的系列报道中，列举了 35 项“卡脖子”技术，以及中国与之的差距。这些技术涉及芯片、软件、航空航天、生物医药、新材料等领域，是影响我国产业链再定位能力的关键因素。

第三，区域发展不平衡不充分影响产业链供应链的区域布局优化。区域经济的第一梯队、全球先进制造业基地、新兴产业集群、新兴产业增长新引擎正在形成，但带动区域间产业链供应链融通发展的能级有待提升。在城市群、都市圈尺度，部分地区内部分化日趋明显，且高端创新要素过度向首位城市倾斜。与此同时，省会城市经济分量过重现象普遍存在，在四川、湖北、湖南等中西部经济体量相对较大的省份，省会城市与省内其他城市间的“经济距离”也非常明显，城市群、城市圈之间难以形成有序衔接的产业链格局。

二、中国产业链再定位能力的行业差异

产业链再定位能力是衡量一个国家或地区产业竞争力和发展潜力的重要指标，也是应对全球产业链变化和风险的重要手段。不同行业或领域的产业链再定位能力存在差异，这与其所处的发展阶段、技术特点、市场需求、政策环境等因素有关。本节将比较分析中国人工智能产业、生物医药产业和数字金融服务三个领域的产业链再定位能力，分析其影响因素和存在问题。

（一）人工智能产业

人工智能（AI）是指由计算机系统或机器执行的智能行为，它涉及计算机视觉、自然语言处理、机器学习、知识图谱、语音识别等多个子领域。人

工智能是当今世界最具前景和潜力的战略性新兴产业之一，它对于提升生产效率、优化资源配置、改善社会福祉、促进经济转型升级等方面都具有重要意义。中国在人工智能产业方面取得了显著进展，已经成为全球人工智能大国之一。根据《2022年中国人工智能发展报告》，中国在人工智能领域的论文数量、专利数量、企业数量等方面均位居全球前列，其中，在人工智能顶级会议论文数量上超过美国居首位，在人工智能专利申请数量上也超过美国居首位。中国在人工智能领域的应用场景也十分丰富，涵盖了教育、医疗、金融、安防、交通等多个领域，其中，在语音识别、图像识别、自然语言处理等方面已经达到了世界领先水平。

中国人工智能产业再定位能力具有以下特点：①规模快速增长。根据《2022年中国人工智能发展报告》，2022年中国人工智能核心产业规模达到1958亿元，同比增长28.2%；人工智能相关产业规模达到6.32万亿元，同比增长28.1%。中国已成为全球第二大人工智能市场，仅次于美国。②技术创新活跃。根据《2022年中国人工智能发展报告》，2022年中国在国际顶级会议上发表的人工智能论文数量达到1987篇，位居全球第一；在国际权威期刊上发表的人工智能论文数量达到1356篇，位居全球第二；在国际专利局申请的人工智能专利数量达到36842件，位居全球第一。中国在计算机视觉、自然语言处理、语音识别等领域取得了世界领先的成果。③应用场景丰富。2022年中国人工智能应用领域最多的是安防监理、智能交通、智能医疗、智能教育、智能金融、智能制造等多个领域，为各行各业提供了智能化的解决方案和服务。

中国人工智能产业提升再定位能力面临的主要问题和挑战有：①人才缺口大。根据《2022年中国人工智能发展报告》，2022年中国人工智能领域的人才缺口达到了139.2万，其中高级人才缺口占比达到了56.3%。人工智能人才的培养和引进是制约产业发展的重要因素。②技术创新不足。虽然中国在人工智能领域取得了一定的成就，但与国际先进水平仍有较大差距，尤其是在基础理论、核心算法、关键技术等方面，还存在较大的依赖和缺失。人工智能技术的自主创新是提升产业竞争力的关键。③应用场景不够深入。目前，中国人工智能应用主要集中在一些相对成熟和简单的场景，如安防监控、语音识别、图像识别等，而在一些复杂和高端的场景，如医疗诊断、自动驾驶、工业控制等，还存在较大的难度和风险。人工智能应用的深度和广度是推动产业发展的动力。④伦理道德问题突出。随着人工智能技术的广泛应用，一些伦理道德问题也日益凸显，如数据隐私、算法歧视、机器责任、人机关系等。这些问题不仅涉及技术本身的合法性和合理性，也涉及社会公平和价值观的认同。人工智能伦理道德规范是保障产业健康发展的基础。

（二）生物医药产业

生物医药产业是指以生物技术为核心，以生命科学为基础，涉及医药、医疗、保健等领域的产业。生物医药产业是一种高技术含量、高附加值、高风险和高收益的产业，是国家战略性新兴产业之一。

中国生物医药产业再定位能力具有以下特点：第一，规模持续扩大。根据《2022年中国生物医药产业发展报告》，2022年中国生物医药产业总产值达到了7.1万亿元，同比增长10.5%，占医药工业总产值的比重达到了32.8%。中国已成为全球第二大生物医药市场，仅次于美国。第二，结构不断优化。2022年中国生物医药产业中，生物制品占比达到了30.2%，同比增长12.3%；生物服务占比达到了18.5%，同比增长11.4%；生物技术占比达到了8.6%，同比增长10.6%；生物农业占比达到了7.4%，同比增长9.5%。中国生物医药产业正从传统的化学合成药向高端的生物制品、创新药和精准医疗转型升级。第三，创新能力显著提升。2022年中国在国际顶级期刊上发表的生命科学论文数量达到了31234篇，位居全球第一；在国际专利局申请的生命科学专利数量达到了19876件，位居全球第二。中国在基因编辑、细胞治疗、免疫治疗、肿瘤诊疗等领域取得了重大突破和创新。第四，应用领域日益拓展。2022年中国生物医药应用领域首先是肿瘤、心血管、神经系统等重大疾病的防治，占比达到了49.6%；其次是抗感染、免疫调节、代谢性疾病等常见疾病的防治，占比达到了25.7%；最后是再生医学、个性化医疗、数字化医疗等新兴领域的探索，占比达到了17.3%。中国生物医药应用领域正从满足基本需求向提供高质量服务转变。

中国生物医药产业提升再定位能力面临的主要问题和挑战有：第一，人才结构不合理。2022年中国生物医药领域的人才缺口达到了75.2万，其中高级人才缺口占比达到了48.2%。中国生物医药人才的结构不合理，缺乏高端创新人才和复合型人才。根据《2022年中国生物医药产业发展报告》，2022年中国生物医药领域的人才结构中，博士以上学历的人才仅占5.1%，本科以下学历的人才占45.3%。中国生物医药人才的培养和引进需要加强质量和数量的双重提升。第二，资金投入不足。2022年中国生物医药领域的研发投入占总产值的比重为6.8%，低于美国的15.2%和欧盟的12.7%的水平。中国生物医药领域的研发投入主要依赖于企业自身，政府和社会资本的支持不够充分。生物医药是一个高投入、高风险、高回报和长周期的产业，需要更多的资金支持来推动创新。第三，监管体系不完善。2022 年中国生物医药领域面临着法律法规滞后、标准规范不统一、知识产权保护不力、市场准入门槛不明确等问题。中国生物医药领域需要建立健全与国际接轨的监管体系，加强法治建设，保障创新成果的合法权益，促进市场公平竞争。第四，国际合作不够深入。2022 年中国生物医药领域的国际合作主要集中在学术交流、技术引进、产品出口等方面，而在核心技术、创新平台、市场开拓等方面还存在较大的差距和障碍。中国生物医药领域需要加强与国际先进水平的对接和融合，拓展合作渠道和领域，提升国际影响力。

（三）新能源汽车产业

新能源汽车产业是指以新能源为动力，以电动汽车为主要形式，涉及汽车制造、电池生产、充电设施建设等领域的产业。新能源汽车产业是一种低碳环保、节能高效、技术先进的产业，是国家战略性新兴产业之一。

中国新能源汽车产业再定位能力具有以下特点：第一，市场规模持续扩大。根据《2022 年度中国新能源汽车产业发展洞察》，2022 年中国新能源汽车销量达到了 688.7 万辆，同比增长 159.6%，占全球市场份额的 60.1%。中国已连续八年成为全球最大的新能源汽车市场，拥有超过 500 家新能源汽车企业和近 4000 家相关配套企业。第二，产品结构不断优化。2022 年中国新能源汽车中，纯电动汽车占比达到了 78.1%，同比下降 9.6%；插电式混合动力汽车占比达到了 21.6%，同比增长 10.9%；燃料电池汽车占比达到了 0.3%，同比下降 0.3%。中国新能源汽车正从低端的微型和小型车向中高端的中型和大型车转型升级。第三，技术水平显著提升。2022 年中国在国际顶级期刊上发表的新能源汽车相关论文数量达到了 13245 篇，位居全球第一；在国际专利局申请的新能源汽车相关专利数量达到了 22367 件，位居全球第二。中国在电池材料、电机控制、智能网联等领域取得了重大突破和创新。第四，产业链条日益完善。2022 年中国新能源汽车产业链条涵盖了上游的原材料供应、中游的零部件制造、下游的整车组装和销售服务等环节，形成了较为完整和成熟的产业体系。中国新能源汽车产业链条正从单一的硬件制造向多元的软件服务延伸。

中国新能源汽车产业提升再定位能力还存在不少问题和挑战，主要表现在：第一，人才结构不合理。根据《2022 年度中国新能源汽车产业发展洞察》，2022 年中国新能源汽车领域的人才总量为 20.3 万，其中高级人才仅占 9.2%，中级人才占 38.4%，初级人才占 52.4%。中国新能源汽车人才的培养和引进需要提高质量和效率，增强人才队伍的创新能力和专业水平。第二，技术创新能力不强。尽管中国在新能源汽车领域发表了大量的论文和专利，但在核心技术、关键零部件、系统集成等方面，还存在较大的依赖和缺失。中国新能源汽车技术的自主创新是提升产业竞争力和国际地位的关键因素。第三，资金投入不充分。2022 年中国新能源汽车领域的研发投入占总产值的比重为 5.3%，低于美国的 8.2%和欧盟的 7.1%。中国新能源汽车领域的研发投入主要依靠企业自身，政府和社会资本的支持不够充分。新能源汽车是一个高投入、高风险、高回报和长周期的产业，需要更多的资金支持来推动创新。第四，监管体系不健全。2022 年中国新能源汽车领域面临着法律法规滞后、标准规范不统一、知识产权保护不力、市场准入门槛不明确等问题。中国新能源汽车领域需要建立健全与国际接轨的监管体系，加强法治建设，保障创新成果的合法权益，促进市场公平竞争。第五，国际合作不够深入。2022 年中国新能源汽车领域的国际合作主要集中在学术交流、技术引进、产品出口等方面，而在核心技术、创新平台、市场开拓等方面还存在较大的差距和障碍。中国新能源汽车领域需要加强与国际先进水平的对接和融合，拓展合作渠道和领域，提升国际影响力。

三、中国产业链再定位能力提升的经验和做法

产业链再定位是指根据国际市场变化和国内发展需求，调整产业链在全球范围内的布局和结构，提高产业链的竞争力和韧性。产业链再定位能力是指一个国家或地区在面对外部冲击或内部转型时，能够有效地实施产业链再定位能力。产业链再定位能力的提升，有利于促进产业升级、优化资源配置、增强风险抵御、拓展国际合作等。

中国作为世界上最大的制造业国家和贸易国，拥有完整的产业体系和庞大的市场规模，是全球产业链的重要参与者和贡献者。近年来，面对新冠疫情、逆全球化浪潮、技术革命等多重挑战，中国积极推进产业链现代化，不断提升产业链再定位能力，展现出强大的创新活力和发展韧性。

根据相关研究，中国产业链再定位能力提升的主要经验和做法有以下几方面（见图 4-8）：

（一）加强战略规划，明确发展方向

中国高度重视产业链现代化的战略意义，将其作为国民经济和社会发展的重要内容，纳入“十四五”规划和 2035 年远景目标。中国制定了一系列政策文件和行动计划，针对不同领域和层面，提出了具体的目标和措施，为产业链再定位提供了指导和保障。例如，《关于积极推进产业链创新与应用

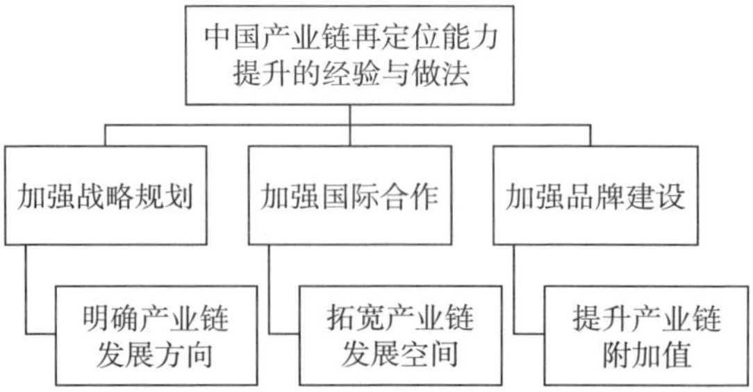

图 4-8　中国产业链再定位能力提升的经验与做法

的指导意见》提出了推进农村一二三产业融合发展，促进制造协同化、服务化、智能化，提高流通现代化水平，积极稳妥发展产业链金融，积极倡导绿色产业链，努力构建全球产业链六项重点任务；《增强制造业核心竞争力三年行动计划（2018—2020 年）》对轨道交通装备、高端船舶和海洋工程装备、智能机器人、智能汽车、现代农业机械、高端医疗器械和药品、新材料、制造业智能化、重大技术装备九大重点领域组织实施关键技术产业化专项；《关于开展全国产业链创新与应用示范创建工作的通知》对示范城市和示范企业分别提出了不同的任务要求，并公示了第一批产业链创新应用示范城市和示范企业名单。

（二）加强国际合作，拓展发展空间

中国坚持对外开放的基本国策，积极参与全球产业链建设和治理，推动形成开放包容、合作共赢的国际经济秩序。中国不断扩大市场准入，优化营商环境，吸引外资投资，支持企业走出去，加强与各国和地区的经贸往来和产业合作。例如，中国与东盟、欧盟、日韩等签署了区域全面经济伙伴关系协定（RCEP）、中欧投资协定等多边和双边贸易协定，为产业链再定位提供了制度性安排和法律保障。中国还积极推进“一带一路”建设，与沿线国家和地区深化互联互通和产能合作，打造高质量共同体。中国还倡导构建人类命运共同体，支持多边主义和自由贸易，反对单边主义和保护主义，为维护全球产业链稳定畅通作出了重要贡献。

（三）加强品牌建设，提升附加值

中国重视提高制造业产品质量和品牌影响力，推动制造业由大变强。中国实施品牌强国战略，加快培育一批具有国际竞争力的知名品牌，提高产品在全球市场的认可度和份额。例如，《关于实施品牌强国战略的指导意见》提出了加强品牌创新、提升品牌质量、完善品牌服务、优化品牌环境四个方面的措施；《关于实施制造业品牌培育工程的指导意见》明确了制造业品牌培育工程的总体目标、重点领域、主要任务和保障措施；《关于开展“中国制造 2025”单项冠军培育工程的指导意见》确定了单项冠军培育工程的目标任务、重点领域、支持方式等。通过这些政策措施的实施，中国已经形成了一批具有国际影响力的品牌企业和产品，如华为、小米、海尔、比亚迪等，在全球市场占有了一席之地。

第五章　大数据背景下产业链安全与韧性的评价模型与模式分析

第一节　产业链安全与韧性的指标设计和评价方法

一、产业链安全的指标设计

产业链安全是产业发展的重要条件，也是国家经济安全的重要组成部分。为了有效地评估和提升产业链安全，需要设计一套科学合理的指标体系，反映产业链安全的各个方面和层次。本节将从供应稳定度、控制权度、自主能力度三个方面来设计产业链安全的指标，并对各个指标的含义和计算方法进行说明。

(一) 供应稳定度

供应稳定度是指产业链中各个环节能够稳定地提供所需产品或服务的程度，反映了产业链对内外部风险抵御和应对的能力。供应稳定度是产业链安全的基本要求，也是产业链安全的基础保障。供应稳定度高，说明产业链中各个环节之间的协调性和互补性强，能够有效地满足市场需求，保障市场供给；供应稳定度低，说明产业链中各个环节之间的协调性和互补性弱，容易受到内外部风险的干扰和影响，导致市场供给出现断裂或紊乱。

为了衡量产业链中各个环节的供应稳定度，可以通过计算以下几个指标：

(1) 供应量。供应量是指产业链中某个环节在一定时期内提供的产品或服务的数量，如单位时间内生产或销售的产品数量、单位时间内提供或使用的服务数量等。供应量反映了产业链中某个环节的生产或服务能力，也反映了市场需求对该环节的影响。供应量越大，说明该环节的生产或服务能力越强，市场需求对该环节的影响越大；供应量越小，说明该环节的生产或服务能力越弱，市场需求对该环节的影响越小。计算方法为：在一定时期内，将该环节提供的产品或服务数量累加求和。

（2）供应频率。供应频率是指产业链中某个环节在一定时期内提供产品或服务的次数，如单位时间内生产或销售产品的次数、单位时间内提供或使用服务的次数等。供应频率反映了产业链中某个环节的生产或服务活跃度，也反映了市场需求对该环节的变化性。供应频率越高，说明该环节的生产或服务活跃度越高，市场需求对该环节的变化性越大；供应频率越低，说明该环节的生产或服务活跃度越低，市场需求对该环节的变化性越小。计算方法为：在一定时期内，将该环节提供产品或服务的次数累加求和。

（3）供应波动。供应波动是指产业链中某个环节在一定时期内提供产品或服务数量或次数发生变化的程度，如单位时间内生产或销售产品数量或次数波动幅度、单位时间内提供或使用服务数量或次数波动幅度等。供应波动反映了产业链中某个环节的生产或服务稳定性，也反映了市场需求对该环节的不确定性。供应波动越大，说明该环节的生产或服务稳定性越低，市场需求对该环节的不确定性越大；供应波动越小，说明该环节的生产或服务稳定性越高，市场需求对该环节的不确定性越小。计算方法为：在一定时期内，将该环节提供产品或服务数量或次数的标准差除以平均值。

以上三个指标可以综合反映产业链中某个环节的供应稳定度，也可以分别反映该环节在供应规模、供应活跃度、供应稳定性等方面的表现。一般来说，供应量越大、供应频率越高、供应波动越小，说明该环节的供应稳定度越高；反之，说明该环节的供应稳定度越低。

（二）控制权度

控制权度是指产业链中各个环节能够控制或影响其上下游环节的程度，反映了产业链中各个环节的地位和作用。控制权度是产业链安全的重要保障，也是产业链安全的核心竞争力。控制权度高，说明产业链中某个环节对其上下游环节有较强的影响力和话语权，能够有效地保护和提升自身利益，促进产业链的协调和优化；控制权度低，说明产业链中某个环节对其上下游环节有较弱的影响力和话语权，容易受到其上下游环节的制约和干扰，影响产业链的协调和优化。

为了衡量产业链中各个环节的控制权度，可以通过计算以下几个指标：

（1）市场份额。市场份额是指产业链中某个环节在其所处市场中所占有的销售量或销售额在总销售量或总销售额中所占的比例，如单位时间内生产或销售产品数量或金额占总产品数量或金额的比例、单位时间内提供或使用服务数量或金额占总服务数量或金额的比例等。市场份额反映了产业链中某个环节在其所处市场中的竞争地位和影响力，也反映了其对上下游市场的影响力和话语权。市场份额越大，说明该环节在其所处市场中的竞争地位和影响力越强，对上下游市场的影响力和话语权越大；市场份额越小，说明该环节在其所处市场中的竞争地位和影响力越弱，对上下游市场的影响力和话语权越小。计算方法为：在一定时期内，将该环节提供产品或服务数量或金额除以总产品或服务数量或金额。

（2）议价能力。议价能力是指产业链中某个环节在与其上下游环节进行交易时能够影响或决定交易价格或条件的能力，如单位时间内生产或销售产品价格或利润率、单位时间内提供或使用服务价格或利润率等。议价能力反映了产业链中某个环节在与其上下游环节进行交易时的利益分配和协商能力，也反映了其对上下游交易关系的影响力和话语权。议价能力越强，说明该环节在与其上下游环节进行交易时的利益分配和协商能力越强，对上下游交易关系的影响力和话语权越大；议价能力越弱，说明该环节在与其上下游环节进行交易时的利益分配和协商能力越弱，对上下游交易关系的影响力和话语权越小。计算方法为：在一定时期内，将该环节提供产品或服务价格或利润率除以总产品或服务价格或利润率。

（3）标准制定权。标准制定权是指产业链中某个环节在制定或参与制定其所处行业或领域的标准或规范的能力，如国家标准、行业标准、企业标准等。标准制定权反映了产业链中某个环节在其所处行业或领域的技术水平和领导力，也反映了其对上下游行业或领域的影响力和话语权。标准制定权越强，说明该环节在其所处行业或领域的技术水平和领导力越强，对上下游行业或领域的影响力和话语权越大；标准制定权越弱，说明该环节在其所处行业或领域的技术水平和领导力越弱，对上下游行业或领域的影响力和话语权越小。计算方法为：在一定时期内，将该环节制定或参与制定的标准或规范数量除以总标准或规范数量。

以上三个指标可以综合反映产业链中某个环节的控制权度，也可以分别反映该环节在市场地位、利益分配、技术领导等方面的表现。一般来说，市场份额越大、议价能力越强、标准制定权越强，说明该环节的控制权度越高；反之，说明该环节的控制权度越低。

（三）自主能力度

自主能力度是指产业链中各个环节能够自主地开发或获取所需产品或服务的程度，反映了产业链中各个环节的创新和竞争力。自主能力度是产业链安全的重要保障，也是产业链安全的核心竞争力。自主能力度高，说明产业链中某个环节对其所需产品或服务有较强的开发能力或获取能力，能够有效地保护和提升自身利益，促进产业链的创新和优化；自主能力度低，说明产业链中某个环节对其所需产品或服务有较弱的开发或获取能力，容易受到外部资源或技术的制约和依赖，影响产业链的创新和优化。

为了衡量产业链中各个环节的自主能力度，可以通过计算以下几个指标：

（1）创新投入。创新投入是指产业链中某个环节在研究开发新产品或新服务等方面所投入的资金、人员、设备等资源，如单位时间内研发费用、研发人员数量、研发设备数量等。创新投入反映了产业链中某个环节对创新活动的重视程度和支持程度，也反映了其创新活动的规模和水平。创新投入越大，说明该环节对创新活动的重视程度和支持程度越高，创新活动的规模和水平越高；创新投入越小，说明该环节对创新活动的重视程度和支持程度越低，创新活动的规模和水平越低。计算方法为：在一定时期内，将该环节投入研发活动的资金、人员、设备等资源累加求和。

（2）技术水平。技术水平是指产业链中某个环节在其所处行业或领域的技术发展水平或前沿水平，如单位时间内获得的专利数量、专利质量、专利影响力等。技术水平反映了产业链中某个环节的创新成果和创新能力，也反映了其在技术竞争中的优势和地位。技术水平越高，说明该环节的创新成果和创新能力越强，技术竞争中的优势和地位越高；技术水平越低，说明该环节的创新成果和创新能力越弱，技术竞争中的优势和地位越低。计算方法为：在一定时期内，将该环节获得的专利数量、专利质量、专利影响力等指标综合评价。

（3）自主能力费用。自主能力费用是指产业链中某个环节为自主地开发或获取所需产品或服务所支付的费用，如单位时间内支付的专利费用、技术引进费用、技术依赖度等。自主能力费用反映了产业链中某个环节对外部资源或技术的需求程度和获取难度，也反映了其对外部资源或技术的制约和依赖。自主能力费用越大，说明该环节对外部资源或技术的需求程度和获取难度越高，对外部资源或技术的制约和依赖越大；自主能力费用越小，说明该环节对外部资源或技术的需求程度和获取难度越低，对外部资源或技术的制约和依赖越小。计算方法为：在一定时期内，将该环节为获取外部资源或技术所支付的费用累加求和。

以上三个指标可以综合反映产业链中某个环节的自主能力度，也可以分别反映该环节在创新投入、创新成果、创新成本等方面的表现。一般来说，创新投入越大、技术水平越高、自主能力费用越小，说明该环节的自主能力度越高；反之，说明该环节的自主能力度越低。

（四）指标设计优缺点评析

总体而言，本节关于产业链安全设计的指标是较为全面合理的，但仍然存在一些不足和可以改进之处。

1. 优点评析

（1）从产业链安全的内涵和特征出发，从稳定性、可持续性、抗干扰性三个方面着手设计产业链安全的指标，充分体现了产业链安全的多维性和复杂性。

（2）对每个指标都给出了清晰的定义说明和计算方法，充分体现了产业链安全的可操作性和可量化性。

（3）对每个指标都给出了翔实的理论依据和实践阐述，充分体现了产业链安全的科学性和实用性。

2. 缺点评析

（1）没有充分考虑到产业链安全的动态性和相对性，即产业链安全可能会随着时间、空间、环境等因素的变化而变化，也会随着不同的评价主体、评价目标、评价标准等因素的不同而不同。鉴于此，可以对产业链安全的指标进行动态调整和相对比较，以适应不同的情境和需求。

（2）没有充分考虑到产业链安全的层次性和系统性，即产业链安全不仅涉及单个环节或单个企业的安全，还涉及多个环节或多个企业之间的安全，以及整个产业链或整个产业系统的安全。鉴于此，可以对产业链安全的指标进行层次分析和系统综合，以反映产业链安全的整体性和协调性。

（3）没有充分考虑到产业链安全的影响因素和影响机制，即产业链安全可能会受到多种内部和外部因素的影响，也会通过多种途径和方式影响其他方面。鉴于此，可以对产业链安全的指标进行因果分析和路径分析，以揭示产业链安全的成因和后果。

二、产业链韧性的指标设计

产业链韧性是产业链安全的重要补充，也是产业链现代化的重要标志。为了有效地评估和提升产业链韧性，需要设计一套科学合理的指标体系，反映产业链韧性的各个方面和层次。本节将从恢复速度、应对效果、协同程度三个方面来设计产业链韧性的指标，并对各个指标的含义和计算方法进行说明。

（一）恢复速度

恢复速度是指产业链中各个环节在遭受内外部变化后能够恢复到正常状态的速度，反映了产业链对内外部变化适应和调整的能力。恢复速度是产业链韧性的基本要素，也是产业链韧性的核心体现。恢复速度高，说明产业链中各个环节有较强的抗压能力和弹性能力，能够快速地消除或减轻变化带来的负面影响，保障产业链的稳定运行；恢复速度低，说明产业链中各个环节有较弱的抗压能力和弹性能力，容易受到变化的持续冲击和干扰，导致产业链出现断裂或紊乱。

为了衡量产业链中各个环节的恢复速度，可以通过计算以下几个指标：

（1）恢复时间。恢复时间是指产业链中某个环节在遭受变化后恢复到正常水平所需的时间，如单位时间内生产或销售产品回到正常水平所需的时间、单位时间内提供或使用服务回到正常水平所需的时间等。恢复时间反映了产业链中某个环节的恢复效率，也反映了变化对该环节的影响程度。恢复时间越短，说明该环节的恢复效率越高，变化对该环节的影响程度越小；恢复时间越长，说明该环节的恢复效率越低，变化对该环节的影响程度越大。计算方法为：在遭受变化后，将该环节回到正常水平所需的时间累加求平均。

（2）恢复成本。恢复成本是指产业链中某个环节在遭受变化后恢复到正常水平所需的成本，如单位时间内生产或销售产品回到正常水平所需的投入成本、单位时间内提供或使用服务回到正常水平所需的运营成本等。恢复成本反映了产业链中某个环节的恢复投入，也反映了变化对该环节的损失程度。恢复成本越低，说明该环节的恢复投入越少，变化对该环节的损失程度越小；恢复成本越高，说明该环节的恢复投入越多，变化对该环节的损失程度越大。计算方法为：在遭受变化后，将该环节回到正常水平所需的成本累加求平均。

（3）恢复比例。恢复比例是指产业链中某个环节在遭受变化后实际回到正常水平与理想回到正常水平之间的比例，如单位时间内生产或销售产品实际回到正常水平与理想回到正常水平之间的比例、单位时间内提供或使用服务实际回到正常水平与理想回到正常水平之间的比例等。恢复比例反映了产业链中某个环节的恢复质量，也反映了变化对该环节的影响程度。恢复比例越高，说明该环节的恢复质量越高，变化对该环节的影响程度越小；恢复比例越低，说明该环节的恢复质量越低，变化对该环节的影响程度越大。计算方法为：在遭受变化后，将该环节实际回到正常水平与理想回到正常水平之间的比例求平均。

以上三个指标可以综合反映产业链中某个环节的恢复速度，也可以分别反映该环节在恢复效率、恢复投入、恢复质量等方面的表现。一般来说，恢复时间越短、恢复成本越低、恢复比例越高，说明该环节的恢复速度越快；反之，说明该环节的恢复速度越慢。

（二）应对效果

应对效果是指产业链中各个环节在遭受内外部变化后能够达到的效果，反映了产业链对内外部变化利用和转化的能力。应对效果是产业链韧性的重要内容，也是产业链韧性的关键体现。应对效果好，说明产业链中各个环节有较强的创新能力和竞争力，能够利用变化创造机会和价值，提升产业链的发展水平；应对效果差，说明产业链中各个环节有较弱的创新能力和竞争力，容易被变化冲击和淘汰，降低产业链的发展水平。

为了衡量产业链中各个环节的应对效果，可以通过计算以下几个指标：

（1）生产效能。生产效能是指产业链中某个环节在遭受变化后的生产能力和水平，如单位时间内生产或销售产品的数量、质量、品种等。生产效能反映了产业链中某个环节的生产技术和管理水平，也反映了变化对该环节的激励或挑战程度。生产效能好，说明该环节的生产技术和管理水平高，变化对该环节有激励或挑战作用；生产效能差，说明该环节的生产技术和管理水平低，变化对该环节有冲击或压制作用。计算方法为：在遭受变化后，将该环节生产或销售产品的数量、质量、品种等指标累加求平均。

（2）经济效能。经济效能是指产业链中某个环节在遭受变化后的经济收益和水平，如单位时间内生产或销售产品的收入、利润、成本等。经济效能反映了产业链中某个环节的经济运行和管理水平，也反映了变化对该环节的利益或损失程度。经济效能好，说明该环节的经济运行和管理水平高，变化对该环节有利益或收益作用；经济效能差，说明该环节的经济运行和管理水平低，变化对该环节有损失或成本作用。计算方法为：在遭受变化后，将该环节生产或销售产品的收入、利润、成本等指标累加求平均。

（3）社会效能。社会效能是指产业链中某个环节在遭受变化后对社会造成的影响和水平，如单位时间内生产或销售产品对社会就业、消费、安全、环境等方面的影响。社会效能反映了产业链中某个环节的社会责任和担当水平，也反映了变化对社会公共利益的影响程度。社会效能好，说明该环节的社会责任和担当水平高，变化对社会公共利益有正面或促进作用；社会效能差，说明该环节的社会责任和担当水平低，变化对社会公共利益有负面或阻碍作用。计算方法为：在遭受变化后，将该环节生产或销售产品对社会就业、消费、安全、环境等方面的影响累加求平均。

以上三个指标可以综合反映产业链中某个环节的应对效果，也可以分别反映该环节在生产能力、经济收益、社会责任等方面的表现。一般来说，生产效能越好、经济效能越好、社会效能越好，说明该环节的应对效果越好；反之，说明该环节的应对效果越差。

（三）协同程度

协同程度是指产业链中各个环节之间能够有效地沟通和协作的程度，反映了产业链中各个环节之间的关联和依赖。协同程度是产业链韧性的重要保障，也是产业链韧性的关键体现。协同程度高，说明产业链中各个环节之间有较强的信息共享、资源整合、利益分配等能力，能够形成合力和协同效应，提升产业链的整体水平；协同程度低，说明产业链中各个环节之间有较弱的信息共享、资源整合、利益分配等能力，容易形成隔阂和冲突，降低产业链的整体水平。

为了衡量产业链中各个环节之间的协同程度，可以通过计算以下几个指标：

（1）信息共享。信息共享是指产业链中各个环节之间能够有效地交流和传递相关信息的能力，如单位时间内生产或销售产品所涉及的市场信息、技术信息、质量信息等。信息共享反映了产业链中各个环节之间的沟通和信任水平，也反映了产业链中各个环节之间的透明度和互动度。信息共享高，说明产业链中各个环节之间的沟通和信任水平高，透明度和互动度高；信息共享低，说明产业链中各个环节之间的沟通和信任水平低，透明度和互动度低。计算方法为：在一定时期内，将该环节与其他环节交流和传递相关信息的数量或频率累加求平均。

（2）资源整合。资源整合是指产业链中各个环节之间能够有效地配置和利用相关资源的能力，如单位时间内生产或销售产品所涉及的人力资源、物质资源、财务资源等。资源整合反映了产业链中各个环节之间的协作和优化水平，也反映了产业链中各个环节之间的效率和效果。资源整合高，说明产业链中各个环节之间的协作和优化水平高，效率和效果高；资源整合低，说明产业链中各个环节之间的协作和优化水平低，效率和效果低。计算方法为：在一定时期内，将该环节与其他环节配置和利用相关资源的数量或比例累加求平均。

（3）利益分配。利益分配是指产业链中各个环节之间能够有效地分摊风险和收益的能力，如单位时间内生产或销售产品所涉及的风险成本、收益收入等。利益分配反映了产业链中各个环节之间的公平和合理水平，也反映了产业链中各个环节之间的协调和稳定。利益分配高，说明产业链中各个环节之间的公平和合理水平高、协调和稳定高；利益分配低，说明产业链中各个环节之间的公平和合理水平低、协调和稳定低。计算方法为：在一定时期内，将该环节与其他环节分摊风险和收益的数量或比例累加求平均。

以上三个指标可以综合反映产业链中各个环节之间的协同程度，也可以分别反映该环节在信息共享、资源整合、利益分配等方面的表现。一般来说，信息共享越优、资源整合越好、利益分配越合理，说明该环节的协同程度越高；反之，说明该环节的协同程度越低。

（四）指标设计优缺点评析

总体而言，本节关于产业链韧性设计的指标是较为全面合理的，但仍然存在一些不足和可以改进之处。

1. 优点评析

（1）从产业链韧性的内涵和特征出发，从恢复速度、应对效果、协同程度三个方面着手设计产业链韧性的指标，充分体现了产业链韧性的多方面和全面性。

（2）对每个指标都给出了明确的含义和计算方法，充分体现了产业链韧性的可衡量和可比较性。

（3）对每个指标都给出了翔实的理论支撑和实践阐述，充分体现了产业链韧性的科学性和有效性。

2. 缺点评析

（1）没有充分考虑产业链韧性的差异性和特殊性，即不同行业、不同阶段、不同地区等不同类型的产业链可能有不同的韧性特征和要求。

（2）没有充分考虑产业链韧性的关联性和互动性，即产业链中各个环节之间的韧性不是孤立的，而是相互影响和相互制约的。因此，我们需要对产业链韧性的指标进行关联分析和互动分析，以反映产业链韧性的网络效应和协同效应。

（3）没有充分考虑产业链韧性的提升路径和提升策略，即如何通过改善产业链中各个环节或整体的恢复速度、应对效果、协同程度等来提升产业链韧性。因此，我们需要对产业链韧性的指标进行路径分析和策略分析，以指导产业链韧性的提升实践。

三、产业链安全与韧性的综合评价方法

产业链安全与韧性是衡量产业链发展水平和竞争力的重要指标，也是

制定产业链发展战略和政策的重要依据。为了有效地评价产业链安全与韧性，需要采用合适的评价方法，从不同的角度和层面反映产业链安全与韧性的状况和水平。本节将从层次分析法、模糊综合评价法和数据包络分析法三种评价方法，分别介绍其原理、步骤和应用，并分析其优缺点和适用范围。

（一）层次分析法

层次分析法（Analytic Hierarchy Process，AHP）是一种基于多属性决策理论的评价方法，由美国运筹学家托马斯·萨蒂于20世纪70年代提出。该方法通过建立层次结构模型，分别对评价目标、评价准则和评价方案进行定性和定量分析，得出最优或最合适的评价结果。该方法可以用于综合评价产业链安全与韧性，通过确定评价目标（如提升产业链安全与韧性）、评价准则（如供应稳定度、控制权度、自主能力度等）和评价方案（如不同行业或地区的产业链），并赋予相应的权重和打分，得出最优或最合适的评价结果。

1. 实操步骤具体说明

层次分析法的具体步骤如下：

（1）建立层次结构模型：将复杂的评价问题分解为多个层次，自上而下依次为目标层、准则层和方案层。目标层是评价问题的总目标；准则层是影响目标实现的各种因素或指标；方案层是可供选择的各种备选方案。每一层之间存在一定的联系或影响。

（2）构造判断矩阵：对于每一层中的各个元素，两两进行比较，根据其相对重要程度赋予一个1～9的数值，构造判断矩阵。判断矩阵是一个方阵，其对角线元素为1，其非对角线元素为两个元素之间的比值，其转置元素为两个元素之间比值的倒数。

（3）计算权重向量：对于每一个判断矩阵，计算其最大特征根和对应的特征向量，并将特征向量归一化，得到权重向量。权重向量反映了每一层中各个元素对上一层元素的相对贡献或影响。

（4）检验一致性：对于每一个判断矩阵，计算其一致性指标（CI）和一致性比例（CR），并与随机一致性指标（RI）进行比较。如果 $CR<0.1$，则认为判断矩阵具有良好的一致性；如果 $CR>0.1$，则认为判断矩阵存在较大的偏差，需要重新构造判断矩阵。

（5）综合排序：将各个准则层中各个元素对目标层元素的权重向量与各个方案层中各个元素对准则层元素的权重向量进行加权求和，得到各个方案层中各个元素对目标层元素的综合权重向量，并按照从大到小进行排序，得出最优或最合适的评价结果。

2. 优缺点评析

层次分析法的优点如下：

（1）该方法具有较强的可操作性和灵活性，可以根据不同的评价问题建立不同的层次结构模型，并通过简单的数学运算得出评价结果。

（2）该方法具有较高的科学性和合理性，可以充分考虑多种因素或指标对评价结果的影响，并通过一致性检验保证评价结果的可靠性。

（3）该方法具有较大的实用性和指导性，可以根据不同的评价目的和评价对象进行定制化和个性化的评价，并为决策提供有效的参考和依据。

层次分析法的缺点如下：

（1）该方法存在一定的主观性和随意性，可能受到不同评价者、不同标准、不同情境的影响而导致评价结果的差异。

（2）该方法存在一定的局限性和复杂性，可能难以处理一些非线性、非结构化、非定量化的评价问题，或者需要处理大量的数据和计算。

（3）该方法存在一定的滞后性和动态性，可能不能及时反映产业链安全与韧性随着内外部变化而发生的变化，或者需要不断更新和调整评价模型。

第二节 大数据背景下产业链安全与韧性的评价模型

一、基于产业链核心能力的评价模型

在当今的全球化和数字化的时代，产业链面临着越来越多的挑战和机遇。如何保证产业链的安全与韧性，即产业链能够在遭受外部冲击时保持正常运转，并能够快速恢复和适应新的环境，是一个亟待解决的问题。为了解决这个问题，我们需要评估产业链所具备的核心能力，即影响产业链安全与韧性的关键因素。本节将介绍一种基于核心能力的评价模型，即大数据背景下产业链安全与韧性的核心能力评价模型。该模型旨在评估产业链在应对环境变化和风险冲击时所需的关键能力，以及利用大数据技术和应用来提升产业链的智能化水平。

（一）核心能力的定义和分类

核心能力的定义和分类是核心能力评价模型的基础和前提。核心能力是产业链在应对环境变化和风险冲击时所需的关键能力，它决定了产业链的安全性和韧性水平。核心能力的定义需要考虑产业链的特征、目标、环境等因素，不能一概而论。核心能力的分类需要根据产业链的内部和外部环境进行划分，分为内部核心能力和外部核心能力。

内部核心能力是产业链内部的资源、技术、管理、创新等方面的能力，它体现了产业链的自身素质和潜力。

内部核心能力包括以下几个方面：

（1）资源能力：即产业链拥有或者控制的物质、人力、财务等资源，以及对这些资源的配置、利用、保护等能力。资源能力是产业链运行的基础，也是产业链创造价值的源泉。

（2）技术能力：即产业链掌握或者开发的产品、工艺、服务等技术，以及对这些技术的研发、应用、传播等能力。技术能力是产业链提升效率和质量的关键，也是产业链形成优势和差异化的途径。

（3）管理能力：即产业链进行规划、组织、协调、控制等管理活动，以及对这些管理活动的设计、实施、改进等能力。管理能力是产业链实现目标和战略的保障，也是产业链提高绩效和竞争力的手段。

（4）创新能力：即产业链对现有资源、技术、管理等进行改造、更新、突破等创新行为，以及对这些创新行为的激发、支持、推广等能力。创新能力是产业链适应变化和挑战的动力，也是产业链持续发展和领先市场的要素。

外部核心能力是产业链与外部环境的互动、协作、竞争等方面的能力，它体现了产业链的适应性和竞争力。

外部核心能力包括以下几个方面：

（1）互动能力：即产业链与客户、供应商、政府、社会等外部利益相关者进行沟通、交流、反馈等互动活动，以及对这些互动活动的建立、维护、优化等能力。互动能力是产业链获取信息和资源的渠道，也是产业链建立信任和声誉的基础。

（2）协作能力：即产业链与上下游企业、同行企业、跨行企业等外部合作伙伴进行合作共赢的协作活动，以及对这些协作活动的发起、参与、管理等能力。协作能力是产业链扩大规模和范围的方式，也是产业链实现协同效应和价值共创的途径。

（3）竞争能力：即产业链与现有竞争对手、潜在竞争对手、替代品竞争对手等外部竞争者进行竞争抗衡的竞争活动，以及对这些竞争活动的分析、应对、超越等能力。竞争能力是产业链保持生存和发展的条件，也是产业链提高市场份额和利润率的目标。综上，内部核心能力和外部核心能力相互影响，相互支撑，共同构成了产业链的核心能力体系。

为了更好地理解核心能力体系，我们举例说明。假设有两家手机制造商，分别是 A 公司和 B 公司。A 公司拥有先进的技术、优秀的人才、高效的管理、创新的文化等内部核心能力，使得它能够生产出高性能、高品质、高附加值的手机产品，赢得了市场和消费者的认可。B 公司则拥有灵活的策略、广泛的合作、强大的竞争等外部核心能力，使得它能够快速适应市场变化、利用合作伙伴的资源、抵御竞争对手的威胁，保持了市场份额和利润率。这两家公司都具备了产业链安全与韧性的核心能力，但是它们不断地通过内部和外部环境来调整自己的核心能力水平和结构。例如，A 公司通过与客户互动来获取用户需求和反馈信息，从而改进自己的产品设计和服务质量；B 公司通过与供应商协作来降低自己的成本和风险，从而提高自己的价格竞争优势。这两家公司之间也存在着激烈的竞争关系，它们不断地通过创新来寻求突破和领先，从而形成了一个良性循环。因此，我们可以说，内部核心能力和外部核心能力是相辅相成、相得益彰的，共同推动了产业链安全与韧性水平不断提高。

（二）核心能力评价模型的指标和方法

基于核心能力的评价指标体系是一种用于衡量和评价产业链安全与韧性的工具，它将多个指标按照一定的逻辑关系组织起来，反映产业链的核心价值和目标，具有可操作性、独立性等特征。该评价指标体系包括六个一级指标，分别是资源能力、技术能力、管理能力、创新能力、互动能力和协作能力，每个一级指标下又包括若干个二级指标和三级指标。

为了确定产业链评价指标体系的权重，我们采用了层次分析法作为研究方法。层次分析法是一种综合评价方法，它将评价目标分解为不同层次的因素，通过两两比较的方式，利用专家打分或问卷调查的数据，建立判断矩阵，并计算各因素的相对重要性。我们首先将评价目标分解为准则层和因素层，准则层有七个指标：资源能力、技术能力、管理能力、创新能力、互动能力、协作能力、竞争能力；因素层有十九个二级指标：物资供应、资金供应、人才供应、技术水平、技术应用、管理制度、管理成本、管理效果、创新战略、创新方法、创新效果、信息交流、关系建立、协作意愿、协作过程、协作效果、竞争态势、竞争策略、竞争效果。三级指标层有五十二个指标：物资储备量、物资采购渠道、物资运输效率、资金流动性、资金成本、人才数量、人才素质、人才流动率、技术创新率、技术专利数、技术领先度、技术集成度、技术兼容性、技术稳定性、技术效果、管理规范性、管理执行力、管理效率、管理投入、管理收益、管理质量、管理满意度、创新目标、创新资源、创新过程、创新思维、创新工具、创新活动、创新类型、创新频率、创新成果、创新效益、信息获取渠道、信息传播效率、信息反馈机制、关系密度、关系广度、关系深度、协作主动性、协作信任度、协作规则、协作协调、协作监督、协作质量、协作效益、竞争优势、竞争劣势、竞争目标、竞争手段、竞争结果、竞争质量、竞争效益。其次根据这些指标的重要程度，利用专家打分的数据，构建一个目标层对准则层的判断矩阵和准则层对因素层的判断矩阵，并计算各指标的权重向量。接着进行一致性检验，检验判断矩阵的合理性和可靠性。最后计算各指标相对于目标层的总排序权重，即各指标在整个评价体系中的综合权重。具体如表 5-1 所示。

表 5-1　基于核心能力的评价指标体系构建

一级指标	权重	二级指标	权重	三级指标	权重
资源能力	0. 15	物资供应	0. 4	物资储备量	0. 5
				物资采购渠道	0. 3
				物资运输效率	0. 2
		资金供应	0. 3	资金流动性	0. 6
				资金成本	0. 4
		人才供应	0. 3	人才数量	0. 4
				人才素质	0. 4
				人才流动率	0. 2
技术能力	0. 15	技术水平	0. 5	技术创新率	0. 5
				技术专利数	0. 3
				技术领先度	0. 2
		技术应用	0. 5	技术集成度	0. 25
				技术兼容性	0. 25
				技术稳定性	0. 25
				技术效果	0. 25

续表

一级指标	权重	二级指标	权重	三级指标	权重
管理能力	0.15	管理制度	0.4	管理规范性	0.3
				管理执行力	0.3
				管理效率	0.4
		管理成本	0.3	管理投入	0.5
				管理收益	0.5
		管理效果	0.3	管理质量	0.5
				管理满意度	0.5
创新能力	0.15	创新战略	0.4	创新目标	0.3
				创新资源	0.4
				创新过程	0.3
		创新方法	0.3	创新思维	0.4
				创新工具	0.3
				创新活动	0.3
		创新效果	0.3	创新类型	0.25
				创新频率	0.25
				创新成果	0.25
				创新效益	0.25
互动能力	0.15	信息交流	0.3	信息获取渠道	0.4
				信息传播效率	0.3
				信息反馈机制	0.3
		关系建立	0.4	关系密度	0.4
				关系广度	0.3
				关系深度	0.3
协作能力	0.15	协作意愿	0.3	协作主动性	0.5
				协作信任度	0.5
		协作过程	0.5	协作规则	0.3
				协作协调	0.4
				协作监督	0.3
		协作效果	0.5	协作质量	0.5
				协作效益	0.5

续表

一级指标	权重	二级指标	权重	三级指标	权重
竞争能力	0.1	竞争态势	0.4	竞争优势	0.5
				竞争劣势	0.5
		竞争策略	0.3	竞争目标	0.4
				竞争手段	0.3
				竞争结果	0.3
		竞争效果	0.3	竞争质量	0.5
				竞争效益	0.5

其中，资源能力是评价产业链安全与韧性的一个重要维度，它指产业链在物资、资金、人才等方面的供应和配置能力，反映产业链的基础条件和支撑水平。资源能力可以分为物资供应、资金供应和人才供应三个二级指标。物资供应反映产业链的物流效率和稳定性，主要考察产业链在各个环节储备的物资数量（物资储备量）、获取物资所依赖的外部来源的多样性和可靠性（物资采购渠道）以及将物资从源头运送到目的地所需的时间和成本（物资运输效率）。资金供应反映产业链的财务状况和盈利水平，主要考察产业链在各个环节之间资金流转的速度和顺畅程度（资金流动性）以及获取和使用资金所需支付的利息、手续费等费用（资金成本）。人才供应反映产业链的人力资源管理水平，主要考察产业链在各个环节所需和拥有的人员规模（人才数量）、人员在知识、技能、经验等方面的水平（人才素质）以及人员进出和更换的频率和比例（人才流动率）。

技术能力是产业链在技术创新、应用、集成等方面的掌握和运用能力，它反映产业链的技术水平和优势。技术能力可以分为技术水平和技术应用两个二级指标。技术水平反映产业链的技术领先度和竞争力，主要考察产业链在技术创新方面所投入的资源与所取得成果之间的比例（技术创新率）、所申请或获得的专利数量（技术专利数）以及与同行或国际水平之间的差距（技术领先度）。技术应用反映产业链的技术运用水平和效果，主要考察产业链在将不同的技术融合在一起形成新的技术或产品的能力（技术集成度）、将不同的技术与现有的技术或产品相匹配或相适应的能力（技术兼容性）、使用技术时所表现出来的可靠性和安全性（技术稳定性）以及使用技术时所带来的效率、质量、效益等方面的提升（技术效果）。

管理能力是产业链在管理制度、成本、效果等方面的规划和执行能力，它反映产业链的管理水平和优化程度。管理能力可以分为管理制度、管理成本和管理效果三个二级指标。管理制度反映产业链的管理规范性和执行力，主要考察产业链在管理方面所制定和遵循的法律、法规、标准、准则等外部要求（管理规范性），所实施的计划、措施、流程、监督等内部要求（管理执行力），以及所消耗的时间、人力、物力等资源与所取得成果之间的比例（管理效率）。管理成本反映产业链的管理投入和收益，主要考察产业链在管理方面所投入和收回的资金、物资、人才等资源，包括人员工资、培训费用、设备购置费用等（管理投入）以及提高效率、降低风险、增加利润等（管理收益）。管理效果反映产业链的管理质量和满意度，主要考察产业链在管理方面所达到的目标和水平，包括准确性、及时性、完整性等方面的水平（管理质量）以及内部和外部的认可和评价（管理满意度）。

创新能力是产业链在创新战略、方法、效果等方面的制定和实施能力，它反映产业链的创新水平和优势。创新能力可以分为创新战略、创新方法和创新效果三个二级指标。创新战略反映产业链的创新规划和导向，主要考察产业链在创新方面所制定和遵循的目标、资源、过程等要素，包括产业链在创新方面所期望达到的结果和水平（创新目标），所投入和利用的人才、资金、技术等资源（创新资源），以及所遵循的流程、步骤、方法等规范（创新过程）。创新方法反映产业链的创新方式和途径，主要考察产业链在创新方面所运用的思维、工具、活动等手段，包括产业链在创新方面所采用的思考模式、逻辑方式、价值观念等心理因素（创新思维），所使用的技术、设备、平台等物理因素（创新工具），以及所开展的项目、比赛、展示等社会因素（创新活动）。创新效果反映产业链的创新质量和满意度，主要考察产业链在创新方面所取得的成果和水平，包括产业链在创新方面所涉及的产品、服务、模式等不同领域（创新类型），所进行的次数和周期（创新频率），所获得的专利、奖项、市场份额等具体成果（创新成果），以及所带来的效率、质量、效益等方面的提升（创新效益）。

互动能力是产业链在信息交流和关系建立方面的沟通和协调能力，它反映产业链的信息化和人性化水平。互动能力可以分为信息交流和关系建立两个二级指标。信息交流反映产业链的信息流通和共享水平，主要考察产业链在获取、传播、反馈信息方面的能力，包括从内部或外部获取信息所依赖的来源的多样性和可靠性（信息获取渠道）、将信息从源头传送到目的地所需的时间和成本（信息传播效率）以及对接收到的信息进行回应或处理的方式和方法（信息反馈机制）。关系建立反映产业链的关系密切度和稳定度，主要考察产业链在与内部或外部的各方建立和维持良好关系的能力，包括与各方之间形成联系或合作的数量和比例（关系密度）、领域和范围（关系广度）以及程度和强度（关系深度）。

协作能力是产业链在与内部或外部的各方进行协同工作方面的意愿和能力，它反映产业链的协作水平和优势。协作能力可以分为协作意愿、协作过程和协作效果三个二级指标。协作意愿反映产业链的协作态度和氛围，主要考察产业链在与各方进行协同工作方面所表现出来的主动性和信任度，包括产业链在与各方进行协同工作时所采取的主动或被动的姿态（协作主动性）以及所建立和保持的信任关系（协作信任度）。协作过程反映产业链的协作规范性和效率，主要考察产业链在与各方进行协同工作时所遵循的规则、协调、监督等要素，包括产业链在与各方进行协同工作时所制定和遵守的契约、合同、协议等法律文件（协作规则），所实施的沟通、配合、调节等行为（协作协调），以及所采取的检查、评估、反馈等措施（协作监督）。协作效果反映产业链的协作质量和满意度，主要考察产业链在与各方进行协同工作时所达到的目标和水平，包括产业链在与各方进行协同工作时所表现出来的准确性、及时性、完整性等方面的水平（协作质量）以及所带来的效率、质量、效益等方面的提升（协作效益）。

竞争能力是产业链在与内部或外部的竞争对手进行竞争时所展现出来的态势、优势、策略等要素，它反映产业链的竞争水平和优势。竞争能力可以分为竞争态势、竞争策略和竞争效果三个二级指标。竞争态势反映产业链的竞争优劣势，主要考察产业链在与竞争对手进行竞争时所面临的优势和劣势，包括产业链在与竞争对手进行竞争时所具有的资源、技术、管理、创新等方面的优势（竞争优势）以及所存在的资源、技术、管理、创新等方面的劣势（竞争劣势）。竞争策略反映产业链的竞争规划和执行，主要考察产业链在与竞争对手进行竞争时所制定和实施的目标、手段、结果等要素，包括产业链在与竞争对手进行竞争时所期望达到的结果和水平（竞争目标），所使用的资源、技术、管理、创新等手段（竞争手段），以及所取得的市场份额、利润率、品牌影响力等具体成果（竞争结果）。竞争效果反映产业链的竞争质量和满意度，主要考察产业链在与竞争对手进行竞争时所达到的目标和水平，包括产业链在与竞争对手进行竞争时所表现出来的准确性、及时性、完整性等方面的水平（竞争质量）以及所带来的效率、质量、效益等方面的提升（竞争效益）。

二、基于产业链抗风险能力的评价模型

产业链是一个或多个行业的上下游企业之间的价值创造网络，它涉及多个环节和节点，包括原材料供应、生产加工、物流配送、市场销售等。在运作过程中，产业链难免会遇到各种内部或外部的不利事件，这些事件可能会威胁或损害产业链的目标和功能，如降低产量、增加成本、延误交货、失去客户等。因此，基于产业链抗风险能力进行评估，对产业链安全与韧性的提升具有重要作用。

（一）产业链风险的类型

产业链风险可以根据其来源和性质，分为外部风险和内部风险两大类。外部风险源于产业链所处的环境因素，如自然、政治、经济、贸易、技术和资源等方面的变化，这些变化可能对产业链的运行造成干扰或破坏，影响产业链的安全和韧性。外部风险具有不可预测性和不可控制性的特点，对产业链的威胁程度较高，需要产业链的参与者采取应急或适应的措施来应对。而内部风险源于产业链内部的各个参与者或环节，如供应商、质量、生产、需求、信息和管理等方面的问题，这些问题可能导致产业链的运行出现故障或低效，影响产业链的效率和效益。内部风险具有可预防性和可减轻性的特点，对产业链的威胁程度较低，需要产业链的参与者采取协调或监督的措施来避免或减少。

外部风险和内部风险有以下几方面的差异。首先，它们的来源和性质不同。外部风险来自产业链所处的环境因素，是一种外生性的风险；内部风险来自产业链内部的运行机制或行为决策，是一种内生性的风险。其次，它们的可控性和预测性不同。外部风险通常难以控制和预测，具有突发性和不确定性；内部风险相对容易控制和预测，具有规律性和确定性。再次，它们的影响程度和范围不同。外部风险通常对产业链的安全与韧性有较大的影响，可能导致产业链的严重干扰或破坏；内部风险对产业链的安全与韧性的影响相对较小，可能导致产业链的故障或低效。最后，它们的应对策略和方法不同。外部风险通常需要采取应急或适应的策略来应对，只能在发生后进行及时的响应或调整；内部风险通常需要采取协调或监督的策略来应对，可以通过加强产业链内部的沟通和管理来预防或减少。具体而言，可以分为以下几类，如表 5-2 所示。

表 5-2 产业链风险来源

外部风险	内部风险
自然灾害	供应商违约
政治冲突	质量缺陷
经济危机	生产中断
贸易保护	需求波动
技术封锁	信息失真
资源紧缺	管理混乱

（二）抗风险能力评价模型的指标和方法

在全球化和数字化的背景下，产业链面临着各种内部和外部风险，如市场需求波动、政策法规变化、技术进步冲击、资源环境约束、突发事件干扰等。这些风险可能导致产业链的功能损失、效率降低、创新受阻、竞争力下降等不利后果。因此，提高产业链抗风险能力，即产业链在面对各种风险时，能够保持稳定运行、有效应对、及时恢复的能力，对于保障产业链的安全性和竞争力具有重要意义。为了科学地评价产业链的抗风险能力水平，找出产业链的优势和劣势，制定相应的改进和优化措施，我们拟从以下四个维度来构建产业链抗风险能力的评价指标体系：产业链结构稳定性、产业链功能韧性、产业链环境适应性和产业链协同协防性。

（1）产业链结构稳定性。反映了产业链在供需平衡、区域分布、上下游协调等方面的稳定性水平。一个结构稳定的产业链，能够有效地匹配供给和需求，合理地分布在不同的地区，协调地连接上下游环节，从而提高产业链的运行效率和抵御风险的能力。我们选取了供需匹配度、区域集中度和上下游关联度三个指标来评价产业链结构稳定性。供需匹配度用供需比或供需缺口来计算，反映产业链内部供给和需求之间的匹配程度，匹配度越高，结构稳定性越强。区域集中度用赫芬达尔指数或基尼系数等方法来计算，反映产业链在空间上的分布情况，集中度越低，结构稳定性越强。上下游关联度用相关系数或协方差等方法来计算，反映产业链上下游环节之间的关联程度，关联度越高，结构稳定性越强。

（2）产业链功能韧性。反映了产业链在遭受风险冲击时，能够保持或恢复正常功能的能力。一个功能韧性强的产业链，能够有效地抵御风险的干扰，减少风险的损失，加快风险的恢复，从而提高产业链的运行质量和竞争力。我们选取了功能损失度、功能恢复度和功能优化度三个指标来评价产业链功能韧性。功能损失度用损失率或损失程度来计算，反映产业链在受到风险冲击时，功能受损的程度，损失度越低，功能韧性越强。功能恢复度用恢复率或恢复时间来计算，反映产业链在受到风险冲击后，功能恢复的速度和效果，恢复度越高，功能韧性越强。功能优化度用优化率或优化效果来计算，反映产业链在经历风险冲击后，能否利用风险机遇进行创新和优化，优化度越高，功能韧性越强。

（3）产业链环境适应性。反映了产业链在应对外部环境变化时，能够及时调整、优化、创新的能力。一个环境适应性强的产业链，能够有效地适应市场需求、政策法规、技术进步等外部环境的变化，及时调整产品结构、质量、价格等方面，优化生产流程、管理模式、组织结构等方面，创新技术方法、商业模式、市场策略等方面，从而提高产业链的运行效果和竞争力。我们选取了市场适应度、政策适应度和技术适应度三个指标来评价产业链环境适应性。市场适应度用市场占有率或市场满意度等方法来计算，反映产业链在满足国内外市场需求变化时，能够快速调整产品结构、质量、价格等方面的适应程度，适应度越高，环境适应性越强。政策适应度用政策合规率或政策风险率等方法来计算，反映产业链在遵守国内外政策法规变化时，能够合规运行、规避风险的适应程度，适应度越高，环境适应性越强。技术适应度用技术引进率或技术创新率等方法来计算，反映产业链在跟随技术进步变化时，能够引进、消化、创新的适应程度，适应度越高，环境适应性越强。

（4）产业链协同协防性。反映了产业链在协同内部各环节和外部各方面共同防范和化解风险时，能够形成有效机制、共享信息、互利互助的能力。一个协同协防性强的产业链，能够有效地建立内部和外部的协同机制，制定合理的协同规则，提供必要的协同支持，实现信息、资源、利益的共享，从而提高产业链的运行协调性和抵御风险的能力。我们选取了内部协同度、外部协防度和跨区域协调度三个指标来评价产业链协同协防性。内部协同度用信息共享率或资源共享率等方法来计算，反映产业链内部各环节之间在共享信息、资源、利益等方面的协同程度，协同度越高，协同协防性越强。外部协防度用机制建设率或规则遵守率等方法来计算，反映产业链与外部政府、社会、国际组织等在共建机制、制定规则、提供支持等方面的协防程度，协防度越高，协同协防性越强。跨区域协调度用区域匹配率或区域差异率等方法来计算，反映产业链在跨区域分布和运作时，能够与不同地区的政策、市场、文化等相协调的程度，协调度越高，协同协防性越强。

为了科学地给每一点分配一个权重，我们采用了层次分析法，首先构建了一个由目标层、准则层和方案层三层组成的层次结构模型，其次邀请了五位专家对每一层的因素进行两两比较，使用1~9的打分法，表示相对重要程度，其中1表示同等重要，3表示稍微重要，5表示中等重要，7表示很重要，9表示极其重要，2、4、6、8表示中间值。接着求取每个专家的判断矩阵的平均值，得到每一层的判断矩阵。再次使用特征值法来计算每一层的权重向量，即求解判断矩阵的最大特征值对应的特征向量，并归一化处理。最后使用一致性指标（CI）和平均随机一致性指标（RI）来计算一致性比例（CR），如果CR<0.1，则认为判断矩阵通过了一致性检验。通过这样一个系统而严谨的过程，本文得到了每一点的权重。具体如表5-3所示。

表5-3　基于抗风险能力的评价指标体系构建

一级指标	权重	二级指标	权重
产业链结构稳定性	0.25	供需匹配度	0.4
		区域集中度	0.3
		上下游关联度	0.3
产业链功能韧性	0.25	功能损失度	0.3
		功能恢复度	0.4
		功能优化度	0.3
产业链环境适应性	0.25	市场适应度	0.3
		政策适应度	0.3
		技术适应度	0.4
产业链协同协防性	0.25	内部协同度	0.4
		外部协防度	0.4
		跨区域协调度	0.2

（三）基于抗风险能力的产业链安全与韧性的评估——以集成电路产业为例

在当今信息化社会，集成电路作为电子信息产业的基础和核心，广泛应用于通信、计算、消费、汽车、医疗等领域，对国家的经济发展和安全战略具有重要意义。随着技术的不断进步和市场的不断变化，集成电路产业面临着来自国内外的各种风险，如供需失衡、贸易摩擦、技术封锁、产业链断裂等。如何评估集成电路产业的抗风险能力，提高产业的安全与韧性，是当前亟待解决的问题。我们以集成电路为例，基于产业链抗风险能力评估模型，从产业链结构稳定性、产业链功能韧性、产业链环境适应性和产业链协同协防性四个方面，分析了集成电路产业的供需平衡状况、技术创新能力、政策支持力度、市场竞争格局等因素，评价了集成电路产业的产业链安全与韧性。

（1）供需匹配度。供需匹配是衡量集成电路产业在一定时期内供给量和需求量之间的平衡程度的指标，它反映了集成电路产业的市场状况和发展趋势。供给量是指集成电路制造企业在一定时期内生产出的集成电路产品的数量；需求量是指集成电路应用领域在一定时期内消费掉的集成电路产品的数量。我们利用以下公式来计算供需差异率：

供需差异率=（供给量-需求量）/需求量 （5-1）

如果供需差异率为正，说明供给量大于需求量，存在供大于求的情况；如果供需差异率为负，说明供给量小于需求量，存在供不应求的情况；如果供需差异率为零，说明供给量等于需求量，达到了供需平衡的状态。因此，供需匹配度计算公式如下：

供需匹配度=100-100×|供需差异率| （5-2）

它可以取0~100分的任意值。评分越高，说明供需匹配度越好，抗风险能力越强；评分越低，说明供需匹配度越差，抗风险能力越弱。

（2）区域集中度。区域集中度是衡量集成电路产业在不同地区的分布密度和集聚程度的指标，反映了产业的地理优势和区域协同效应。区域集中度越高，说明产业在某一地区的规模和影响力越大，也越容易形成产业集群和创新网络，提高产业的竞争力和抗风险能力。我们采用赫芬达尔—赫希曼指数对其进行计算：

$$HHI = \sum_{i=0}^{n} (S_i)^2 \tag{5-3}$$

其中，S_i 是第 i 个地区在全国集成电路产业中的市场份额。HHI 的取值范围是 0 到 10000，HHI 越大，说明市场集中度越高，产业在某一地区的优势越明显。因此，区域集中度计算公式如下：

区域集中度=HHI/100 （5-4）

其取值范围为0~100，评分越高说明区域集中度越大。

（3）上下游关联度。上下游关联度是衡量集成电路产业与其上游和下游产业的联系程度和依赖程度的指标，反映了产业的协同效应和创新能力。上下游关联度越高，说明产业之间的配套和协作越紧密，也越能够形成产业链创新和价值提升。为了评价集成电路产业的上下游关联度，我们从技术关系和价值关系两个方面来计算。具体方法如下：

技术关系表示集成电路产业与其上下游产业之间的技术交流和协作程度，

计算公式为:

$$R_T = \frac{N}{M} \tag{5-5}$$

其中，N 是集成电路产业与其上下游产业之间的技术合作项目数，M 是集成电路产业自身的技术项目数。R_T 取值范围是 0 到 1，R_T 越大，说明技术关系越紧密，产业之间的创新能力越强。

价值关系表示集成电路产业与其上下游产业之间的产品附加值贡献程度，计算公式为:

$$R_T = \frac{V}{P} \tag{5-6}$$

其中，V 是集成电路产品在上下游产品中所占的附加值比例，P 是集成电路产品在上下游产品中所占的成本比例。R_T 越大，说明价值关系越紧密，产业之间的价值提升能力越强。根据价值关系和技术关系两个指标，各占 50%，我们量化一个评分在 0~100 的上下游关联度计算公式:

$$\text{上下游关联度} = \left(0.5 \times \frac{R_T}{R_{Tmax}} + 0.5 \times 0.5 \times \frac{R_V}{R_{Vmax}}\right) \times 100 \tag{5-7}$$

此公式的意义是将两个指标归一化到 0~1，然后按照各自的权重相加，再乘以 100 得到 0~100 之间的评分。

（4）功能损失度。功能损失度反映了集成电路产业链在遭受外部冲击后，各环节功能降低的程度。其采用各环节功能降低率的加权平均值来衡量，其中权重可以用各环节在产业链中所占比重来确定。功能降低率可以用各环节在冲击后与冲击前相比，产值、利润或其他核心指标的变化率来计算。此处给出计算公式:

$$F = \left(\sum_{i=1}^{n} w_i \frac{X_{i0} - X_{i1}}{X_{i0}}\right) \times 100 \tag{5-8}$$

其中，F 表示功能损失度，w_i 表示第 i 个环节在产业链中的比重，X_{i0} 和 X_{i1} 分别表示每个环节在冲击前和冲击后的核心指标（如产值、利润等）。因此，当功能损失度越小，说明产业链功能韧性越强。

（5）功能恢复度。功能恢复度是反映集成电路产业链在遭受外部冲击后，各环节功能恢复到正常水平所需时间的长短。其采用各环节功能恢复时间的加权平均值来衡量，其中权重同样可以用各环节在产业链中所占比重来确定。功能恢复时间可以用各环节在冲击后达到冲击前水平所需的时间段来计算。具体计算公式如下:

$$R = \left(\frac{1}{\sum_{i=1}^{n} w_i T_i}\right) \times 100 \tag{5-9}$$

其中，R 表示功能恢复度，w_i 表示第 i 个环节在产业链中所占的比重，T_i 表示第 i 个环节的功能恢复时间。其含义是，功能恢复度是各环节功能恢复时间的倒数的加权平均值。各环节功能恢复时间越短，或者各环节在产业链中所占比重越小，那么功能恢复度就越大，反之则越小。

（6）功能优化度。功能优化度是集成电路产业链在遭受外部冲击后，各环节功能提升的程度。其采用各环节功能提升率的加权平均值来衡量，其中权重可以用各环节在产业链中所占比重来确定。功能提升率可以用各环节在冲击后与冲击前相比，产值、利润或其他核心指标的变化率来计算。功能优化度越大，说明产业链功能韧性越强。具体计算公式如下：

$$O = \left(\sum_{i=1}^{n} w_i P_i\right) \times 100 \tag{5-10}$$

其中，O 表示功能优化度，w_i 表示第 i 个环节在产业链中所占的比重，P_i 表示第 i 个环节的功能提升率。因此，各环节功能提升率越高，或者各环节在产业链中所占比重越大，那么功能优化度就越大；反之则越小。

（7）市场适应度。市场适应度衡量集成电路产业链在遭受外部冲击后，能够根据市场需求调整产品结构和创新能力的程度。其采用各环节产品结构优化率和创新能力提升率的加权平均值来衡量，其中权重可以用各环节在产业链中所占比重来确定。产品结构优化率可以用各环节在冲击后与冲击前相比，高附加值产品占比的变化率来计算。创新能力提升率可以用各环节在冲击后与冲击前相比，研发投入占比或专利申请量的变化率来计算。市场适应度越大，说明产业链功能韧性越强。具体计算公式如下：

$$M = \left(\sum_{i=1}^{n} w_i (S_i + I_i)\right) \times 100 \tag{5-11}$$

其中，M 表示市场适应度，w_i 表示第 i 个环节在产业链中所占的比重，S_i 表示第 i 个环节的产品结构优化率，I_i 表示第 i 个环节的创新能力提升率。由公式可知，如果各环节产品结构优化率和创新能力提升率越高，或者各环节在产业链中所占比重越大，那么市场适应度就越大；反之则越小。

（8）政策适应度。政策适应度衡量集成电路产业链在遭受外部冲击后，能够根据政策环境调整产业布局和合作模式的程度。其采用各环节产业布局优化率和合作模式提升率的加权平均值来衡量，其中权重可以用各环节在产业链中所占比重来确定。产业布局优化率可以用各环节在冲击后与冲击前相比，国内外市场占比的变化率来计算。合作模式提升率可以用各环节在冲击后与冲击前相比，上下游合作伙伴数量或质量的变化率来计算。政策适应度越大，说明产业链功能韧性越强。

$$P = \left(\sum_{i=1}^{n} w_i \left(\frac{M_{i1} - M_{i0}}{M_{i0}} + \frac{N_{i1} - N_{i0}}{N_{i0}} \right) \right) \times 100 \tag{5-12}$$

其中，P 表示市场适应度，w_i 表示第 i 个环节在产业链中所占的比重。M_{i0} 表示第 i 个环节在冲击前的国内外市场占比，M_{i1} 表示第 i 个环节在冲击后的国内外市场占比。N_{i0} 表示第 i 个环节在冲击前的上下游合作伙伴数量，N_{i1} 表示第 i 个环节在冲击后的上下游合作伙伴数量。由公式可知，各环节产业布局优化率和合作模式提升率越高，或者各环节在产业链中所占比重越大，那么政策适应度就越大；反之则越小。

（9）技术适应度。技术适应度衡量了集成电路产业链在遭受外部冲击后，能够根据技术发展趋势调整技术路线和标准的程度。其采用各环节技术路线优化率和标准提升率的加权平均值来衡量。技术路线优化率采用各环节在冲击后与冲击前相比，技术水平的变化率来计算。标准提升率可以用各环节在冲击后与冲击前相比，标准数量的变化率来计算。技术适应度越大，说明产业链功能韧性越强。具体计算公式如下：

$$T = \left(\sum_{i=1}^{n} w_i \left(\frac{E_{i1} - E_{i0}}{E_{i0}} + \frac{Q_{i1} - Q_{i0}}{Q_{i0}} \right) \right) \times 100 \tag{5-13}$$

其中，T 表示技术适应度，E_{i0} 表示第 i 个环节在冲击前的技术水平，E_{i1} 表示第 i 个环节在冲击后的技术水平。Q_{i0} 表示第 i 个环节在冲击前的标准数量，Q_{i1} 表示第 i 个环节在冲击后的标准数量。因此，各环节技术路线优化率和标准提升率越高，或者各环节在产业链中所占比重越大，那么技术适应度就越大；反之则越小。

（10）内部协同度。内部协同度是衡量集成电路产业链内部各环节之间能够实现信息共享、资源整合、利益均衡和目标一致的程度。采用信息交流频率、资源利用率、利益分配公平性、目标达成率等指标来衡量。其中，信息交流频率采用各环节之间的通信次数或时长来计算。资源利用率采用各环节的资源消耗或产出与资源总量的比值来计算。利益分配公平性采用各环节的利润或收入与总利润或总收入的比值来计算。目标达成率采用各环节的实际完成情况与预期目标的比值来计算。具体计算公式如下：

$$I = \left(\sum_{i=1}^{n} w_i (F_i + U_i + G_i + A_i) \right) \times 100 \tag{5-14}$$

其中，I 表示内部协同度，w_i 表示第 i 个环节在产业链中所占的比重，F_i 表示第 i 个环节的信息交流频率，U_i 表示第 i 个环节的资源利用率，G_i 表示第 i 个环节的利益分配公平性，A_i 表示第 i 个环节的目标达成率。因此，各环节信息交流频率、资源利用率、利益分配公平性和目标达成率越高，或者各环节在产业链中所占比重越大，那么内部协同度就越高；反之则越小。

（11）外部协防度。外部协防度是指集成电路产业链与外部相关方之间能够建立良好合作关系，并共同预防和化解风险难题的程度。其采用合作伙伴数量、合作项目数量、合作效果评价、风险控制水平等指标来衡量。各环节权重用各指标在产业链协同协防中的重要性来确定。合作伙伴数量采用集成电路产业链与之建立合作关系的外部相关方的数量来计算。合作项目数量采用集成电路产业链与外部相关方共同开展的合作项目的数量来计算。合作效果评价采用集成电路产业链与外部相关方对合作项目的满意度或收益率来计算。风险控制水平采用集成电路产业链与外部相关方共同应对的风险事件的数量或损失率来计算。外部协防度越高，说明产业链协同协防性越强。具体计算公式如下：

$$E = \left(\sum_{i=1}^{m} v_i(P_i + Q_i + R_i + L_i)\right) \times 100 \tag{5-15}$$

其中，E 表示外部协防度，v_i 表示第 i 个指标在产业链协同协防中的重要性，P_i 表示第 i 个指标的合作伙伴数量，Q_i 表示第 i 个指标的合作项目数量，R_i 表示第 i 个指标的合作效果评价，L_i 表示第 i 个指标的风险控制水平。说明各环节信息交流频率、资源利用率、利益分配公平性和目标达成率越高，或者各环节在产业链中所占比重越大，那么内部协同度就越高；反之则越小。

（12）跨区域协调度。跨区域协调度是指集成电路产业链在不同地区之间能够实现优势互补、规模扩张和区域平衡的程度。采用区域分布均匀性、区域间差异程度、区域间联系强度等指标来衡量。其中权重采用各指标在产业链协同协防中的重要性来确定。区域分布均匀性采用各地区的产业链收入与总收入的比值的标准差来计算。区域间差异程度采用各地区的产业链技术水平与总体技术水平的差异程度来计算。区域间联系强度采用各地区之间的产业链合作数量来计算。跨区域协调度越高，说明产业链协同协防性越强。跨区域协调度具体计算公式如下：

$$C = \sum_{i=1}^{k} u_i(H_i - D_i + L_i) \tag{5-16}$$

其中，C 表示跨区域协调度，u_i 表示第 i 个指标在产业链协同协防中的重要性，H_i 表示第 i 个指标的区域分布均匀性，D_i 表示第 i 个指标的区域间差异程度，L_i 表示第 i 个指标的区域间联系强度。说明各指标区域分布均匀性越高、区域间差异程度越低、区域间联系强度越高，或者各指标在产业链协同协防中的重要性越大，那么跨区域协调度就越高；反之则越小。

三、基于大数据赋能产业链安全与韧性的评价模型

大数据赋能意味着运用大数据技术和平台，对产业链各环节涉及的数据进行全面的采集、存储、加工、分析、服务等操作，从而实现数据价值的最大化挖掘、流动、交换、创新等功能，进而提升产业链的效率、效益、竞争力和创新力。通过大数据赋能，产业链可以实现信息的透明化、资源的优化化、流程的智能化、服务的个性化等目标，增强产业链对内外部风险和冲击的抵御能力和适应能力。

为了有效衡量大数据赋能对产业链安全与韧性的影响，前述两节基于产业链安全与韧性的构建了评价模型，因此本节基于大数据赋能产业链安全与韧性的评价模型。该模型以大数据赋能为基础，通过一系列评价指标和权重，反映大数据赋能对产业链各环节和整体水平的提升情况。该模型旨在为政府部门制定相关政策措施，为企业或机构实施相关项目或方案提供参考依据。

（一）大数据赋能评价模型指标的选取依据

为了有效衡量大数据赋能对产业链安全与韧性的现状，我们选择了以下四个方面作为评价指标体系：数据安全能力、数据价值挖掘能力、数据流动与交换能力、数据创新与驱动能力。这四个方面分别是大数据赋能产业链安全与韧性的前提、核心、条件和目标，具有重要的理论和实践意义。

首先，数据安全能力是大数据赋能产业链安全与韧性的前提，是保障数据要素正常运行和发挥作用的基础。在新一轮科技革命和产业变革中，数据已成为重要的生产要素和创新资源，也成为国家基础性战略资源。但同时，数据也面临着非法获取、篡改、泄露、破坏等多种风险，威胁着产业链的稳定运行和持续优化。因此，提升数据安全能力，加强数据安全管理制度、技术手段和人才培养，建立健全数据安全风险防范和处置机制，做大做强数据安全产业，是大数据赋能产业链安全与韧性的必要条件。

其次，数据价值挖掘能力是大数据赋能产业链安全与韧性的核心，是提升产业链效率、效益、竞争力和创新力的关键支撑。在数字经济时代，数据价值已成为衡量企业或机构竞争优势的重要指标。利用大数据技术和平台，对各环节涉及的数据进行有效的处理、分析、服务等操作，可以实现数据价值的最大化挖掘和转化，支撑产业链产品研发、服务模式、业态创新等方面

的变革和升级。当前，我国大数据产业已经形成了较为完整的产品和服务体系，并在工业领域取得了一系列应用成果。但同时，也存在着数据价值挖掘不充分、应用场景不够丰富、行业融合不够深入等问题。因此，提升数据价值挖掘能力，加快发展大数据产品和服务，推动大数据在工业领域深度应用，促进大数据与各行业深度融合，是大数据赋能产业链安全与韧性的核心任务。

再次，数据流动与交换能力是大数据赋能产业链安全与韧性的条件，是促进产业链信息透明化、资源优化化、流程智能化、服务个性化等目标实现的重要手段。在数字经济时代，数据流动与交换是激活数据价值、促进协同创新、提高效率效益的关键环节。实现各环节涉及的数据在不同主体、不同区域、不同行业之间有序流动和交换，可以打破信息孤岛，优化资源配置，提高决策质量，增强应对风险和冲击的抵御能力和适应能力。当前，我国已经建设了一批国家级和地方级的大数据平台和交换中心，推动了数据开放共享和跨部门、跨地区、跨行业的协同共享。但同时，也存在着数据流动与交换的基础设施不完善、市场规则和制度安排不健全、数据流动与交换的效率和效果不理想等问题。因此，提升数据流动与交换能力，构建统一开放的大数据基础设施平台，完善相关市场规则和制度安排，推进跨部门、跨地区、跨行业的协同共享，是大数据赋能产业链安全与韧性的必要条件。

最后，数据创新与驱动能力是大数据赋能产业链安全与韧性的目标，是实现产业转型升级和高质量发展的重要引擎。在数字经济时代，数据创新与驱动是推动产业链产品研发、服务模式、业态创新等方面的变革和升级的关键因素。利用大数据技术和平台，对各环节涉及的数据进行创新性的利用和应用，可以推动产业链形成新的竞争优势、增长动力和发展空间。当前，我国已经在人工智能、云计算、物联网等领域取得了一系列技术创新和标准引领的成果，并在智能制造、智慧城市、智慧农业等领域培育了一批数字产业主体。但同时，也存在着技术创新能力不足、标准体系不完善、数字生态不够繁荣有序等问题。因此，提升数据创新与驱动能力，加强技术攻关和标准引领，培育壮大数字产业主体，打造繁荣有序的数字生态，是大数据赋能产业链安全与韧性的最终目标。

（二）大数据赋能评价模型的指标和方法

根据上述评价指标构建的依据，本文选择数据安全能力、数据价值挖掘能力、数据流动与交换能力和数据创新与驱动能力四个一级指标来衡量大数据赋能产业链安全与韧性的水平。具体含义解释如下：

（1）数据安全能力是指产业链在数据活动中防范和应对各种风险的能力水平。其包括数据安全管理、技术和风险防范三个二级指标。

（2）数据价值挖掘能力是指产业链利用大数据技术和平台实现数据价值最大化的能力水平。其包括数据采集与存储、加工与分析、服务与应用三个二级指标。

（3）数据流动与交换能力是指产业链在遵守法律法规和合同约定的前提下，实现数据在不同主体、不同区域、不同行业之间有序流动和交换的能力水平。其包括数据共享与开放程度和数据互联互通水平两个二级指标。

（4）数据创新与驱动能力是指产业链利用大数据技术和平台推动产业链产品研发、服务模式、业态创新等方面的变革和升级的能力水平。其包括数据创新模式与业态和数据驱动效率与效益两个二级指标。

本书通过专家打分的方法确定了各指标具体权重，如表 5-4 所示。

表 5-4　基于大数据赋能产业链安全与韧性的评价指标体系

一级指标	权重	二级指标	权重	内涵
数据安全能力	0.3	数据安全管理能力	0.1	产业链在制定和执行数据安全政策、规范、制度等方面的能力
		数据安全技术能力	0.1	产业链在采用数据加密、备份、恢复、防护等技术手段保障数据安全方面的能力
		数据安全风险防范能力	0.1	产业链在识别、评估、应对和处置数据安全风险事件方面的能力
数据价值挖掘能力	0.3	数据采集与存储能力	0.1	产业链在获取、整理、存储各类数据方面的能力
		数据加工与分析能力	0.1	产业链在清洗、融合、挖掘、分析各类数据方面的能力
		数据服务与应用能力	0.1	产业链在利用数据提供服务、支持决策、创造价值方面的能力
数据流动与交换能力	0.2	数据共享与开放程度	0.1	产业链在遵守法律法规和合同约定的前提下，实现数据向内部或外部主体共享和开放的程度
		数据互联互通水平	0.1	产业链在实现数据在不同区域、不同行业之间流动和交换的水平

续表

一级指标	权重	二级指标	权重	内涵
数据创新与驱动能力	0.2	数据创新模式与业态	0.1	产业链在利用数据创造新的产品、服务、模式、业态等方面的创新程度
		数据驱动效率与效益	0.1	产业链在利用数据提升生产效率、经济效益、社会效益等方面的驱动程度

第三节 大数据背景下产业链安全与韧性的模式分析

一、基于复杂自适应系统理论的模式分析

复杂自适应系统理论是一种研究复杂系统的新视角。其认为，复杂系统由许多具有适应能力的主体组成。这些主体与环境和其他主体进行非线性的相互作用，从而产生系统的自组织、涌现、共同演化等现象。复杂自适应系统理论像一个缜密的侦探，从主体的行为规则和相互作用机制出发，一步步揭示系统的宏观行为和演化过程。复杂自适应系统理论也结合了定性和定量的分析方法，运用数学和计算机等工具进行建模和模拟。复杂自适应系统理论还兼顾了还原论和整体论的观点，既关注系统的组成部分和内部关系，又关注系统的整体性和外部环境。

在数字经济时代，大数据作为一种新要素、新模式、新产业、新业态，为产业链安全与韧性提供了新动力。大数据能够揭示产业链的复杂性和动态性，促进产业链的自组织和涌现，强化产业链的共同演化。因此，运用复杂自适应系统理论研究产业链安全与韧性具有重要意义。我们将从以下几个方面分析大数据运用于产业链安全与韧性的模式，并结合案例进行说明。

（一）利用大数据分析产业链的复杂性和动态性

利用大数据分析产业链的复杂性和动态性是运用复杂自适应系统理论研究产业链安全与韧性的有效方法之一。简单地说，复杂自适应系统是由多个具有适应能力的主体组成的复杂系统，这些主体可以与环境和其他主体进行非线性的相互作用，从而产生系统的自组织和涌现。也就是说，复杂自适应系统是一种能够根据外界变化而调整自身行为和策略，从而实现系统稳定和

发展的系统。类似地，产业链也是一种复杂的自适应系统，它由多个具有适应能力的主体组成，这些主体可以与环境和其他主体进行非线性的相互作用，从而形成产业链的结构、功能和演化规律。换句话说，产业链是一种能够根据外界变化而调整自身行为和策略，从而实现产业链创新升级和质量提升的系统。而大数据作为一种新要素、新模式、新产业、新业态，为分析产业链的复杂性和动态性提供了新动力。利用大数据可以帮助产业链中的主体更好地感知和理解产业链的内部结构和外部环境，发现产业链中的关键节点、薄弱环节、潜在风险和机遇，制定更合理的决策和策略。因此，大数据可以通过以下几个方面实现这一目标：

首先，大数据分析可以提高信息获取和处理能力。大数据就像一双敏锐的眼睛，无时无刻不在通过各种传感器、网络、平台等手段，收集和整合海量的结构化和非结构化数据。这些数据涵盖了产业链中各个主体的生产、流通、消费等各个环节和各个层面的信息，从而为产业链提供了全面、准确、及时的信息支持。这些信息让产业链中的主体清楚自身在产业链中的位置、角色、贡献和影响，以及与其他主体之间的联系、依赖和竞争，从而提高自身的适应能力和协同能力。例如，在智能制造领域，大数据可以实现对生产过程中的设备状态、产品质量、能耗效率等信息的实时监测和分析，从而提高生产效率和质量，降低成本和风险。

其次，大数据分析可以提高知识挖掘和创新能力。大数据就像一把锐利的刀，无惧于对收集到的数据进行深度分析和挖掘，揭示出产业链中隐藏的规律、模式、趋势等知识，从而为产业链提供了有价值、有意义、有洞察力的知识支持。这些知识让产业链中的主体发现自身在产业链中存在的问题和挑战，以及潜在的机会和优势，从而提高自身的创新能力和竞争能力。比如，在电商领域，大数据可以实现对消费者行为、偏好、需求等信息的精准分析和预测，从而提供个性化的推荐和服务，增加用户满意度和忠诚度。

最后，大数据分析可以提高预测评估和优化能力。大数据就像一个智慧的大脑，不断地对产业链中可能发生的变化和影响进行预测评估，从而为产业链提供了科学、合理、有效的预测评估支持。同时，大数据还可以通过各种调控、协同等手段，对产业链中存在的问题和挑战进行优化解决，从而为产业链提供了协同、创新的优化支持。例如，在交通领域，大数据可以实现对交通流量、路况、事故等信息的实时监测和预警，从而提供最优的路线规划和导航服务，减少拥堵和延误。

（二）利用大数据优化产业链的自组织和涌现

复杂自适应系统是由多个具有适应能力的主体组成的复杂系统，这些主体可以根据环境变化和内部反馈进行自我调整和学习，从而实现系统的自组织和涌现。就像一个生命体一样，产业链也是一种典型的复杂自适应系统，其自组织和涌现表现在产业链中的主体通过数据共享和协作平台实现更高效的信息交流和资源整合，形成更紧密的合作关系和更优化的价值创造，实现产业链的创新升级和质量提升。显然，大数据作为一种新生产要素，为优化产业链的自组织和涌现提供了新动力。利用大数据可以促进产业链中的主体通过数据共享和协作平台实现更高效的信息交流和资源整合，形成更紧密的合作关系和更优化的价值创造，实现产业链的创新升级和质量提升。具体而言，大数据可以通过以下几个方面实现这一目标：

首先，促进信息共享。大数据就像一座桥梁，可以通过各种传感器、网络、平台等手段，实时收集和整合海量的结构化和非结构化数据，涵盖了产业链中各个主体的生产、流通、消费等各个环节和各个层面的信息，从而为产业链提供了全面、准确、及时的信息支持。这些信息可以在产业链中进行共享和交换，降低信息不对称和交易成本，增强信息透明度和信任度，提高协同效率和效果。比如，在农业领域，大数据可以实现对农作物的种植、收获、加工、运输、销售等信息的实时共享，从而提高农业生产的质量和效率，增加农民的收入和福利。

其次，促进资源整合。大数据就像一把钥匙，可以通过各种算法、模型、工具等手段，对收集到的数据进行深度分析和挖掘，揭示出产业链中隐藏的规律、模式、趋势等知识，从而为产业链提供了有价值、有意义、有洞察力的知识支持。这些知识可以在产业链中进行整合和利用，优化资源配置和利用效率，激发资源潜能和价值，促进资源互补和协同。比如，在医疗领域，大数据可以实现对医疗资源的优化配置，如医生、药品、设备等，从而提高医疗服务的质量和效率，降低医疗成本和风险。

再次，促进合作关系。大数据就像一根绳子，可以通过各种仿真、预测、评估等手段，对产业链中可能发生的变化和影响进行预测评估，从而为产业链提供了科学、合理、有效的预测评估支持。同时，大数据还可以为产业链提供协同、创新的优化支持。这些支持可以在产业链中形成正向反馈机制，增强合作意愿和能力，形成稳定而灵活的合作关系。比如，在教育领域，大数据可以实现对教育资源的优化分配，如教师、课程、教材等，从而提高教育质量和效果，促进教育公平和发展。

最后，促进价值创造。大数据就像一盏灯，可以通过各种创新、变革、转型等手段，对产业链中的产品、服务、模式、业态等进行创新升级，从而为产业链提供了创新、变革、转型的创新支持。这些支持可以在产业链中形成涌现效应，推动产业链的质量提升和价值增长，实现产业链的优化升级和可持续发展。比如，在金融领域，大数据可以实现对金融产品和服务的创新设计和推广，如移动支付、网上银行、区块链等，从而提高金融效率和安全性，扩大金融覆盖面和普惠性。

（三）利用大数据增强产业链的共同演化

共同演化是指产业链中的主体在相互作用和竞争合作中，不断适应环境变化，实现自我进化和协同进化，从而推动产业链的整体进化。也就是说，共同演化是一种动态的、非线性的、非均衡的、非确定的过程，它涉及产业链中的主体之间的相互影响和相互适应。类似地，大数据也是一种动态的、非线性的、非均衡的、非确定的要素，它涉及产业链中的主体之间的信息交流和资源整合。换句话说，大数据是一种促进产业链共同演化的新动力。利用大数据可以增强产业链中的主体的学习能力、创新能力、协调能力和适应能力，促进产业链中的主体之间的信息共享、资源整合、合作关系和价值创造，实现产业链的创新升级和质量提升。具体而言，大数据可以通过以下几个方面实现这一目标：

首先，增强学习能力。大数据可以为产业链中的主体提供丰富的知识和信息，帮助其了解自身的优势和劣势，以及外部的机会和威胁，从而提高其对环境变化的感知和预判能力，增强其自我调整和优化的能力，实现自我学习和进化。比如，在旅游领域，大数据可以实现对旅游者行为、偏好、需求等信息的分析和挖掘，从而提供个性化的旅游产品和服务，增加旅游者满意度和忠诚度。

其次，增强创新能力。利用大数据可以为产业链中的主体提供多样的选择和可能性，激发其对产品、服务、模式、业态等方面的创新思维和行动，增强其对市场需求和用户体验的关注和满足能力，实现自我创新和变革。比如，在零售领域，大数据可以实现对零售产品和服务的创新设计和推广，如智能货架、无人超市、社交电商等，从而提高零售效率和品质，扩大零售覆盖面和影响力。

再次，增强协调能力。大数据可以为产业链中的主体提供高效的平台和工具，促进其在数据共享、资源整合、价值分配等方面的沟通和协商，增强其对合作伙伴和竞争对手的信任和理解能力，实现自我协调和优化。比如，在物流领域，大数据可以实现对物流资源的优化配置，如车辆、仓库、路线等，从而提高物流速度和安全性，降低物流成本和风险。

最后，增强适应能力。大数据可以为产业链中的主体提供科学的指导和建议，帮助其在面对不确定性和复杂性时做出合理的决策和应对，增强其对风险和挑战的抵御和克服能力，实现自我适应和恢复。比如，在能源领域，大数据可以实现对能源供需、价格、质量等信息的实时监测和预测，从而提供最优的能源方案和服务，保障能源稳定和可靠。简言之，利用大数据增强产业链的共同演化是运用复杂自适应系统理论研究产业链创新升级和质量提升的有效方法之一。大数据可以增强产业链中的主体的学习能力、创新能力、协调能力和适应能力，促进产业链中的主体之间的信息共享、资源整合、合作关系和价值创造，实现产业链的创新升级和质量提升。

二、基于动态能力理论的模式分析

动态能力理论是由戴维·蒂斯（Teece）和皮萨诺（Pisano）于 1994 年首次提出的，用于解释企业如何在快速变化的环境中，通过整合、构建、重新配置内外部资源和能力，生成一种新能力，使其适应或塑造环境变化。该理论引起了许多学者的关注和发展，他们从不同的角度和层次对动态能力进行了界定、分类、测量和应用，形成了一个多元化和多层次的理论体系。在中国，也有一些学者对动态能力理论进行了本土化的探讨和应用，他们结合中国企业的实际情况，为理论的发展和实践做出了有益的贡献。

动态能力理论认为，企业要实现持续的竞争优势，不仅要拥有有价值、稀缺、不可模仿和不可替代的资源，还要拥有感知、学习、创新和变革的能力。这四种能力是动态能力理论的核心要素，分别指对产业链内外部环境变化的敏锐识别和快速反应能力、对外部知识和技术的有效获取和利用能力、对产业链创新的探索和实践能力、对产业链变革的引领和推动能力。在大数据背景下，产业链安全与韧性问题需要企业具备高度的动态能力，以应对不断变化的市场需求、技术进步、竞争压力等。大数据可以为企业提供海量、高速、多样、价值和可信的数据资源，也可以为企业提供感知、学习、创新和变革的数据能力，从而帮助企业提升其动态能力，增强产业链安全与韧性。因此，动态能力理论是研究大数据对产业链安全与韧性影响的一个重要理论框架。

（一）大数据提升企业感知能力

感知能力是对产业链内外部环境变化的敏锐识别和快速反应能力，是动态能力理论的核心要素之一。大数据通过数据采集、数据分析、数据决策和数据反馈构建一个“感知—思考—响应—反馈优化”的闭环，使企业能够快速、准确、灵活地适应或感知产业链环境变化，提高其竞争力和创新绩效。同时，大数据技术也可以帮助企业沉淀和积累产业链相关的知识和经验，形成自己的核心能力。

首先。通过各种智能硬件设备、互联网技术、物联网技术等手段，在任何时间任何地点，大数据可以实时、全面、准确地采集产业链内外部的各种数据，如市场需求、竞争态势、技术进步、政策法规、风险隐患等，为企业提供丰富的数据资源，以便让企业看到产业链的方方面面，捕捉到每一个细微的变化。

其次，利用机器学习、统计分析、分布式处理等先进的技术手段进行数据分析是大数据赋能企业感知能力的方面之一。大数据可在最短的时间内，对采集来的数据进行深度挖掘和智能处理，从而形成对产业链环境变化的洞察和判断，为企业提供有价值的数据信息，让企业理解产业链的规律和趋势，发现每一个机会和挑战。

再次，大数据可以通过建立模型算法，对分析得到的数据信息进行优化和整合，从而形成对产业链机会或挑战的响应方案，为企业提供有效的数据指导，让企业把握产业链的主动权和优势，应对每一个变数和风险。

最后，根据决策执行的结果，大数据可以通过通信设备、互联网技术、物联网技术等手段，实时监测和评估响应效果，为企业提供及时的数据反馈，让企业感受产业链的脉搏和状态，调整每一个步骤和策略。

大数据提升企业感知能力的模式如图 5-1 所示。

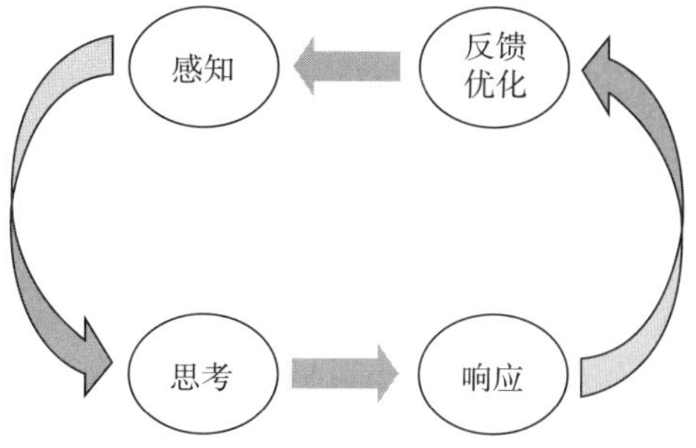

图 5-1 大数据提升企业感知能力

（二）大数据提升企业学习能力

在大数据背景下，企业可以利用大数据技术提高其学习能力，这是对外部知识和技术的有效获取和利用能力，也是动态能力理论的核心要素之一。通过这种方式，企业可以提升产业链安全与韧性。具体来说，大数据技术可以帮助企业实现以下几个方面：数据获取、数据整合、数据应用和数据反馈。通过以上四个环节，大数据技术可以构建一个“获取—整合—应用—反馈”的闭环，使企业能够快速、广泛、深入地学习产业链相关的知识和技术，并将其转化为自己的竞争优势和创新动力。同时，大数据技术也可以帮助企业形成自己的学习文化和氛围，激发员工的学习热情和创造力。

大数据技术可以为企业提供一个完整的学习流程，从获取知识和技术，到整合、应用和反馈，从而实现产业链创新。首先，它可以利用互联网、物联网、云计算等手段，在任何时间任何地点实时、广泛、低成本地获取产业链相关的各种知识和技术，如专利、论文、标准、案例、教程等，为企业提供丰富的学习资源。其次，它可以利用数据清洗、数据融合、数据仓库等技术，在最短的时间内对获取的知识和技术进行有效的整合和存储，从而形成企业自己的知识库和技术库，为企业提供便捷的学习平台。再次，它可以利用机器学习、人工智能、自然语言处理等技术，在最佳的时机和场景下对知识库和技术库中的内容进行智能分析和推荐，从而帮助企业快速找到适合自己的知识和技术，并将其应用到产业链创新中，为企业提供高效的学习方式。最后，它可以利用数据挖掘、数据可视化、数据评估等技术，在最真实的环境和条件下对知识和技术的应用效果进行实时监测和评价，并根据反馈结果进行调整和优化，从而帮助企业不断完善自己的知识体系和技术体系，为企业提供持续的学习动力。

大数据提升企业学习能力的模式如图 5-2 所示。

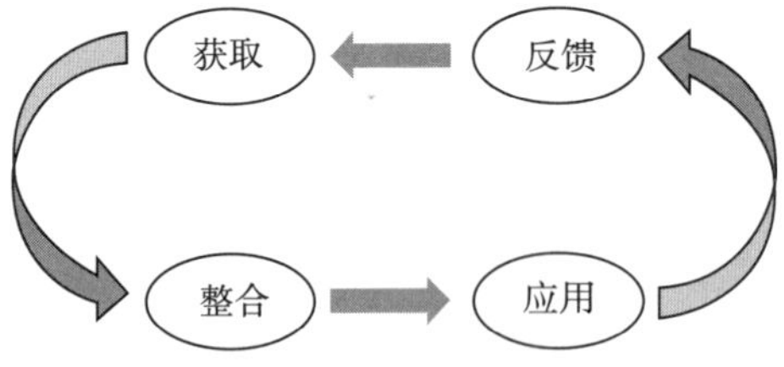

图 5-2　大数据提升企业学习能力

（三）大数据提升企业创新能力

创新能力是企业在不断变化的环境中，开发、引进、吸收和利用新技术、新产品、新工艺、新模式的能力，是动态能力理论的四力之一，是企业保持竞争优势和应对市场变化的核心要素。大数据的运用将提升企业创新能力，从而加强所在产业链的安全与韧性。首先，在创新决策方面，大数据通过开发创新、引进创新、吸引创新和利用创新来提升企业创新能力，进而强化产业链安全与韧性。

在该模式下，大数据可以通过对内部数据和外部数据的收集、整合、清洗和存储，为企业提供更丰富、更多样、更实时的创新源泉，帮助企业扩大创新范围，增加创新储备，降低创新成本。其次，大数据可以为企业提供更深入、更精准、更直观的创新理解，帮助企业消化吸收创新，提高创新质量，增强创新效用，进而吸引和引进创新。最后，大数据通过对海量数据的模型构建、算法设计和模拟验证，为企业提供更创新、更前沿、更突破的创新创造，帮助企业生成新知识，形成新优势。

（四）大数据提升企业变革能力

变革能力作为动态能力理论的四力之一，其体现了企业在不断变化的环境中，调整、优化和创新自身的组织结构、管理模式、业务流程和产品服务的水平，是企业应对风险挑战和把握发展机遇的关键要素。具体来说，大数据技术可以帮助企业实现以下几个方面的变革：

首先，是实现组织结构变革。通过对内部组织和外部环境的实时监测、分析和预测，为企业提供更灵敏、更精准、更智能的组织结构设计，大数据可以帮助企业打破传统的层级式、功能式或项目式的组织形式，构建更扁平化、更网络化、更模块化的组织形式。

其次，在管理模式的变革也是大数据赋能企业变革能力的体现，一方面，数据的挖掘、协作、共享等机制将为企业提供更开放的创新型管理模式；另一方面，大数据将采用更基于数据、参与者或价值的管理方式，帮助企业摒弃传统的经验主义、权威主义或规范主义的管理方式。

最后，大数据将赋能企业业务流程，带来业务模式的变革。一方面，大数据可以通过对复杂数据的处理、优化和可视化，为企业提供更高效、更灵活、更优质的业务流程；另一方面，大数据可以通过智能化、自动化等技术，帮助企业改进原有的生产制造、营销销售或服务支持等业务流程。

三、基于被动策略理论的模式分析

被动策略理论最初是约翰·伯格（John C. Bogle）于1975年创立了第一只指数基金——先锋500指数基金时提出的，该理论是基于效率市场理论，认为市场价格已经充分反映了所有已知信息，因此很难通过主观预测或技术分析来战胜市场，因此按照某个市场指数构建投资组合，并长期持有的投资策略。被动策略理论后来被引入其他领域，如管理、决策、规划等，是指在面对复杂、不确定、不可控的环境时，采取保守、稳健、适应性的行为，以避免过度干预或过度优化。而这种策略是基于信息不对称和不确定性理论，即认为决策者往往缺乏完整和准确的信息，因此难以做出最优或最佳的选择。

被动策略理论在不同领域的应用和发展，也反映了人类认知和行为的演化过程。从最初的信任市场，到后来的怀疑市场，再到现在的适应市场，人类逐渐从盲目自信到谨慎怀疑，再到灵活适应，以应对日益复杂和变化的环境。基于上述对被动策略理论的理解，我们尝试在大数据背景下运用被动策略理论对产业链安全与韧性的模式进行分析。

在信息技术的发展和应用推动下，数据量、数据类型、数据来源、数据处理和数据价值等方面发生了巨大变化。在此种大数据背景下，产业链面临着更多的机遇和挑战，如信息共享、创新驱动、智能化升级、风险防控等。因此，运用被动策略理论在分析产业链安全与韧性的模式时，不仅要考虑产业链本身的结构、功能、流程等要素，还要考虑产业链所处的环境、市场、政策等因素，并根据不同情境选择合适的被动策略来应对风险和不确定性。

随着新一轮科技革命和产业变革的深入推进，大数据正在成为影响工业经济发展和工业安全保障的重要生产要素。大数据不仅可以提高产业链的效率、质量和创新能力，还可以增强产业链的适应性、协同性和抗冲击能力，从而构建更加安全与韧性的产业链体系。为了有效利用大数据的价值，提升产业链安全与韧性，我们基于被动策略理论中的资产池策略、分散化投资策略和指数化投资策略，提出以下模式分析：

（一）数据资源池化

数据资源池化是一种基于被动策略理论的数据管理模式，它与传统的主动策略理论有着明显的区别。主动策略理论认为，产业链各主体应该根据自身的目标和需求，主动收集和分析数据，寻求最优化的解决方案，并及时调整和更新。这种模式虽然可以提高数据资源的针对性和灵活性，但也会增加信息收集和处理的难度和复杂度，同时也会增加因为人为干预或误操作而导致的风险。数据资源池化则是一种更加简单和稳定的数据管理模式。它认为，产业链各主体应该根据市场或行业的普遍规律和标准，构建自己的数据资源池，并长期持有和共享。这种模式虽然不能保证数据资源的最优化或最适合，但可以保证数据资源的充分利用和共享，同时也可以避免因为过度干预或优化而导致的风险。

数据资源池化有利于产业链安全与韧性的提升，主要表现在以下几个方面：首先，数据资源池化可以降低信息收集和处理的成本。由于产业链各主体不需要根据自身的特殊需求进行大量的数据收集和分析，而是按照市场或行业的普遍规律和标准进行数据资源池的构建和维护，因此可以节省大量的人力、物力、财力等资源。其次，数据资源池化可以提高数据资源的利用效率。由于产业链各主体都拥有相同或相似的数据资源池，并且可以进行数据交换和共享，因此可以实现数据资源的最大化利用和价值创造。最后，数据资源池化可以避免因为过度干预或优化而导致的风险。由于产业链各主体不需要对数据资源进行过多的干预或优化，而是按照市场或行业的普遍规律和标准进行数据资源池的构建和维护，因此可以避免因为人为误判或失误而导致的数据资源的损坏或丢失。综上所述，数据资源池化是一种基于被动策略理论的数据管理模式，它可以降低信息收集和处理的成本，提高数据资源的利用效率，同时避免因为过度干预或优化而导致的风险。这种模式有利于产业链安全与韧性的提升，是一种适应大数据时代的数据管理模式。

（二）数据资源多元化

基于数据资源多样性原则，数据资源多元化成为一种重要的数据管理模式，其不同于传统的数据资源单一化或同质化。过去，数据资源单一化或同质化认为产业链各主体应该选择一种或几种类型、来源、领域、层级的数据作为自己的核心数据资源，并以此为基础进行数据分析和决策。虽然此模式可以提高数据资源的简洁性和一致性，但也会忽视或排除其他类型、来源、领域、层级的数据，从而导致数据资源的局限性和片面性。而数据资源多元化则是一种更加开放和包容的数据管理模式。即产业链各主体应该在保证数据质量和安全的前提下，尽可能涵盖不同类型、来源、领域、层级的数据，并将其整合成一个全面反映产业链运行状况和发展趋势的数据集合。这种模式虽然不能保证每一种类型、来源、领域、层级的数据都是最优或最适合的，但可以保证数据资源的完整性和多维性。

例如，某电商平台可以从不同渠道和角度收集和分析消费者、商家、产品、物流、支付等方面的数据，形成一个涵盖整个电商产业链的数据资源多元化。这样可以更好地了解和满足消费者的需求和偏好，提升商家的服务和竞争力，优化产品的设计和质量，提高物流的速度和安全，保障支付的便捷和安全，同时减少因为数据缺失或错误而导致的损失或纠纷。

数据资源多元化是产业链数据资源管理的重要方面，它可以从多个维度提高数据资源的质量和价值。首先，数据资源多元化可以增强数据资源的代表性，因为产业链各主体涵盖了不同类型、来源、领域、层级的数据，并将其整合成一个全面反映产业链运行状况和发展趋势的数据集合，从而更好地反映产业链各环节和整体的实际情况和变化趋势。其次，数据资源多元化可以增强数据资源的可靠性，因为通过对比和验证不同类型、来源、领域、层级的数据之间的一致性和差异性，可以提高数据资源的准确性和有效性。最后，数据资源多元化可以减少因为单一或偏颇的数据而导致的误判或失误，可以避免因为依赖或偏重某一种类型、来源、领域、层级的数据而导致的数据资源不全面或不客观。综上所述，数据资源多元化是提升产业链数据资源管理水平和效果的关键因素。

（三）数据分析指数化

数据分析指数化是一种基于效率市场理论的数据分析模式，其认为产业链各主体应该根据市场或行业的普遍规律和标准，构建自己的数据分析模型，并长期跟踪和评估。其核心思想是，产业链各主体不需要对数据进行过多的干预或优化，而是按照市场或行业的普遍规律和标准进行数据分析模型的构建和维护。这样既可以保证数据分析的简洁性和一致性，又避免因为过度复杂或灵活的数据分析模型而导致的不稳定或不一致。数据分析指数化的具体做法是，产业链各主体根据某个行业或领域的核心指标或关键要素构建自己的数据分析模型，并长期跟踪和评估。这样可以简化数据分析过程，提高数据分析效果，同时实现数据分析结果的最大化利用和价值创造。

数据分析指数化有利于产业链安全与韧性的提升。它可以降低信息收集和处理的成本，提高数据资源的利用效率，同时避免因为过度干预或优化而导致的风险。它也可以增强数据资源的代表性和可靠性，同时减少因为单一或偏颇的数据而导致的误判或失误。它还可以更有效地评估和改进产业链各环节和整体的质量和效果，提高产业链的适应性、协同性和抗冲击能力。

第六章　大数据背景下产业链安全与韧性的提升路径探索

大数据技术作为一种新型的信息技术，可以为各产业链企业提供更加精准和实时的决策支持，能够多方面提升产业链安全与韧性。本章第一节首先对产业链安全与韧性的主要影响因素及提升路径进行总体分析，其次在余下四节对产业链安全与韧性的四个能力的提升路径逐个进行分析与探索。

第一节　大数据提升产业链安全与韧性的路径

一、产业链安全与韧性的主要影响因素

产业链安全与韧性是产业发展的两个重要方面，它们相互影响、相互促进，共同决定了产业链的竞争力和可持续性。影响产业链安全与韧性的因素很多，可以从企业能力、行业规范、国际合作等方面进行分析。

（一）企业能力

企业能力是指企业在生产经营活动中所具备或需要具备的各种能力，如管理能力、财务能力、创新能力等。企业能力对其在产业链中所处地位和作用有重要影响，主要表现在以下几个方面：

1. 管理能力

管理能力是指企业在组织、协调、控制、优化等方面的能力，如战略管理、人力资源管理、供应链管理等。管理能力对产业链安全与韧性有重要影响，如提高生产效率和质量、降低生产成本和风险、增强应对变化和冲击的能力等。根据经济学原理，管理能力会导致生产函数上移，并且变得更平缓，从而使生产效率和总要素生产率提高，影响经济增长和社会福利。例如，在2020年新冠疫情期间，一些企业通过灵活的供应链管理和危机管理，有效地保障了生产和供应的稳定和安全。

2. 财务能力

财务能力是指企业在筹集、分配、使用资金等方面的能力，如资本结构、融资渠道、现金流等。财务能力对产业链安全与韧性有重要影响，如保障生产投入和回报、抵御市场波动和风险、支持创新投入和扩张等。根据经济学原理，财务能力会影响企业的资本成本和资本预算，并通过财务杠杆效应影响企业的盈利水平和风险水平。例如，在2018年以来，美国对中国实施了多轮加征关税措施，给中美两国以及全球多个产业链造成了巨大损害，一些企业通过强大的财务能力，有效地缓解了贸易摩擦带来的压力和损失。

3. 创新能力

创新能力是指企业在开发、引进、应用新技术或新产品等方面的能力，如研发投入、专利申请、市场占有等。创新能力对产业链安全与韧性有重要影响，如提升产品竞争力和附加值、适应市场需求和变化、领导行业发展和变革等。根据经济学原理，创新能力会导致需求曲线向右移动，并且变得更平缓，从而使市场均衡价格上升，市场均衡数量增加，并可能引发结构性失衡和外部性问题。例如，近年来，随着我国科技创新战略的深入实施，我国在5G通信技术、人工智能技术、高铁技术等领域取得了突破性进展，推动了相关产业链的安全与韧性提升。

（二）行业规范

行业规范是指行业内部或外部所制定或遵守的各种规则或标准，如质量标准、安全标准、道德标准等。行业规范对其在产业链中所处地位和作用有重要影响，主要表现在以下几个方面：

1. 质量标准

质量标准是指对产品或服务的质量水平或特征进行规定或评价的标准，如国家标准、行业标准、企业标准等。质量标准对产业链安全与韧性有重要影响，如保障产品或服务的可靠性和满意度、增强消费者或客户的信任和忠诚度、提高市场竞争优势和份额等。根据经济学原理，质量标准会导致需求曲线向右移动，并且变得更陡峭，从而使市场均衡价格上升，市场均衡数量增加，并可能引发结构性失衡和外部性问题。例如，近年来，随着我国质量强国战略的深入实施，我国对各个行业的质量标准进行了修订和完善，提高了我国产品或服务的质量水平和国际竞争力。

2. 安全标准

安全标准是指对产品或服务的安全性能或特征进行规定或评价的标准，如国家标准、行业标准、企业标准等。安全标准对产业链安全与韧性有重要影响，如保障产品或服务的安全性和合法性、降低生产或消费的风险和损失、增强社会公众或利益相关者的信任和支持等。根据经济学原理，安全标准会导致供给曲线向左移动，并且变得更平缓，从而使市场均衡价格上升，市场均衡数量下降，并可能引发结构性失衡和外部性问题。例如，近年来，随着我国食品安全法等相关法律法规的制定和执行，我国对食品行业的安全标准进行了修订和完善，提高了我国食品的安全水平和社会信誉。

3. 道德标准

道德标准是指对企业在生产经营活动中遵守道德规范或原则的要求或评价，如诚信经营、公平竞争、尊重消费者等。道德标准对产业链安全与韧性有重要影响，如保障企业的声誉和形象、增强消费者或客户的信任和忠诚度、提高市场竞争优势和份额等。根据经济学原理，道德标准会导致需求曲线向右移动，并且变得更陡峭，从而使市场均衡价格上升，市场均衡数量增加，并可能引发结构性失衡和外部性问题。例如，近年来，随着我国社会主义核心价值观的深入人心，我国对各个行业的道德标准进行了修订和完善，提高了我国企业的道德水平和社会责任感。

（三）国际合作

国际合作是指国际间进行的各种形式和层次的合作，如贸易合作、技术合作、标准合作等。国际合作对其在产业链中所处地位和作用有重要影响，主要表现在以下几个方面：

1. 贸易合作

贸易合作是指国际间进行的商品或服务的交换或购买的合作，如自由贸易协定、区域贸易协定、多边贸易体制等。贸易合作对产业链安全与韧性有重要影响，如扩大市场需求和供应、降低贸易成本和壁垒、增加贸易利润和竞争力等。根据经济学原理，贸易合作会导致需求曲线向右移动，并且变得更平缓，从而使市场均衡价格下降，市场均衡数量增加，并可能引发结构性失衡和外部性问题。例如，近年来，随着“一带一路”倡议的深入推进，我国与沿线国家和地区开展了广泛而深入的贸易合作，推动了相关产业链的安全与韧性提升。

2. 技术合作

技术合作是指国际间进行的技术开发、引进、转让、应用等方面的合作，如技术援助、技术转让、技术联盟等。技术合作对产业链安全与韧性有重要影响，如提高技术水平和创新能力、适应技术变化和需求变化、领导技术发展和变革等。根据经济学原理，技术合作会导致供给曲线向右移动，并且变得更平缓，从而使市场均衡价格下降，市场均衡数量增加，并可能引发结构性失衡和外部性问题。例如，近年来，随着我国科技创新能力的不断提升，我国与发达国家和发展中国家开展了多层次、多领域、多形式的技术合作，推动了相关产业链的安全与韧性提升。

3. 标准合作

标准合作是指国际间进行的标准制定、推广、实施等方面的合作，如国际标准、区域标准、行业标准等。标准合作对产业链安全与韧性有重要影响，如保障产品或服务的质量和安全、降低标准差异和冲突、增加标准影响力和竞争力等。根据经济学原理，标准合作会导致需求曲线向右移动，并且变得更平缓，从而使市场均衡价格下降，市场均衡数量增加，并可能引发结构性失衡和外部性问题。例如，近年来，随着我国在5G通信技术、高铁技术等领域的领先地位，我国与国际标准化组织和相关国家开展了积极而有效的标准合作，推动了相关产业链的安全与韧性提升。

二、产业链安全与韧性的提升路径

提高产业链安全与韧性水平，不仅需要分别采取相应的措施，还需要协同采取相应的措施，实现安全与韧性的相互支持和相互促进。本节将从整合资源、优化结构、创新模式三个方面分析产业链安全与韧性的协同提升路径。

（一）整合资源

整合资源是通过整合产业链中各个环节的资源优势，实现资源的最大化利用和最优化配置，提高产业链的效率和效益，从而保障产业链安全与韧性的重要手段。具体措施包括：

1. 整合上下游资源

通过整合产业链中上下游环节的资源，实现资源的互补和共享，提高产业链的供需匹配和价值创造。上下游资源整合是指在产业链中，通过横向或纵向的合作方式，实现上游企业提供原材料、技术、设备等生产要素，下游企业提供市场、渠道、品牌等销售要素，以及中间环节企业提供加工、组装、物流等服务要素的有效对接。上下游资源整合可以增强产业链各环节之间的协作能力和响应速度，降低交易成本和库存风险，提高产品质量和客户满意度，增加产品附加值和利润空间。例如，在汽车制造行业，通过建立紧密型供应商关系，实现原材料、零部件、整车等上下游环节的资源整合，可以有效缩短生产周期，降低库存成本，提高产品质量和市场竞争力。

2. 整合横向资源

通过整合产业链中同级或相邻环节的资源，实现资源的扩张和扩散，提高产业链的规模效应和网络效应。横向资源整合是指在产业链中，通过并购、联盟、共建等方式，在同一或相邻环节内实现规模扩大或范围拓展。横向资源整合可以增强产业链各环节之间的竞争力和影响力，扩大市场份额和覆盖面，降低生产成本和价格敏感度，提高技术水平和创新能力，增加产品多样性和差异化优势。例如，在电子信息行业，通过跨国并购或跨地区联盟等方式，在芯片设计、制造、封装等横向环节内实现资源整合，可以有效突破技术瓶颈，降低技术依赖度，提高产品性能和市场占有率。

3. 整合跨界资源

通过整合产业链中跨行业或跨地区的资源，实现资源的拓展和多元化，提高产业链的竞争力和抗风险能力。跨界资源整合是指在产业链中，通过跨越行业界限或地域界限的方式，在不同行业或地区之间实现资源共享或转移。跨界资源整合可以增强产业链各环节之间的协同效应和创新效应，拓宽市场空间和发展机会，降低行业壁垒和政策风险，提高产品功能和用户体验，增加产品价值和社会效益。例如，在新能源汽车行业，通过与互联网、电信、金融等跨行业企业进行资源整合，可以有效打造智能网联汽车平台，提供智能驾驶、车联网、车险服务等多元化产品和服务；通过与国内外不同地区企业进行资源整合，可以有效拓展海外市场，并借鉴国外先进经验和技术。

（二）优化结构

通过优化产业链中各个环节的结构特征，实现结构的合理化和均衡化，提高产业链的稳定性和协调性。具体措施包括：

1. 优化供应结构

通过优化产业链中供应环节的结构，实现供应数量、质量、时间、地点等方面的最佳匹配，提高供应效率和满意度。供应结构是指在产业链中供给端所形成的以原材料、零部件、设备等为主要内容的结构组织。供应结构优化是指根据市场需求变化及时调整供给端各要素之间的比例关系及配置方式。供应结构优化可以增强供给端对需求端变化的适应能力和预测能力，减少供需失衡或错配导致的浪费或损失，提高供给端对需求端满足程度及反馈速度。例如，在服装制造行业，通过采用快速反应、精益生产等方式，实现原材料、设计、生产、物流等环节的紧密协调，缩短产品从设计到上市的周期，提高产品质量和市场适应性。

2. 优化需求结构

通过优化产业链中需求环节的结构，实现需求类型、规模、特征、变化等方面的最佳匹配，提高需求满足度和忠诚度。需求结构是指在产业链中需求端所形成的以消费者、客户、市场等为主要内容的结构组织。需求结构优化是指根据供给端能力变化及时调整需求端各要素之间的比例关系及配置方式。需求结构优化可以增强需求端对供给端变化的适应能力和预测能力，减少需求过剩或不足导致的损失或风险，提高需求端对供给端满意程度及忠诚度。例如，在智能手机行业，通过采用个性化定制、差异化竞争等方式，实现消费者、客户、市场等环节的精准定位，满足不同层次和类型的用户需求，提高用户体验和品牌忠诚度。

3. 优化关系结构

通过优化产业链中关系环节的结构，实现关系强度、密度、复杂度、多样性等方面的最佳匹配，提高关系质量和稳定性。关系结构是指在产业链中各个环节之间所形成的以合作、竞争、信任等为主要内容的结构组织。关系结构优化是指根据产业链发展目标及时调整各个环节之间的合作方式及竞争规则。关系结构优化可以增强各个环节之间的协作能力和竞争力，减少冲突或矛盾导致的损害或危机，提高各个环节之间的信任程度及合作效果。例如，在电子商务行业，通过采用平台模式、共享模式等方式，实现平台方、商家方、消费者方等环节的有效连接，建立公平透明的交易规则和评价机制，提高交易效率和安全性。

（三）创新模式

通过创新产业链中各个环节的运行模式，实现模式的先进化和差异化，提高产业链的创新力和领先性。具体措施包括：

1. 创新生产模式

通过创新产业链中生产环节的运行模式，实现生产方式、工艺、技术等方面的突破和革新，提高生产质量和效率。生产模式是指在产业链中生产端所采用的以生产组织、生产流程、生产技术等为主要内容的运行方式。生产模式创新是指根据市场竞争变化及时引入新技术、新工艺、新方法改变生产端各要素之间的组合方式。生产模式创新可以增强生产端对市场变化的响应能力和领先能力，减少生产成本和资源消耗，提高产品性能和品质，增加产品创新和差异化优势。例如，在制药行业，通过采用大数据、人工智能等技术，实现药物研发、生产、检测等环节的智能化、数字化、自动化，提高药物研发成功率和生产效率，降低药物研发成本和风险。

2. 创新经营模式

通过创新产业链中经营环节的运行模式，实现经营理念、策略、组织等方面的突破和革新，提高经营效果和收益。经营模式是指在产业链中经营端所采用的以经营目标、经营方式、经营机制等为主要内容的运行方式。经营模式创新是指根据市场需求变化及时调整经营端各要素之间的关系及配置方式。经营模式创新可以增强经营端对市场需求的满足能力和领导能力，减少经营风险和不确定性，提高经营效率和收益率，增加经营创新和竞争优势。例如，在教育行业，通过采用在线教育、混合教学等方式，实现教育内容、形式、渠道等环节的多样化、个性化、互动化，提高教育质量和覆盖面，降低教育成本和门槛。

3. 创新服务模式

通过创新产业链中服务环节的运行模式，实现服务内容、形式、渠道等方面的突破和革新，提高服务水平和满意度。服务模式是指在产业链中服务端所采用的以服务对象、服务方式、服务价值等为主要内容的运行方式。服务模式创新是指根据市场变化及时引入新技术、新方法、新理念改变服务端各要素之间的组合方式。服务模式创新可以增强服务端对客户需求的理解能力和满足能力，减少服务成本和时间，提高服务质量和效果，增加服务创新和差异化优势。例如，在旅游行业，通过采用虚拟旅游、定制旅游等方式，实现旅游目的地、产品、体验等环节的丰富化、定制化、沉浸化，提高旅游体验和满意度，降低旅游成本和限制。

第二节　大数据提升产业链抵抗能力的路径

一、产业链抵抗能力的意义及重要性

产业链抵抗能力是指在面对各种内外部风险和冲击时，产业链能够保持稳定运行，维持供需平衡，实现高质量发展的能力。产业链抵抗能力对国家和企业都具有重要意义，主要体现在以下两个方面：

对国家而言，提高产业链抵抗能力是保障国家经济安全、实现高质量发展、构建新发展格局的必要条件。在全球化背景下，各国产业链供应链相互依存、相互影响，任何一个环节的风险都可能引发全局性的危机。因此，增强产业链的自主可控能力，解决“卡脖子”问题，形成具有更强创新力、更

高附加值、更安全可靠的产业链供应链，是维护国家经济安全的重要手段。同时，提高产业链抵抗能力也有利于促进产业结构优化升级，推动科技创新和数字化转型，提升国家在全球价值链中的地位和话语权，为实现高质量发展提供坚实支撑。此外，提高产业链抵抗能力还有助于构建以国内大循环为主体、国内国际双循环相互促进的新发展格局，充分发挥我国超大规模市场优势和内需潜力，增强我国经济的韧性和活力。

对企业而言，提高产业链抵抗能力是提升企业核心竞争力、应对市场变化、实现可持续发展的必要途径。在复杂多变的市场环境中，企业面临着来自技术创新、消费需求、政策法规、资源环境等方面的多重挑战和不确定性。因此，提高产业链抵抗能力，就要加强企业自身的创新能力和管理水平，优化产品结构和服务模式，提升产品质量和效率，降低成本和浪费，增加利润和收入。同时，提高产业链抵抗能力也要加强企业间的合作与协调，打造稳定可靠的上下游合作伙伴关系，建立有效的供应链风险预警和应对机制，提升供应链的整体效率和韧性。

因此，提高产业链抵抗能力是当前我国经济社会发展面临的重大课题和战略任务。只有通过深化改革开放，加快关键核心技术攻关，增强产业基础能力和创新引领能力，推动产业链供应链优化升级和稳定运行，才能为我国经济社会发展注入强大动力和活力。

二、产业链抵抗能力的具体体现

随着全球化和信息化的发展，产业链日益复杂多样，也面临着越来越多的风险和挑战。在这种环境下，大数据技术作为一种新型的信息技术，可以为各产业链企业提供更加精准和实时的决策支持，从而提高其抵抗能力。要想通过大数据技术提升产业链抵抗能力，就必须充分把握大数据和产业链抵抗能力二者的含义及内在要求。前面章节已经对大数据的定义、特征、来源、类型、技术应用以及大数据对社会经济发展的影响和挑战进行了较为深刻的剖析，想必读者已经有所了解，故不再赘述。此处着重对产业链抵抗能力进行分析。正如本文前部分提到的，影响产业链安全与韧性的因素众多，那么与之对应的产业链抵抗能力自然也涉及诸多方面。具体而言，如图 6-1 所示，产业链抵抗能力可以被分解为五大模块：

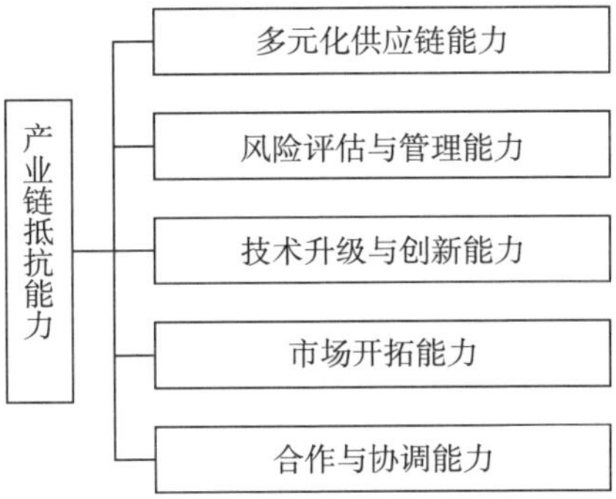

图 6-1　产业链抵抗能力的主要体现

（一）多元化供应链能力

多元化供应链能力是指企业建立多样化的供应渠道，降低对某一特定供应商的依赖程度，从而减少潜在风险的能力。例如，苹果公司在生产 iPhone 时使用了多家供应商，以确保即使一个供应商受到影响，也不会影响整个供应链。这种策略可以有效地避免单一供应商的垄断和供货中断等风险，增强了产业链的韧性和稳定性。

（二）风险评估与管理能力

风险评估与管理能力是指企业对可能影响产业链的各种风险进行评估和管理，制订相应的风险管理计划的能力。例如，在新冠疫情期间，很多公司采取了措施来保护员工健康，同时调整生产和运营计划以适应市场变化。通过制订相应的风险管理计划，企业可以及时发现和应对各种潜在的风险，从而减少对产业链的影响。

（三）技术升级与创新能力

技术升级与创新能力是指企业通过引入最新的技术和进行创新，提高产业链的韧性和适应性的能力。例如，使用智能物流系统来优化供应链管理和货物运输过程，或者采用数字化技术来进行远程办公和在线销售。这些新技术和创新可以使企业更加灵活和高效地操作和管理产业链，增强产业链的创新能力和竞争力。

（四）市场开拓能力

市场开拓能力是指在市场竞争中，准确预测市场需求和变化，制定有效的营销策略和渠道，扩大产品销售和市场占有率，提高客户满意度和忠诚度的能力。要注重市场调研和分析，了解客户需求和偏好，制定差异化和个性化的营销方案，增强产品吸引力和影响力。要积极参与数字经济领域的国际合作，推进信息基础设施的互联互通，在保障数字安全和知识产权的前提下推动数据资源的互通共享和数据技术创新技术的共同开发。

（五）合作与协调能力

合作与协调能力是指具备的与产业链内各方之间的合作与协调，共同应对风险的能力，这也是提高产业链抵抗能力的重要因素。例如，汽车行业的合作伙伴之间可以共同研发新技术，提高产品质量和安全性，从而减少潜在的风险。通过加强产业链内部协作和沟通，企业可以更好地应对外部风险，并共同面对挑战和机遇。

三、提升产业链抵抗能力的具体路径

随着大数据技术在各个产业中的应用不断深入，各产业链也越来越依赖大数据技术来提高自身的竞争力和抵抗能力。然而，从大数据所需技术条件的营造到大数据库的构建再到将大数据技术运用于产业链安全及韧性问题上，均绝非易事。在这个过程中，为了更好地通过大数据技术提升产业链抵抗能力，需要明确几个基本要求：

首先，要实现基于大数据技术的产业链抵抗能力路径，需要一个完整的数据采集、管理和分析系统。这个系统需要涵盖从数据采集、预处理、存储到分析和挖掘等所有环节，同时还要考虑数据的质量、安全和隐私保护等方面。只有建立了一个完整的数据体系，才能够为产业链中的企业和组织提供准确、及时、全面的数据支持，从而帮助它们更好地发现和应对潜在风险。

其次，在数据采集和管理的基础上，需要建立一套有效的风险监测和预警机制。这个机制应该基于大数据技术，通过对各种关键指标的实时监测和分析，及时发现可能存在的风险，并生成相应的预警信息。同时，还需要将预警信息与各企业和组织的管理系统进行有效对接，实现信息的共享和交流，从而为风险应对提供更加精准和迅速的支持。

最后，在建立了数据体系和风险监测机制的基础上，还需要通过大数据技术来开展风险分析和应对。这个过程需要对海量的数据进行挖掘和分析，找出潜在的风险因素，并针对性地制定相应的应对策略。同时，还需要将风险应对方案与各企业和组织的管理系统进行有机对接，实现快速响应和高效执行。

综合来看，基于大数据技术的产业链抵抗能力路径是一个系统工程，需要从数据采集、管理到风险监测、分析和应对全面覆盖，并结合各产业链的特点和需求进行个性化定制。只有实现了这样一个完整的路径，才能够帮助各企业和组织更好地应对各种风险挑战，提高自身的竞争力和稳定性，进而推动整个产业链的发展和升级。在对大数据和产业链抵抗能力进行了深刻剖析和规范后，并基于以上要求，本书着手进行大数据提升产业链抵抗能力的路径探索，如图 6-2 所示，提出以下具体提升路径：

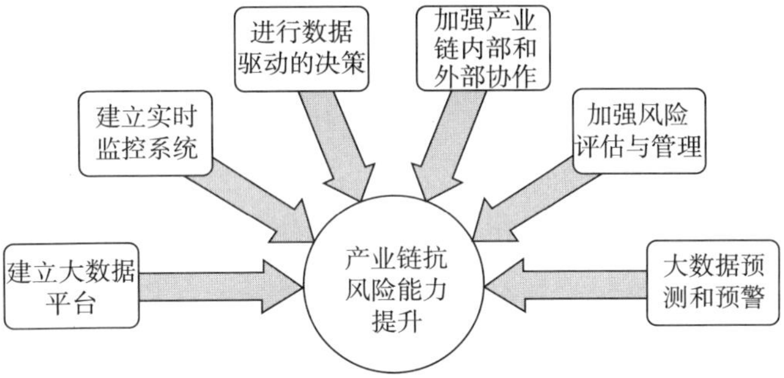

图 6-2　产业链抵抗能力的提升路径

（一）建立大数据平台

建立大数据平台是提高产业链抵抗能力的第一步。大数据平台可以集成各种数据源，包括企业内部数据、外部数据、行业数据以及社交媒体数据等，实现数据的共享和协作。同时，大数据平台还可以为企业提供数据分析和挖掘的工具和算法，帮助企业发现市场变化和风险预警。例如，亚马逊建立了大数据平台，利用人工智能和机器学习技术，分析用户消费习惯和趋势，实现个性化推荐和定制服务，提高了其市场竞争力和客户满意度。建立大数据平台能够提升产业链的抵抗能力，以下是建立大数据平台的步骤和举例：

（1）数据采集。从不同来源采集相关行业内的数据。例如，在农业领域，可以采集气象、土地利用、作物种植、市场需求等多方面的数据。

（2）数据处理。对采集到的海量数据进行清洗、整合和处理，将其转化成可视化的数据。例如，在农业领域，可以通过处理得到农作物生长状况、天气变化等关键指标。

（3）建立模型。根据已有数据，建立各类模型，对未来趋势进行预测和分析。例如，在农业领域，可以建立灾害预警模型，及时发现并预防自然灾害对农作物的影响。

（4）技术应用。将数据应用于实际场景中，提高产业链的抵抗能力。例如，在农业领域，利用大数据平台分析市场需求，帮助农民选择适合当地市场的农产品种植，减少供过于求的情况出现。并且，在实际应用中，不断优化大数据平台，使其更加智能化和高效化，提高产业链的数据决策水平和抵抗能力。

总之，建立大数据平台是提升产业链抵抗能力的一种有效手段，通过对海量数据的收集、处理和分析，不断优化平台算法模型，将其应用到实际场景中，可有效降低风险，提高企业的竞争力和市场份额。

（二）加强风险评估与管理

大数据技术可以为企业提供更加精准和实时的风险评估和管理。企业可以通过对海量数据的分析和挖掘，发现各种潜在的风险，包括供应链风险、市场变化风险、自然灾害风险等，并制订相应的风险管理计划。例如，阿里巴巴利用大数据技术进行风险评估和监测，实现了对供应链、网络安全和知识产权等方面的全面监管和管理，保障了其业务的稳定和可持续发展。随着大数据技术的不断发展，利用大数据进行风险评估和管理已经成为了提升产业链抵抗能力的重要手段。下面将从以下几个方面详细说明如何利用大数据进行风险评估与管理：

（1）数据整合和清洗。在进行风险评估前，需要对各类数据进行整合和清洗，保证数据可靠性和一致性。例如，在金融领域，可以整合客户资料、交易记录、市场数据等信息，并通过清洗去除无效或冗余的数据，确保分析结果的准确性。

（2）风险模型构建。基于整合和清洗后的数据，可以利用机器学习等技术构建相应的风险模型，实现对潜在风险的快速识别和预测。例如，在供应链管理中，可以通过构建供应商信用风险模型，对供应商的信用情况进行评估，及时警示潜在的风险。

（3）风险监控和预警。基于风险模型，可以建立针对性的风险监控和预警机制，及时发现潜在风险并采取相应措施进行管理。例如，在保险行业，可以利用大数据技术对客户风险进行监控和预警，并及时调整保单价格或撤销服务。

（4）智能决策支持。利用大数据技术，可以为产业链中的各个环节提供智能化的决策支持。例如，在制造业，可以通过分析生产数据和市场需求等信息，预测未来产品热度和销售情况，并根据结果调整生产计划和产品结构。

综上所述，利用大数据技术进行风险评估与管理，可以有效提升产业链的抵抗能力。在金融、供应链、保险、制造等多个领域都有广泛应用，有助于企业快速发现并应对潜在风险，提高整体运营效率和风险管理水平。

（三）大数据预测和预警

大数据技术可以通过对海量数据进行分析和挖掘，实现对未来趋势和风险的预测和预警。企业可以利用这些预测和预警信息，及时调整生产和运营计划，降低潜在的风险和损失。例如，谷歌在 2009 年的甲型 H1N1 流感疫情期间，利用大数据技术分析用户搜索行为和地理位置等信息，及时预测和报告疫情的传播情况，帮助政府和公众及时采取措施防范疫情。随着大数据技术的发展，企业可以收集和处理大量的数据，并使用这些数据进行风险预测和预警。以下是实现风险预测和预警以提高产业链抵抗能力的一些方法和例子：

（1）数据采集和整合。在进行风险预测和预警之前，企业需要对各种数据进行采集和整合。这些数据可以来自内部系统、外部数据库、社交媒体等渠道。将这些数据整合在一起，可以帮助企业更全面地了解市场动态和行业趋势。例如，公司可以通过监控社交媒体上的舆情来了解消费者对其产品的反馈。同时，企业还可以追踪竞争对手的动态，了解市场上其他公司的战略和决策。

（2）数据分析和建模。一旦收集到大量的数据，企业就可以使用数据分析和建模技术进行分析。这些技术可以帮助企业预测未来的趋势和风险。例如，企业可以使用机器学习算法分析历史销售数据，预测未来销售额的趋势，并识别出潜在的风险。

（3）预警系统的建立。企业可以使用预警系统来识别潜在的风险，并采取相应的措施来减少损失。例如，对于制造企业而言，如果机器出现故障或者生产线停工，那么就会影响产品的交付时间和质量。为了避免这种情况的发生，企业可以使用传感器监测设备的状态，并建立实时预警系统，一旦检测到异常情况，则会向相关人员发送通知。

（4）风险管理和应急预案。企业需要建立完善的风险管理和应急预案。在面临风险和危机时，企业需要迅速地采取行动，以最小化损失。因此，企业应该提前制订紧急计划，并进行演练。同时，企业还需要建立有效的沟通渠道，确保在紧急情况下能够及时协调和合作。

总之，通过利用大数据技术进行风险预测和预警，企业可以更好地了解市场和行业趋势，及时发现并处理潜在的风险。这样可以提高企业的抵抗能力，并为企业的发展奠定坚实的基础。

（四）建立实时监控系统

通过大数据技术建立实时监控系统，企业可以对产业链中的各个环节进行实时监控和管理，及时发现和处理潜在的风险。这需要依靠传感器、物联网技术和云计算等技术，实现对生产过程、物流运输、质量检测以及供应链管理等方面的实时监控和管理。例如，麦当劳利用物联网技术建立了智能餐厅系统，实现了对顾客点餐、排队和就餐等各个环节的实时监控和管理，提高了服务效率和顾客满意度。随着互联网技术和传感器技术的飞速发展，越来越多的企业开始利用大数据技术建立实时监控系统，以提升产业链抵抗能力。这种实时监控系统可以帮助企业及时发现、处理和解决潜在的风险和问题，从而减少损失并提高生产效率。下面是建立实时监控系统的一些关键步骤和可行方案：

（1）确定监控目标和指标。企业需要明确自己想要监控的目标和指标，如生产线上的质量控制、供应链物流的运转情况、员工健康状况等。为了确保系统的实时性，这些指标应该是能够被实时获取和处理的。

（2）收集数据并存储。收集数据是实时监控系统的重要一环，企业可以通过传感器、人工输入等方式获取数据。这些数据需要以快速、可靠和安全的方式存储在数据库中，以备后续分析和使用。

（3）数据分析和可视化。收集到的大量数据需要进行分析和可视化，得出有价值的结论和解决方案。为此，企业需要使用数据挖掘、机器学习等技术，对数据进行分析和预测。同时，为了更好地呈现数据分析的结果，可视化工具也需要被使用。

（4）实时报警和响应。实时监控系统最重要的功能之一是在风险发生时及时报警并采取相应措施。企业可以根据指标设置阈值，并建立自动化报警机制。同时，企业也需要建立应急响应机制，以便能够快速、高效地处理问题。

总之，使用大数据技术建立实时监控系统可以帮助企业发现和解决潜在的风险和问题，从而提高生产效率和抵抗能力。

（五）进行数据驱动的决策

大数据技术可以为企业提供数据驱动的决策支持，帮助企业制定更加科学和精准的决策。企业可以通过对海量数据的分析和挖掘，找出关键的业务指标和趋势，制定相应的决策方案。例如，中国移动利用大数据技术对用户通信行为进行分析和挖掘，提供个性化营销服务和精准投放广告，实现了与客户更加密切的互动和合作。随着大数据技术的快速发展和普及，越来越多的企业开始重视利用大数据进行高效决策，以提高其产业链的抵抗能力。本书将从以下三个方面介绍如何基于大数据进行高效决策：

（1）大数据分析。在大数据分析过程中，企业通过对海量数据的分析，可以对市场、用户等方面的行为进行深入研究与分析，从而形成更加准确的决策依据。例如，一个电商平台可以通过对用户的搜索、购买等行为进行数据分析，进一步挖掘出潜在的用户需求和消费趋势，从而调整自己的产品组合和营销策略，提升其市场竞争力。

（2）预测建模。预测建模是指通过对历史数据的挖掘和分析，构建出相应的模型，以预测未来的变化趋势。例如，一家保险公司可以通过对历史理赔数据的分析，构建出一个理赔模型，该模型可以根据客户的个人信息、车辆信息等变量，预测出客户今后的理赔风险，并及时采取相应的风险管理措施，从而提高企业的抵抗能力。

（3）实时监控。实时监控是指通过对实时数据的监测和分析，及时发现可能存在的问题，并采取相应的措施进行解决。比如，在供应链管理中，企业可以通过建立实时监控系统，对供应链各个环节的数据进行实时跟踪与监控，一旦发现异常情况，立即采取相应的补救措施，以避免出现不可逆转的损失。

综上所述，利用大数据进行高效决策可以帮助企业提升产业链抵抗能力，具体包括大数据分析、预测建模和实时监控。例如，中国平安保险公司就利用大数据技术，通过对客户数据的分析和挖掘，构建了一个“互联网+”保险服务系统，为客户提供更加贴心、高效的保险服务，从而提升了公司在市场竞争中的优势。

（六）加强产业链内部和外部协作

大数据技术可以为企业提供更加便捷和高效的信息共享和协作平台，加强产业链内部和外部的协作和沟通。企业可以通过大数据平台建立智能供应链和物联网生态系统，实现供需双方的快速响应和灵活协作，降低潜在的风险和成本。例如，特斯拉利用大数据技术建立了智能供应链系统，实现对原材料采购、生产计划和物流运输等方面的全面管理和控制，提高了生产效率和质量水平。随着数字化时代的到来，大数据已成为推进产业发展的重要力量。在产业链中，企业间的内部协作和外部协作是实现生产效率和经济效益最重要的因素之一。通过利用大数据技术，可以加强产业链内部和外部协作，提高产业链抵抗能力，具体包括以下几个方面的措施：

1. 大数据在产业链内部协作中的应用

（1）智能制造：智能制造是指利用物联网、云计算、大数据等信息化技术改善和优化传统制造业中的生产流程、产品质量、生产效率等各个环节，提升整个制造行业的水平。例如，某汽车公司的工厂采用了物联网技术，实现了从原材料到成品的全过程追踪，每个零部件都有一个唯一的编号，并可随时查询其流转情况，这样可以对生产流程进行精细化管理，提高生产效率和质量。

（2）数据分析：在产业链内部，各个环节都会产生大量的数据，如果能够对这些数据进行分析，就能够更好地了解生产流程、产品质量、生产效率等各个方面的状况，及时发现问题并及时解决。例如，在半导体制造过程中，通过对大量数据的分析和建模，可以实现对生产过程的实时监控和预测，并及时进行调整和优化，从而提高产品质量和生产效率。

（3）供应链管理：供应链管理是指将原材料、零部件等采购、运输、储存、销售等环节进行整合和优化，以达到降低成本、提高效率、提高客户满意度等目标。通过利用大数据技术，可以对各个环节的数据进行深入分析，优化物流配送、供应商选择、库存管理等方面，从而提高供应链的效率和稳定性。例如，亚马逊公司就利用大数据技术优化了其供应链管理，使得产品可以更快地从仓库发货，客户收到商品的时间也更短，进一步提高了客户满意度。

2. 大数据在产业链外部协作中的应用

（1）共享经济：共享经济是指通过互联网等信息化手段，将闲置资源变成可利用的资源，从而实现资源的共享和利用率的提升。例如，共享单车、共享汽车、共享办公室等都是典型的共享经济模式，它们的共同点就是利用大数据技术对资源进行优化分配。

（2）供应链协同：供应链协同是指在产业链上下游之间建立起一种全新的协作关系，通过共享信息、协调生产和物流等方面的合作来提高整个供应链的效率和稳定性。例如，在某电子产品公司，各个供应商之间采取了供应链协同模式，通过共享订单、库存等信息，能够更好地进行生产管理和物流协调，从而减少了库存和运输成本。

（3）风险控制：一是通过制订风险管理计划、明确责任人、建立风险评估机制等，建立完整的风险管理框架；二是加强供应链内部环节之间的合作，及时共享信息，增强协同应对突发事件的能力，选择可靠的供应商和客户，在供应商和客户选择上，应对其资信情况、经营状况等多方面进行全面考虑，并进行评估，选择稳健可靠的合作伙伴，通过多元化供应链，避免过于依赖单一供应商，增加供应链的稳定性和弹性；三是建立数字化信息平台，实现供应链信息共享、在线协作等功能，可以更及时地获取到供应链各方的信息，快速响应风险事件；四是通过加强人员风险意识的培训，提高员工对风险的敏感度和应对能力，进一步提升产业链的风险控制水平。

综上所述，通过建立大数据平台、进行风险评估与管理、实现预测和预警、建立实时监控系统、进行数据驱动的决策和加强产业链内部和外部协作等路径，可以有效地提高产业链抵抗能力。当然，在实际应用中，需要考虑到不同产业链的特点和需求，灵活运用以上路径，才能取得更好的效果。大数据技术是一个不断发展和创新的领域，随着其技术和算法的不断升级，将为企业提供更加强大和优化的抗风险工具和平台。

第三节　大数据提升产业链恢复能力的路径

一、产业链恢复能力的意义及重要性

产业链恢复能力是指在面对各种内外部风险和冲击时，产业链能够通过对资源要素、技术水平、政策制度等调整以适应冲击引起的环境变化，维持产业链自身稳定运行的能力，主要包括产业链的内部调整适应程度、产业链的恢复速度与恢复程度。产业链恢复能力是一个国家或企业在大危机中生存、寻找机遇的能力的象征，只有拥有强大的产业链恢复能力，才能在国际市场竞争和非市场竞争中立于不败之地，对于国家和企业来说均具有极端重要的意义和价值，如图 6-3 所示，主要从以下六个方面体现：

（一）经济持续发展的重要支撑

产业链是一个国家或企业经济发展的核心组成部分，在面临各种不可预测的突发事件时，若无法迅速恢复产业链的稳定运转，将直接影响到经济的持续发展。因此，产业链恢复能力对于经济的持续发展至关重要。

（二）经济韧性的重要保障

面对世界经济的不稳定性和风险，一个具备强大产业链恢复能力的国家或企业可以更好地承受冲击，提高了经济韧性，减少了经济波动对于国家或企业的损失。

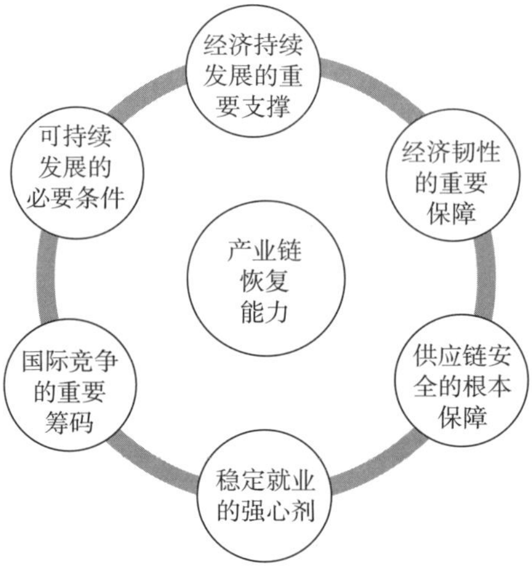

图 6-3　产业链恢复能力的重要意义

（三）稳定就业的强心剂

产业链恢复能力可以帮助企业快速恢复生产，重建供应链体系，从而促进就业增长。当企业在灾害和危机中受到影响时，产业链恢复能力可以减少失业人数，尽快将生产线重建并维持稳定供应。

（四）国际竞争的重要筹码

在全球化的背景下，一个具备强大产业链恢复能力的国家或企业将更具有竞争力。如果一个企业在危机时期能够快速有效地恢复产业链，与其他企业相比，它将获得更多市场份额和利润。

（五）供应链安全的根本保障

一个国家或企业具备强大产业链恢复能力，将有能力应对突发事件对于供应链的影响，从而保障供应链安全。在面对灾害和危机时，企业可以更快恢复供应链的稳定运作，减少因缺乏关键物资和组件导致生产中断的风险。

（六）可持续发展的必要条件

提高产业链恢复能力是建立可持续发展模式的重要步骤。在各种未知危机不断出现的情况下，加强恢复能力建设，优化产业链结构和管理方式，是铺设可持续发展之路的重要组成部分。

综上所述，产业链恢复能力对于一个国家或企业的意义和重要性不容忽视。通过加强产业链恢复能力建设，可以提高经济韧性、促进就业增长、保障供应链安全等多个方面的积极影响，为可持续发展打下坚实基础。越来越多的国家和企业也逐渐重视这个问题，把产业链恢复能力上升至经济安全乃至国家安全层面，千方百计强化产业链恢复能力。

二、产业链恢复能力的具体体现

要想通过大数据技术提升产业链恢复能力，就必须充分把握产业链恢复能力的内在因素和外在体现。以下列出了产业链恢复能力的六个内在关键因素和三个外在体现，如图 6-4 所示，并分别予以了详细说明。

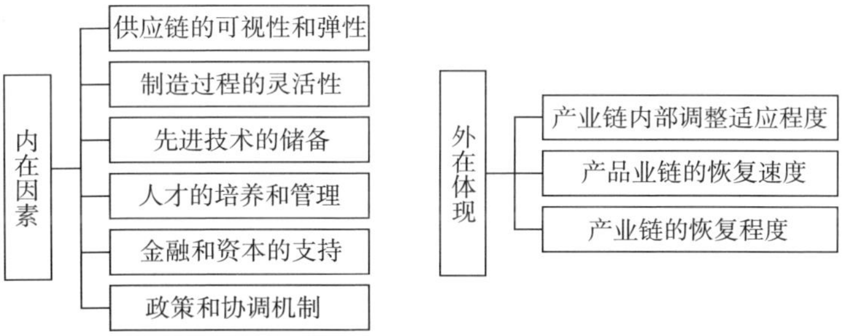

图 6-4　产业链恢复能力的主要体现

（一）产业链恢复能力的内在因素

1. 供应链的可视性和弹性

供应链的可视性和弹性是产业链恢复的关键因素。制造商需要了解其供应链中每个节点的情况，以便在出现问题时采取相应措施。此外，应当建立备用供应商或提前储备必要的原材料和零部件，以确保在某些节点发生瓶颈时依然能够正常供应。

2. 制造过程的灵活性

制造过程的灵活性指企业能够快速调整其生产线和工艺来满足市场需求的变化。这样，在供应链中出现问题时，企业可以通过改变工艺和生产线来适应新的环境。同时，也可以通过生产多种规格的产品来扩大市场份额，从而降低对某一款产品的过度依赖。

3. 先进技术的储备

进技术的储备是产业链恢复的一个重要支撑。通过数字化、自动化、物联网等技术的应用，企业可以实现生产过程的优化，提高生产效率和质量，并降低成本。此外，技术的应用还可以提高企业对市场需求的响应速度，以及对供应链风险的预警能力。

4. 人才的培养和管理

人才的培养和管理是保证产业链恢复的另一个关键因素。企业需要拥有具备创新能力、适应变化的员工，并为其提供持续的培训和发展机会，促进其能力的不断提升。此外，企业还需要建立有效的团队合作机制和灵活的组织结构，以便在出现问题时快速响应。

5. 金融和资本的支持

金融和资本的支持是产业链恢复的关键因素之一。企业需要拥有足够的流动资金来应对突发事件，比如调整生产线、储备原材料等。此外，金融机构还可以通过提供贷款或投资支持来帮助企业渡过难关。

6. 政策和协调机制

政策和协调机制是指政府需要提供合适的税收、补贴等政策支持，以鼓励企业进行技术创新和产业转型。同时，政府还需要建立协调机制，促进不同部门之间的合作和信息共享，以便在出现问题时快速响应。

（二）产业链恢复能力的外在体现

1. 产业链内部调整适应程度

产业链内部调整适应程度是指产业链各环节在受到冲击后能够及时调整资源配置、技术创新、市场开拓等方面，以适应新的市场需求和竞争环境，保持产业链的协同性和高效性。内部调整适应程度高的产业链能够更好地利用自身的优势资源，弥补自身的短板，提升自身的竞争力和恢复能力。

2. 产业链的恢复速度

产业链的恢复速度是指产业链在受到冲击后能够迅速恢复正常生产和运营，缩短停滞或低效的时间，减少经济损失和社会影响。恢复速度快的产业链能够更快地消除冲击带来的干扰，恢复市场信心和客户满意度，保障供需平衡和市场稳定。

3. 产业链的恢复程度

产业链的恢复程度是指产业链在受到冲击后能够恢复到原有或更高的水平，实现产业链的优化升级，提升产业链的竞争力和恢复能力。恢复程度高的产业链能够从冲击中吸取经验教训，进行制度创新和技术创新，提高产业链的质量和效率，增强产业链的核心竞争力。

总之，产业链恢复能力的内在要素涵盖了供应链的可视性和弹性、制造过程的灵活性、先进技术的储备、人才的培养和管理、金融和资本的支持以及政策和协调机制，外在体现为产业链内部调整适应程度、产业链的恢复速度、产业链的恢复程度。小到企业、产业，大到国家，都应该全面考虑这些要点，并逐步实施相应的措施，从而从根本上夯实提高产业链恢复的能力。

三、提升产业链恢复能力的具体路径

随着大数据技术的不断发展和应用，许多国家和企业开始探索如何利用这项技术提升产业链恢复能力。为了对该问题有所裨益，如图 6-5 所示，下面将提出六个具体路径。

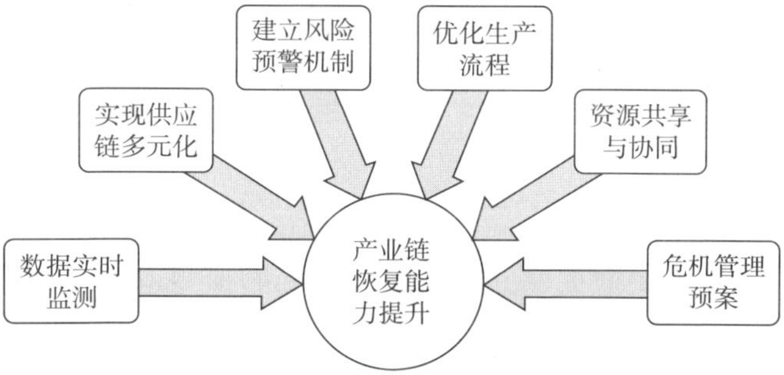

图 6-5　产业链恢复能力的提升路径

（一）数据实时监测

利用大数据技术对关键部件、设备运行状态等进行实时监测，及时掌握生产过程中的异常情况，并快速做出相应的调整。例如，通过物联网设备收集数据，结合人工智能算法分析，可以预测设备故障，从而提前进行维护，降低生产中断风险。为了利用大数据实现数据实时监测从而提升产业链恢复能力，可以采取以下具体做法：

（1）建立数据收集系统。要构建一个可靠的数据收集系统，以捕捉全球变化和趋势。该系统需要使用各种传感器、无线通信和云计算技术来获得网络、气象、交通等各方面的信息。

（2）设计智能算法。为了处理大量的数据，我们需要设计智能算法来自动化分析和识别模式，并发现异常情况。这些算法还应该能够预测未来的变化和趋势，以便我们能够快速做出反应。

（3）构建数据可视化工具。为了使决策者能够更好地理解数据，我们需要构建数据可视化工具。这些工具可以将数据以图表、地图等形式展示出来，以便用户更容易地发现规律和趋势。

（4）建立实时监测平台。我们需要建立一个实时监测平台，以便在产业链中的各个层面监测数据。该平台应该包括多个控制面板和仪表板，以便不同的用户可以查看他们所需的数据。

（5）开发自动报警系统。当监测到任何异常情况时，我们需要开发自动报警系统。该系统应该能够通过电子邮件、短信等方式向关键人员发送通知，以便他们尽快采取行动。

（6）建立追溯机制。当系统监测到异常情况时，我们需要建立相应的追溯机制。这个机制将帮助我们确定问题的根源，并采取必要的纠正措施，以避免类似的事情再次发生。

（7）进行实时数据分析。为了更好地了解产业链的状况，我们需要对实时收集的数据进行分析。这些分析将有助于我们识别瓶颈和短板，并采取措施加以改进。

（8）预测模型应用。我们可以使用预测模型来预测未来的趋势和变化。这些模型可以基于历史数据建立，以便我们能够预测未来的需求、销售、价格等。

总之，利用大数据实现数据实时监测从而提升产业链恢复能力是一项复杂的任务。需要建立完整的数据收集、处理、分析与反馈体系，同时，在技术上不断创新，提高系统的智能化和自动化程度，才能更好地应对各种突发情况，提高产业链的恢复能力。

（二）实现供应链多元化

建立多元化的供应链，能够在原材料短缺或突发事件发生时快速切换供应商，保障生产的连续性。同时，对供应链各环节的产品质量、交期等信息进行数据化管理，确保供应链的高效运转。随着全球化和市场竞争的加剧，供应链的多元化已经成为一种必要的趋势，这不仅可以提高供应链的弹性和恢复能力，而且可以降低风险和成本。大数据技术为实现供应链的多元化提供了更好的手段。下面是一些利用大数据技术实现多元化供应链以提升产业链恢复能力的对策：

（1）数据分析与决策支持。通过数据分析，确定哪些供应商或地区可能存在风险，并建立相应的预警机制，在供应链中及时调整或开发新的供应商或地区来缓解风险。同时，数据分析也可以帮助优化物流、库存管理和生产计划，提高效率和准确性。

（2）供应商资质评估。建立供应商资质评估系统，结合数据分析，全面考虑供应商的质量、交货能力、服务和财务状况等因素，以便更好地选择和管理供应商，降低风险，提高供应链效率和质量。

（3）联合采购。通过大数据分析，寻找与自己需求相同的企业，共同进行采购，以实现采购成本的共享和降低，同时也可以共同承担相应的风险。

（4）供应链可视化。建立供应链可视化系统，通过大数据分析将所有环节的信息整合起来，形成一张图表或仪表盘，直观地展示供应链的各个环节，包括原材料、生产、物流、库存等信息，以便及时发现问题并进行调整。

（5）供应链融资。利用大数据技术建立供应链融资平台，将供应链上下游企业的财务信息和交易记录整合起来，为企业提供更加灵活和低成本的融资服务，增加企业的资金流动性，提高供应链的效率。

以上是一些利用大数据技术实现多元化供应链以提升产业链恢复能力的对策。要实现这些对策，需要企业在技术、人员培养、管理流程等方面进行全面改进，只有这样才能真正实现供应链的多元化和完善，并为企业未来的发展奠定坚实基础。

（三）建立风险预警机制

应建立风险预警机制，对产业链环节中可能存在的风险进行全面分析与评估，识别潜在的风险点，并采取预防措施。例如，利用大数据技术对市场需求、竞争情况等信息进行分析，识别出可能影响企业的不确定因素，制订相应的风险应对计划。随着大数据技术的不断发展和应用，越来越多的企业开始意识到建立风险预警机制的重要性，这有助于提高产业链的恢复能力。本文将从以下几个方面探讨如何利用大数据技术建立风险预警机制：

1. 建立数据采集和处理系统

（1）确定采集指标。根据产业链特点、历史事件等因素，确定需要采集的数据指标，如生产、销售、库存、供应商等。

（2）建立数据采集系统。使用物联网、传感器等技术手段，对关键环节进行实时监测，将数据自动采集并传输至云端。

（3）数据清洗和处理。对采集到的数据进行清洗、转换和整合，以确保数据质量和可用性。

2. 构建分析模型和预警系统

（1）建立分析模型。通过对历史数据的分析和建模，识别出潜在的风险因素及其影响程度，并建立数学模型来描述这些风险因素的演化规律。

（2）构建预警系统。基于分析模型，建立智能预警系统，实现对风险因素的实时分析和监测，并向相关人员发送预警信息。

3. 实现风险管理和应急响应

（1）制定风险管理策略。针对不同的风险类型，制定相应的应对策略，如库存管理、物流调配、供应商风险管理等。

（2）实施应急响应。当发生突发事件时，根据预警信息和管理策略，迅速启动应急响应机制，减少损失并尽快恢复产业链。

4. 加强技术支持和人才培养

（1）引入先进技术。随着大数据技术的不断发展，企业需要不断更新技术手段，引入新的技术工具和平台，以提高风险识别和应对能力。

（2）培养专业人才。建立风险预警机制需要专业人才的支持，因此企业需要积极招聘和培养相关领域的人才，并提供必要的培训和支持。

总之，利用大数据技术建立风险预警机制可以有效提高企业产业链的恢复能力。这需要企业在数据采集、处理、分析、预警、管理等方面进行全面的规划和布局，并不断引入新技术、培养专业人才，以保持领先地位。

（四）优化生产流程

通过大数据技术对生产流程进行优化，提高生产效率，降低生产成本。例如，利用物联网设备实时监测生产线上各环节的数据，结合人工智能算法分析，可以找出流程瓶颈，并作出调整，提升生产效率。随着大数据技术的不断发展，许多企业开始探索如何利用大数据技术来实现生产流程优化，从而提升自身在产业链中的竞争力和恢复能力。以下是一些可行的措施：

（1）数据采集和处理。收集各个环节产生的数据，包括设备运行数据、工人操作数据、原材料供应商数据等，并进行数据清洗和整理，以确保数据质量和准确性。

（2）数据分析和建模。通过对生产流程中所涉及的各种数据进行分析和建模，可以更好地了解生产过程中出现的问题和瓶颈，并提出相应的改进方案。例如，可以使用机器学习算法来预测生产中可能出现的故障，从而提前采取措施避免影响正常生产。

（3）实时监控和预警。利用传感器等设备对生产设备和环境进行实时监控，及时发现并预警潜在的问题和风险，避免因生产异常而导致的损失。

（4）自动化控制和调度。通过将大数据与工业自动化技术结合，实现生产过程的自动化控制和调度，提高生产效率和稳定性。例如，在生产线上引入自动化机器人，可以减少工人的劳动强度、提高生产效率。

（5）供应链优化。利用大数据技术对供应链进行优化，包括原材料采购、物流配送等环节，从而提高供应链的运作效率和稳定性，确保生产过程的顺畅进行。

（6）智能预测和调整。通过对市场趋势、产品需求等因素进行分析和预测，及时调整生产计划和产品组合，以满足市场需求，提高企业在竞争中的优势。

总之，利用大数据技术实现生产流程优化，是提升企业竞争力和恢复能力的重要手段。以上措施只是其中的一部分，企业还需要根据自身情况，结合具体业务进行针对性的优化和改进，不断提高自身的生产效率和质量水平，以适应市场变化和挑战。

（五）资源共享与协同

建立资源共享与协同机制，整合产业链上下游企业的资源，实现信息互通、协同发展。例如，利用大数据技术对供应商、客户等信息进行管理，促进信息流和物流的畅通，降低交易成本，提高资源利用效率。要利用大数据技术实现资源共享和协同来提升产业链恢复能力，可以采取以下措施：

（1）建立数据共享平台。通过大数据技术建立数据共享平台，以促进企业之间的数据交流和互动。通过这个平台，企业可以分享他们的经验和知识，并得到其他企业对其数据的分析和反馈。同时，该平台还可以为企业提供有关行业趋势、市场需求等方面的信息。

（2）利用数据分析工具。企业可以利用数据分析工具，对共享数据进行分析和挖掘。这些工具可以帮助企业了解更多的市场信息和消费者需求，从而制定出更加精准的营销策略和产品规划。

（3）构建智能监控系统。企业可以构建智能监控系统，用于实时监测整个供应链的运作情况。这个系统可以收集各个环节的数据和信息，包括原材料供应、生产过程、物流配送、库存管理等方面。通过对这些数据的分析和处理，企业可以及时发现问题并进行调整，从而提高整个产业链的效率和质量。

（4）优化供应链管理。通过数据共享和协同来提升整个供应链的协作效率，优化供应链管理。企业可以利用大数据技术对供应商进行评估和排名，从而选择最优质的原材料和服务。同时，在物流方面也可以采用智能化的方案，如自动化仓储和配送系统，以提高整个供应链的效率和成本控制。

（5）加强风险管理。通过数据分析来预测和规避潜在的风险，可以优化风险管理。企业可以利用大数据技术对市场趋势、政策变化等因素进行分析和预测，并及时调整生产和营销策略。此外，企业还可以建立风险事件数据库，记录和分析不良事件的发生和处理过程，以便更好地应对未来的风险挑战。

总之，利用大数据技术实现资源共享和协同是提升产业链恢复能力的重要手段。通过建立数据共享平台、利用数据分析工具、构建智能监控系统、优化供应链管理和加强风险管理，企业可以更加有效地管理和运营整个供应链，从而提高产业链的恢复和发展能力。

（六）危机管理预案

针对突发事件或危机情况，建立完善的危机管理预案，明确责任分工和应急处置流程。例如，利用大数据技术对过往危机事件进行分析和总结，形成相应的应对措施，能够在危机发生时迅速做出反应，最小化损失。随着现代社会的发展，各种突发事件和危机事故层出不穷，给人们的生命和财产带来了极大的威胁。在这样的情况下，建立危机管理预案机制成为了十分必要的一项工作。而利用大数据技术建立危机管理预案机制，则可以提高产业链的恢复能力。下面，将详细阐述如何利用大数据技术建立危机管理预案机制以及相关措施。危机管理预案是指为应对可能发生的危机事件而预先制定的一系列应急措施和决策方案。利用大数据技术建立危机管理预案机制可以帮助企业在危机事件中更好地应对风险，提高产业链恢复能力。以下是具体措施：

1. 构建大数据平台

（1）收集历史数据。收集过去发生的各种突发事件和危机的相关数据，包括事件类型、时间、地点、影响范围等信息。

（2）收集外部数据。收集有关供应链、市场趋势、政策法规、气象、地震等方面的信息，以便更好地评估可能出现的风险和影响。

（3）分析数据。使用数据挖掘和机器学习技术对收集到的数据进行分析和建模，以识别可能的危机因素及其潜在影响。

2. 建立危机应对机制

（1）建立危机事件库。收集整理历史危机事件的信息，包括影响范围、解决方案和教训等，以便在未来危机事件中作为参考。

（2）制定危机应急预案。利用大数据分析技术，分析历史危机事件和当前形势，制定危机应急预案。预案要包括危机事件的类型、级别、影响范围、处理流程、责任人和时间节点等。同时要不断优化和完善预案，以适应不同的危机事件和需求。

（3）建立危机应急响应团队。企业需要建立一个危机应急响应团队，包括各部门负责人和专业人员。响应团队要对危机应急预案进行培训和演练，提高应急处理的能力和效率。

（4）制定应急预案和流程。基于大数据分析结果，企业可以针对不同的危机情况制定相应的应急预案和应对流程。例如，在面临供应链问题时，可以快速寻找替代物资来源、重新规划生产计划等措施，以确保生产能力不受影响。在面临网络攻击时，可以快速启动备份系统、通知安全团队等。

（5）制定数据安全保障方案。大数据平台中涉及的数据必须得到充分的保护，企业需要建立数据安全保障方案，方案要包括数据存储、传输、备份、恢复等方面的措施，确保数据的完整性、可靠性和安全性。

3. 协同模拟演练与预案改进

（1）建设协作平台。建立协作平台，实现企业、政府、社会等各方面的信息共享与协作。通过共享数据和资源，能够更好地应对突发事件和危机，加强产业链内部合作，建立联防联控机制，避免单一环节出现问题导致整个产业链的“瘫痪”。

（2）进行模拟演练和评估。为了确保危机管理预案的可行性和有效性，企业需要进行定期的模拟演练和评估。大数据技术可以帮助企业收集和分析相关数据，确定预案是否足够灵活、实用和可执行，从而识别潜在缺陷并进行改进。

（3）风险报告反馈和改进。在进行广泛模拟之后，根据实际情况制定风险评估报告，对企业承担的风险进行评估和分析，以便为企业制定应对措施提供依据，收集相关人员的反馈意见，及时调整预案内容，并不断优化改进。

4. 提高员工风险和危机意识和素养

（1）员工培训。企业可定期组织员工参加有关产业链及风险管理的培训，如了解供应链的各个环节，学习如何评估和应对潜在的风险。这能够帮助员工更好地理解和认识可能影响企业生产和运营的不同风险因素。

（2）信息共享。企业应鼓励员工分享他们在工作中遇到的风险或危机事件，并促进信息共享。这有助于建立相互支持的文化，以便更快、更全面地发现和解决问题。

（3）制度建设。企业应建立完善的风险管理制度和流程，包括明确的责任分工和应急预案。制度要求员工积极参与风险管理，从而使员工更加重视风险预防和危机管理。

（4）激励机制。企业可以建立激励机制，鼓励员工积极参与风险管理。例如，奖励那些在风险预防和危机处理方面表现出色的员工，以此鼓励员工做好风险管理和危机处理的工作。

总之，利用大数据技术建立危机管理预案机制可以帮助企业及时发现风险和问题，提高产业链的恢复能力，保障企业的正常运营和长期发展。

综上所述，利用大数据技术提升产业链恢复能力需要全面考虑各个方面，通过实时监测、多元化供应链、风险预警机制、生产流程优化、资源共享与协同以及危机管理预案六个对策，能够提高企业的生产力和反应能力，增强企业、产业乃至整个国家的恢复能力。

第四节　大数据提升产业链再适应能力的路径

一、产业链再适应能力的意义及重要性

产业链再适应能力是指产业链在遭受外部冲击后，能够通过调整内部结构和外部关系，以适应新的市场环境和竞争格局，恢复或提升产业链的效率和竞争力。产业链再适应能力的强弱，影响着产业链的韧性和稳定性，也影响着国家的经济安全和发展潜力。这种能力对于国家和企业都非常重要，如图 6-6 所示，具体表现在以下几个方面：

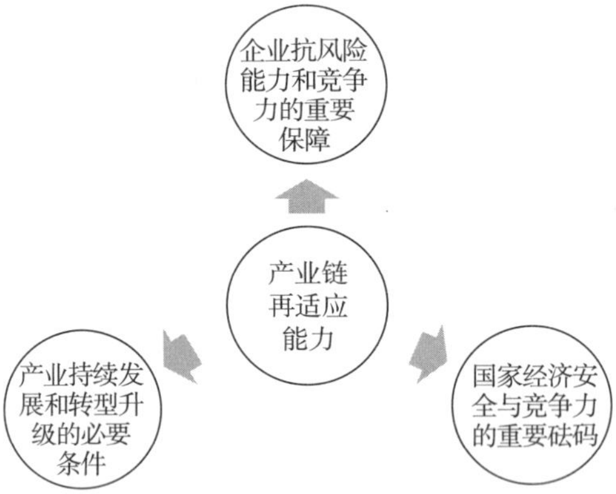

图 6-6　产业链再适应能力的重要意义

（一）企业抗风险能力和竞争力的重要保障

产业链再适应能力强的企业能够更快地适应市场变化，更好地满足消费者需求，从而提高企业的市场竞争力。例如，当市场需求从传统的燃油汽车

转向新能源汽车时，能够快速调整生产线，推出符合市场需求的新能源汽车的企业将会更具竞争力。而且产业链再适应能力可以帮助企业更好地应对市场风险和不确定性，从而提高企业的抗风险能力。

（二）产业持续发展和转型升级的必要条件

产业链再适应能力强的企业能够更好地推动产业发展，促进产业升级和转型。例如，当某个产业面临转型升级的压力时，能够快速调整自身的生产和供应链，推出符合市场需求的新产品和服务，从而推动整个产业的发展。产业链再适应能力强的企业能够更好地适应技术进步和产业升级的趋势，从而更好地把握市场机遇。例如，当新技术的出现改变了某个产业的生产方式和供应链结构时，能够快速调整自身的生产和供应链，适应新技术的企业将会更具竞争力。

（三）国家经济安全与竞争力的重要砝码

产业链再适应能力强的企业能够更好地应对国际贸易摩擦、外部环境变化等风险，从而保障国家经济安全。例如，当国际贸易摩擦导致某个产业的进出口受到限制时，能够快速调整自身的生产和供应链，减少对进口的依赖，保障国家经济安全。此外，产业链再适应能力可以帮助企业更好地适应市场变化和技术进步，提高生产效率和产品质量，从而提高企业的竞争力。这对于国家来说也是非常重要的，因为只有企业竞争力提高了，国家的整体经济竞争力才能得到提升。总之，产业链再适应能力对于国家和企业都非常重要，能够提高企业抗风险能力和竞争力、促进产业持续发展和转型升级、保障国家经济安全与竞争力。因此，国家和企业均应该注重提高自身的产业链再适应能力，从而更好地适应市场变化和竞争环境的变化。

二、产业链再适应能力的具体体现

要想通过大数据技术提升产业链再适应能力，首先就必须充分把握产业链再适应能力的外在体现和内在因素，才能抓住关键点，做到精准施策，如图 6-7 所示，产业链再适应能力主要体现在以下几个方面：

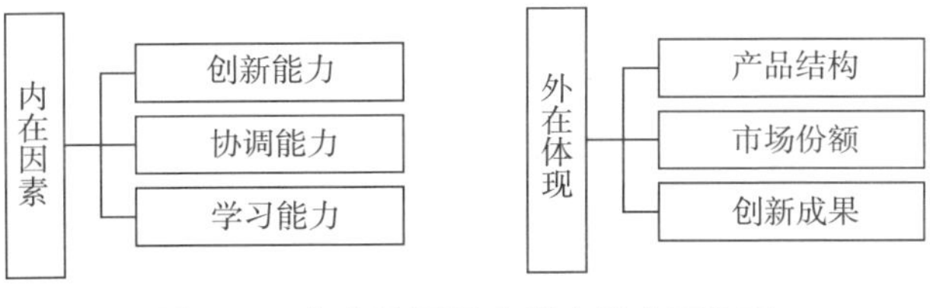

图 6-7　产业链再适应能力的主要体现

（一）产业链再适应能力的内在因素

1. 技术创新能力

产业链中的企业需要具备不断创新的能力，以适应市场的变化和需求的变化。这需要企业具备强大的研发能力和技术创新能力，不断推出新产品和新技术，以满足市场的需求。

2. 生产能力

产业链中的企业需要具备高效的生产能力，以满足市场的需求。这需要企业具备先进的生产设备和技术，以提高生产效率和产品质量。

3. 资源配置能力

产业链中的企业需要具备合理的资源配置能力，以保证生产的顺利进行。这需要企业具备良好的财务管理能力和供应链管理能力，以确保资源的合理配置和利用。

4. 市场营销能力

产业链中的企业需要具备良好的市场营销能力，以满足市场的需求。这需要企业具备市场分析能力和营销策略制定能力，以确保产品的销售和市场份额的增长。

5. 人才培养能力

产业链中的企业需要具备良好的人才培养能力，以保证企业的长期发展。这需要企业具备完善的人才培养体系和人才激励机制，以吸引和留住优秀的人才。

6. 数字化能力

产业链再适应能力强的企业，能够快速实现数字化转型，提高生产效率和产品质量。例如，当市场需求从传统的产品转向数字化产品时，产业链再适应能力强的企业能够快速实现数字化转型，提高生产效率和产品质量。

（二）产业链再适应能力的外在体现

1. 生产弹性

企业需要根据市场需求的变化，及时调整生产能力，以满足市场的需求。例如，当市场需求增加时，企业需要增加生产能力，以保证产品的供应量；当市场需求减少时，企业需要减少生产能力，以避免库存积压。

2. 供应链弹性

企业需要根据市场需求的变化，及时调整供应链，以保证原材料、零部件等物资的供应。例如，当市场需求增加时，企业需要增加原材料、零部件等物资的供应量，以保证生产的顺利进行；当市场需求减少时，企业需要减少原材料、零部件等物资的供应量，以避免库存积压。

3. 销售渠道

企业需要根据市场需求的变化，及时调整销售渠道，以保证产品的销售。例如，当市场需求增加时，企业需要增加销售渠道，以扩大销售范围；当市场需求减少时，企业需要减少销售渠道，以避免销售成本的浪费。

4. 产品力

企业需要不断提升产品创新能力，以适应市场需求的变化。例如，当市场需求发生变化时，企业需要及时推出新产品，以满足市场需求。

5. 人才结构

企业需要不断提升人才培养和管理能力，以适应市场需求的变化。例如，当市场需求发生变化时，企业需要及时调整人才结构，以适应市场需求。

总之，产业链再适应能力的内在因素涵盖了技术创新能力、生产能力、资源配置能力、市场营销能力、人才培养能力和数字化能力，外在体现为生产弹性、供应链弹性、销售渠道、产品力和人才结构。企业、产业和国家各个产业链都应该全面抓住这些关键点，从外部找症状和不足点，从内部加以解决和改善，从而从根本上夯实提高产业链再适应能力。

三、提升产业链再适应能力的具体路径

随着当今大数据技术的不断发展和应用，许多国家和企业开始探索如何利用这项技术提升产业链再适应能力。大数据技术能够提升产业链的再适应能力，主要是因为它可以帮助企业更好地了解市场需求、消费者行为、产品质量等方面的信息，从而更加精准地制定战略和决策。通过对大量数据的分析和挖掘，企业可以更好地了解市场趋势和变化，及时调整产品和服务，提高市场竞争力。此外，大数据技术还可以帮助企业优化生产流程、降低成本、提高效率，从而提高整个产业链的效益和竞争力。关于利用大数据技术提升产业链再适应能力的路径，以下是具体的分点说明，如图 6-8 所示。

（一）智能化制造

智能化制造是指利用先进的信息技术和大数据技术，将生产过程中的各种数据进行采集、分析和处理，从而实现生产过程的自动化、智能化和高效化。智能化制造可以提高生产效率、降低生产成本、提高产品质量和可靠性，从而提升产业链的再适应能力。大数据技术在智能化制造中的应用主要包括以下几个方面：

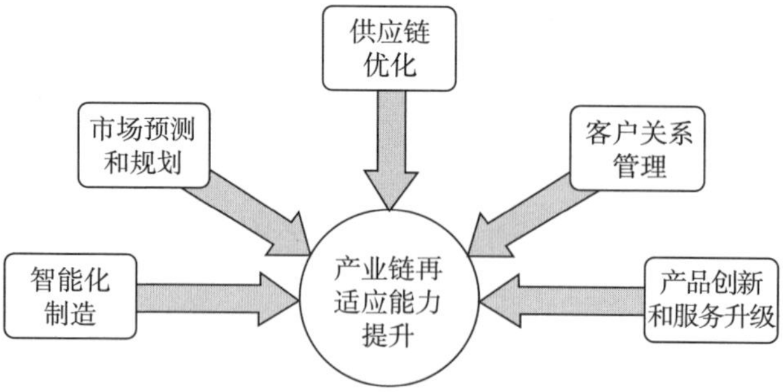

图 6-8　产业链再适应能力的提升路径

（1）数据采集和处理。智能化制造需要采集大量的生产数据，包括生产过程中的各种参数、设备状态、产品质量等信息。这些数据需要进行实时采集、传输和处理，以便及时发现生产过程中的问题并进行调整和优化。

（2）数据分析和建模。大数据技术可以对采集到的数据进行分析和建模，从而发现生产过程中的规律和趋势，预测生产过程中可能出现的问题，并提出相应的解决方案。例如，可以利用机器学习算法对生产数据进行分析，从而优化生产过程，提高生产效率和产品质量。

（3）智能控制和优化。利用大数据技术可以实现生产过程的智能控制和优化，从而提高生产效率和产品质量。例如，可以利用智能算法对生产过程进行优化，从而实现自动化控制和智能化调整。

（4）数据共享和协同。智能化制造需要实现各个环节之间的数据共享和协同，以便实现生产过程的整体优化和协同控制。大数据技术可以实现数据的共享和协同，从而提高生产效率和产品质量。

总之，利用大数据技术进行智能化制造可以提高生产效率、降低生产成本、提高产品质量和可靠性，从而提升产业链的再适应能力。但是，智能化制造也面临着一些挑战，如数据安全和隐私保护、技术标准和规范等问题，需要各方共同努力解决。

（二）市场预测和规划

大数据技术在市场预测和规划方面的应用已经成为了当今产业链中的重要组成部分。通过大数据技术的应用，企业可以更加准确地预测市场需求，制定更加精准的市场规划，提高产业链的再适应能力。以下是详细的做法：

1. 利用大数据技术进行市场预测

（1）数据采集。大数据技术的应用需要大量的数据支持，因此，数据采集是大数据技术应用的第一步。企业可以通过各种渠道获取数据，如社交媒体、电子商务平台、物联网设备等。通过对这些数据进行分析，企业可以了解市场的需求、趋势和变化，从而更加准确地预测市场的发展方向。

（2）数据分析。数据分析是大数据技术应用的核心环节。企业可以通过数据挖掘、机器学习等技术对采集到的数据进行分析，从而发现市场的规律和趋势。例如，通过对用户行为数据的分析，企业可以了解用户的需求和偏好，从而制定更加精准的市场策略。

（3）建模和预测。通过对数据的分析，企业可以建立预测模型，预测市场的发展趋势。预测模型可以基于历史数据，也可以基于实时数据。例如，企业可以通过建立销售预测模型，预测未来销售额的变化趋势，从而制订更加精准的销售计划。

2. 利用大数据技术进行市场规划

（1）市场细分。市场细分是市场规划的第一步。通过对市场进行细分，企业可以了解不同市场的需求和特点，从而制定更加精准的市场策略。大数据技术可以帮助企业进行市场细分，例如，通过对用户行为数据的分析，企业可以了解不同用户群体的需求和偏好，从而将市场细分为不同的用户群体。

（2）竞争对手分析。竞争对手分析是市场规划的重要环节。通过对竞争对手的分析，企业可以了解竞争对手的优势和劣势，从而制定更加精准的市场策略。大数据技术可以帮助企业进行竞争对手分析，例如，通过对竞争对手的销售数据和用户行为数据的分析，企业可以了解竞争对手的市场份额和用户偏好，从而制定更加精准的市场策略。

（3）市场营销策略制定。市场营销策略制定是市场规划的核心环节。通过对市场的分析和竞争对手的分析，企业可以制定更加精准的市场营销策略。大数据技术可以帮助企业制定市场营销策略，例如，通过对用户行为数据的分析，企业可以了解用户的需求和偏好，从而制定更加精准的市场营销策略。

总之，通过大数据技术的应用，企业可以更加准确地预测市场需求，制定更加精准的市场规划，提高产业链的再适应能力。大数据技术的应用需要大量的数据支持，因此，数据采集是大数据技术应用的第一步。企业可以通过数据挖掘、机器学习等技术对采集到的数据进行分析，从而发现市场的规律和趋势。通过对数据的分析，企业可以建立预测模型，预测市场的发展趋势。市场规划需要进行市场细分、竞争对手分析和市场营销策略制定。大数据技术可以帮助企业进行供应链管理、生产计划管理和产品设计和研发，从而提高产业链的再适应能力。

（三）供应链优化

大数据技术可以帮助企业优化供应链，包括供应商选择、物流管理、库存管理等方面。通过对供应链数据的分析，企业可以更好地了解供应链状况，及时发现问题并采取措施，提高供应链的效率和稳定性，进而帮助企业提高产业链的再适应能力。以下是具体的步骤说明：

（1）数据采集和分析。大数据技术可以帮助企业收集和分析供应链中的各种数据，包括供应商、物流、库存、销售等方面的数据。通过对这些数据的分析，企业可以更好地了解供应链中的瓶颈和问题，从而采取相应的措施进行优化。

（2）供应链预测和规划。大数据技术可以帮助企业进行供应链的预测和规划。通过对历史数据的分析，企业可以预测未来的需求和供应情况，从而制定相应的计划和策略。同时，大数据技术还可以帮助企业进行风险评估和应对，提高供应链的稳定性和可靠性。

（3）实时监控和反馈。大数据技术可以帮助企业实时监控供应链中的各个环节，及时发现和解决问题。同时，大数据技术还可以提供实时反馈和数据分析，帮助企业进行及时调整和优化。

（4）智能化管理和决策。大数据技术可以帮助企业实现供应链的智能化管理和决策。通过对数据的分析和挖掘，企业可以发现更多的商机和机会，同时也可以更好地应对市场变化和竞争压力。

总之，大数据技术可以帮助企业优化供应链，提高产业链的适应能力。但是，在实际应用中，企业需要根据自身的情况和需求，选择合适的大数据技术和方案，同时也需要注重数据的质量和安全，避免数据泄露和滥用。

（四）客户关系管理

大数据技术可以帮助企业更好地管理客户关系，包括客户需求分析、客户行为预测、客户满意度调查等方面。通过对客户数据的分析，企业可以更好地了解客户需求和行为，提供更加个性化的产品和服务，提高客户满意度和忠诚度，大数据技术在客户关系管理方面的应用已经成为了企业提升产业链再适应能力的重要手段之一。以下是具体的分点说明：

（1）数据采集和整合。企业需要收集和整合客户的各种数据，包括客户的基本信息、购买历史、行为偏好、社交媒体活动等。这些数据可以通过各种渠道获取，如网站、社交媒体、客户服务中心等。企业需要建立一个完整的数据仓库，将这些数据整合起来，以便后续的分析和应用。

（2）数据分析和挖掘。企业需要利用各种数据分析和挖掘技术，对客户数据进行深入分析，以发现客户的行为模式、偏好和需求。这些技术包括数据挖掘、机器学习、人工智能等。通过这些技术，企业可以发现客户的潜在需求，提供更加个性化的服务和产品。

（3）客户细分和定位。企业需要将客户分成不同的细分市场，以便更好地了解客户的需求和行为。这些细分市场可以根据客户的地理位置、行为偏好、购买历史等因素来划分。企业需要针对不同的细分市场，提供不同的服务和产品，以满足客户的需求。

（4）客户关系管理。企业需要建立一个完整的客户关系管理系统，以便更好地管理客户关系。这个系统需要包括客户信息管理、客户服务管理、客户反馈管理等模块。通过这个系统，企业可以更好地了解客户的需求和反馈，提供更加个性化的服务和产品。

（5）数据可视化和报告。企业需要将客户数据可视化，以便更好地了解客户的行为和需求。这些可视化工具包括数据仪表盘、报告等。通过这些工具，企业可以更加直观地了解客户的行为和需求，及时调整服务和产品。

总之，大数据技术在客户关系管理方面的应用可以帮助企业更好地了解客户的需求和行为，提供更加个性化的服务和产品，从而提升产业链再适应能力。但是，鉴于当前各国对于企业使用消费者相关信息的行为十分审慎，企业在收集和使用此类数据时应符合法律法规，避免消费者隐私泄露。

（五）产品创新和服务升级

大数据技术可以帮助企业进行创新和升级，包括产品创新、服务升级等方面。通过对市场和客户数据的分析，企业可以发现新的市场机会和客户需求，从而推出更加符合市场需求的产品和服务。企业利用大数据技术进行产品创新和服务升级，可以提升产业链的再适应能力，从而更好地适应市场需求和变化，以下是具体方法的分点说明：

（1）数据采集和分析。企业可以通过大数据技术对市场、用户、竞争对手等方面的数据进行采集和分析，以了解市场需求和趋势，用户需求和行为，竞争对手的优劣势等信息。这些信息可以为企业的产品创新和服务升级提供重要的参考和支持。

（2）产品创新。基于大数据分析的结果，企业可以进行产品创新，开发更符合市场需求和用户需求的产品。例如，通过对用户行为数据的分析，企业可以了解用户的偏好和需求，从而开发出更加个性化、定制化的产品。此外，企业还可以通过对竞争对手的数据分析，了解其产品的优劣势，从而进行有针对性的产品创新。

（3）服务升级。除了产品创新，企业还可以通过大数据技术对服务进行升级。例如，通过对用户行为数据的分析，企业可以了解用户的服务需求和痛点，从而提供更加贴近用户需求的服务。此外，企业还可以通过对服务数据的分析，了解服务的效果和问题，从而进行服务的优化和改进。

（4）产业链协同。大数据技术可以帮助企业实现产业链协同，从而提升产业链的再适应能力。例如，企业可以通过对供应链和销售渠道的数据分析，了解供应链和销售渠道的瓶颈和问题，从而进行优化和改进。此外，企业还可以通过对产业链上下游企业的数据分析，了解整个产业链的情况和趋势，从而进行更加有效的合作和协同。

总之，企业利用大数据技术进行产品创新和服务升级，可以提升产业链的再适应能力，从而更好地适应市场需求和变化。但是，企业在利用大数据技术时，也需要注意数据隐私和安全等问题，遵守相关法律法规和道德规范。

综上所述，通过大数据技术实现智能化制造、市场预测和规划、供应链优化、客户关系管理和产品创新和服务升级，可以有效地提高产业链再适应能力。当然，在实际操作中，需要考虑到不同企业的市场定位及其所在产业链的特点和需求，灵活运用以上方法，才能取得事半功倍的效果。

第五节　大数据提升产业链再定位能力的路径

一、产业链再定位能力的意义及重要性

产业链再定位能力是指产业链在面对外部环境变化或内部需求变化时，能够通过调整产业链的结构、布局、功能、模式等，以适应新的市场需求和竞争优势，提升产业链的价值创造能力。产业链再定位能力的强弱，影响着产业链的创新能力和竞争力，也影响着国家的经济发展和战略安全。如图 6-9 所示，产业链再定位能力对国家和企业的重要性主要体现在以下几个方面：

（一）国家经济安全和国际竞争力的重要因子

在全球化深入发展的今天，产业链已经成为国家经济发展的重要支撑，也是国际竞争的重要领域。拥有产业链再定位能力的国家，能够根据自身的发展战略和优势，优化产业结构，培育新兴产业，提升产业水平，增强产业链供应链的自主可控能力。同时，也能够根据国际市场的需求和变化，调整产业链的布局和分工，形成具有更强创新力、更高附加值、更安全可靠的产

业链供应链，提高国际市场份额和话语权。

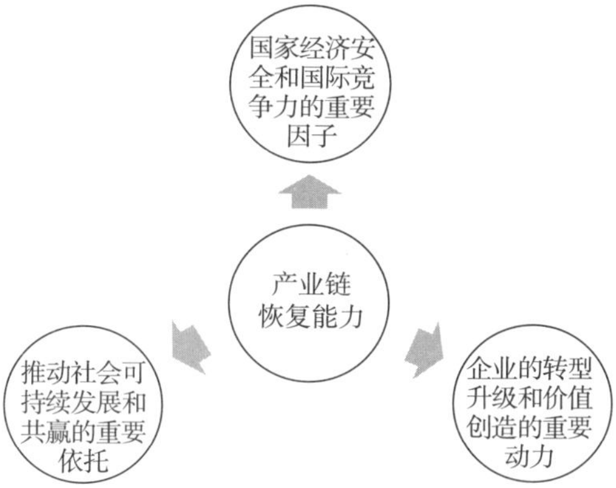

图 6-9　产业链再定位能力的重要意义

（二）企业的转型升级和价值创造的重要动力

在全球化竞争日益激烈的环境下，企业要想保持竞争优势和持续发展，就必须不断适应市场变化，创新商业模式，提升产品质量和服务水平。拥有产业链再定位能力的企业，能够根据自身的核心竞争力和市场定位，选择合适的产业链环节参与，并与上下游合作伙伴形成有效的协同创新机制。同时，也能够根据客户需求和行业趋势，及时调整产品结构和功能，提供差异化和个性化的解决方案，提高客户满意度和忠诚度。

（三）推动社会可持续发展和共赢的重要依托

在全球化带来机遇和挑战的同时，也带来了一系列社会问题，如资源环境压力、贫富差距、就业困境等。拥有产业链再定位能力的国家和企业，能够根据社会责任和公共利益，采取更加绿色、智能、包容的方式进行产业链运作。例如，在生产过程中节约资源、减少污染、保护生态；在分配过程中促进公平、扶贫济困、增加就业；在消费过程中倡导绿色、健康、文明。这样不仅有利于提高社会福祉和幸福感，也有利于形成良好的社会信任和合作氛围。综上所述，产业链再定位能力对国家和企业具有重要意义。

二、产业链再定位能力的具体体现

要想通过大数据技术提升产业链再定位能力，首先就必须充分把握产业链再定位能力的体现和内在因素，才能抓住痛点，做到精准施策，如图 6-10

所示，产业链再定位能力主要体现在以下几个方面：

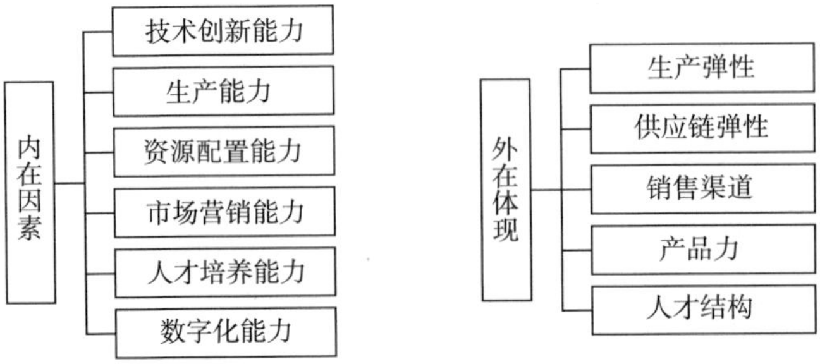

图 6-10　产业链再定位能力的主要体现

（一）产业链再定位能力的内在因素

1. 创新能力

创新能力是产业链再定位能力的核心，是提升产业链价值和竞争力的关键。创新能力包括基础研究、技术开发、产品设计、商业模式等多个层面，涉及科技、人才、资本等创新要素的集聚和配置。创新能力决定了一个国家或一个企业在产业链中的地位和作用，能否掌握关键核心技术，能否形成自主可控、安全可靠的产业链供应链，能否引领产业变革和升级。创新能力的提升需要加强基础研究和源头创新，加大科研投入和支持，建立健全创新激励和保护机制，培养和引进高层次创新人才，推动产学研用协同创新，打造一批具有国际竞争力的创新平台和创新企业。

2. 协调能力

协调能力是产业链再定位能力的保障，是实现产业链优化和稳定的重要条件。协调能力包括政府和市场、上下游企业、国内外市场等多个方面的协调，涉及政策引导、服务支持、分工合作、风险防范等多个环节。协调能力决定了一个国家或一个企业在产业链中的协同效应，能否有效应对外部冲击和内部矛盾，能否平衡经济性和安全性，能否促进产业链供应链的现代化。协调能力的提升需要加强顶层设计和整体统筹，制定合理的产业政策和规划，完善公共服务和基础设施建设，营造公平竞争和开放合作的市场环境，加强国际交流与合作，形成良好的产业生态。

3. 学习能力

学习能力是产业链再定位能力的动力，是提高产业链适应性和韧性的重要途径。学习能力包括对自身优劣势、对外部机遇挑战、对前沿技术趋势等多个方面的学习，涉及信息获取、知识积累、经验借鉴、模式创新等多个过程。学习能力决定了一个国家或一个企业在产业链中的进步速度，能否及时发现问题和机会，能否不断完善自身能力，能否走在产业发展的前列。学习能力的提升需要加强信息化建设和数据共享，利用大数据、云计算等技术提高信息获取和分析效率，建立健全知识管理和知识转化机制，促进知识积累和知识创新，加强行业监测和预警系统建设，及时掌握行业动态和趋势。

（二）产业链再定位能力的外在体现

1. 产品结构

产品结构是产业链再定位能力的直接体现，是衡量产业链价值水平的重要指标。产品结构包括产品种类、质量、档次、附加值等多个维度，反映了一个国家或一个企业在产业链中所处的层次和位置。产品结构越高端、越复杂、越智能化，说明该国家或该企业在产业链中具有更高的话语权和影响力。提升产品结构需要加强技术创新和品牌建设，提高产品质量和性能，满足消费者的多元化和个性化需求，增加产品的附加值和差异化优势。

2. 市场份额

市场份额是产业链再定位能力的间接体现，是衡量产业链竞争力水平的重要指标。市场份额包括国内市场份额和国际市场份额，反映了一个国家或一个企业在产业链中所占有的规模和地位。市场份额越大，说明该国家或该企业在产业链中具有更强的市场影响力和抗风险能力。提升市场份额需要加强市场开拓和营销策略，扩大国内外市场的覆盖和渗透，提高客户的忠诚度和满意度，增加产品的销量和利润。

3. 创新成果

创新成果是产业链再定位能力的潜在体现，是衡量产业链创新水平的重要指标。创新成果包括专利、论文、奖项、标准等多个方面，反映了一个国家或一个企业在产业链中所拥有的技术优势和领先地位。创新成果越多，说明该国家或该企业在产业链中具有更强的技术创新力和引领力。提升创新成果需要加强基础研究和源头创新，加大科研投入和支持，建立健全创新激励和保护机制，培养和引进高层次创新人才，推动产学研用协同创新，打造一批具有国际竞争力的创新平台和创新企业。

总之，产业链再定位能力的内在要素涵盖了创新能力、协调能力和学习能力，外在体现为产品结构、市场份额、创新成果。企业、产业和国家各个产业链都应该全面抓住这些痛点，逐步实施有针对性的措施，从而从根本上夯实提高产业链再定位能力。

三、提升产业链再定位能力的具体路径

随着大数据技术的不断发展和应用，许多国家和企业开始探索如何利用这项技术提升产业链再定位能力。大数据技术是指能够处理海量、多样、快速、价值的数据的技术，它可以帮助企业和组织提升数据采集、存储、分析、应用的能力，从而提高决策效率、创新能力、竞争力和风险防范能力。大数据技术可以提升产业链再定位能力，即在全球产业链中调整自身的位置和角色，以适应市场变化和客户需求，提升自身的价值创造和价值获取。具体来说，如图 6-11 所示，大数据技术可以通过以下六个方面提升产业链再定位能力：

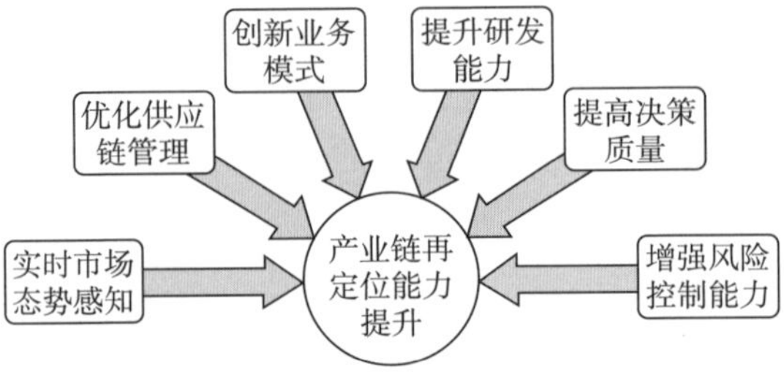

图 6-11　产业链再定位能力的提升路径

（一）实时市场态势感知

大数据技术可以帮助企业实时监测市场需求、竞争态势、客户行为等关键信息，从而快速调整产品、服务、渠道、价格等策略，提高市场适应性和竞争力。包括以下具体策略：

1. 利用大数据技术收集、整合、分析各类市场数据

利用大数据技术收集、整合、分析包括客户需求、竞争对手动态、行业趋势、政策法规等在内的各类市场数据，构建市场态势感知模型，实时监测市场变化，发现市场机会和风险。这样可以帮助企业及时了解市场需求和供给的变化，把握市场脉搏，提高市场敏感度和反应速度。具体流程包括：

（1）数据收集：利用各种渠道和手段收集海量的结构化和非结构化的市场数据，如网站浏览量、点击率、评论数、购买记录、用户反馈、社交媒体内容等。

（2）数据整合：利用数据清洗、转换、抽取等方法对收集到的数据进行预处理，消除噪声和冗余，提高数据质量和一致性。

（3）数据分析：利用统计分析、可视化分析、关联分析等方法对整合后的数据进行描述性分析、探索性分析和预测性分析，发现数据中的规律和模式。

2. 利用大数据技术对市场数据进行深度挖掘和智能分析

利用人工智能、机器学习、自然语言处理等技术，提取市场数据中的有价值信息，生成市场洞察报告，为决策者提供决策支持。这样可以帮助企业深入理解市场规律和客户行为，发现潜在的市场机会和风险，制定更合理的战略和策略。具体流程包括：

（1）深度挖掘：利用人工智能、机器学习、自然语言处理等技术对数据进行更深层次的分析，如情感分析、主题分析、意图识别、知识图谱构建等，从数据中提取更丰富的语义信息和知识。

（2）智能分析：利用人工智能、机器学习、自然语言处理等技术对数据进行更高级的分析，如分类、聚类、推荐、预测、优化等，从数据中生成更有价值的洞察和建议。

3. 利用大数据技术对产业链进行优化调整

根据市场态势感知的结果，及时调整产品设计、生产计划、物流配送、营销策略等环节，提高产业链的灵活性和适应性。这样可以帮助企业更好地满足市场需求和客户期望，提升产品质量和服务水平，增强竞争力和盈利能力。具体流程包括：

（1）产品设计：利用大数据技术对市场需求和客户偏好进行分析，设计出更符合市场和客户需求的产品，提高产品的吸引力和满意度。

（2）生产计划：利用大数据技术对市场供需和库存情况进行分析，制订出更合理的生产计划，提高生产效率和资源利用率。

（3）物流配送：利用大数据技术对物流网络和运输条件进行分析，优化物流路线和运输方式，提高物流速度和降低物流成本。

（4）营销策略：利用大数据技术对市场竞争和客户行为进行分析，制定出更有效的营销策略，提高营销效果和转化率。

4. 利用大数据技术促进产业链的协同创新

通过建立产业链上下游的数据共享和交流机制，实现产业链内部的信息互通和知识共享，增强产业链的协同效应和创新能力。这样可以帮助企业搭建更广泛的合作网络，共享资源和优势，促进产业链的升级和转型。具体流程包括：

（1）数据共享：利用大数据技术建立产业链上下游的数据共享平台，实现产业链内部的数据互联互通，提高数据的可获取性和可利用性。

(2) 交流机制：利用大数据技术建立产业链上下游的交流机制，实现产业链内部的信息沟通和知识传递，提高信息的可信度和可理解性。

(3) 协同效应：利用大数据技术促进产业链上下游的协同合作，实现产业链内部的资源整合和优势互补，提高协同效率和协同效果。

(4) 创新能力：利用大数据技术激发产业链上下游的创新思维，实现产业链内部的创新模式和创新成果，提高创新水平和创新价值。

(二) 优化供应链管理

随着物联网、云计算等新技术的不断发展，大量数据不断被产生和积累，供应链管理也逐渐向数据驱动转型。大数据技术可以应用于供应链管理的各个环节，比如采购、生产、物流、销售等。通过这些数据的分析和挖掘，企业可以快速响应市场变化，预测需求，有效优化资源配置，提高整个供应链的效率和质量。具体说明如下：

(1) 建立完善的数据平台和数据体系。建立完善的数据平台和数据体系是实现供应链管理数字化转型的前提条件。企业需要通过对供应链各个环节的数据采集、清洗、统计、分析等过程，建立起全方位、多维度、高精度的数据体系。数据平台应该支持实时获取和处理数据，并能够自动识别和纠正错误数据，确保数据的准确性和一致性。

(2) 实现供需匹配与库存优化通过大数据技术，企业可以实时获取市场需求信息，准确预测未来的需求趋势，从而避免生产过剩或者缺货的情况发生。同时，还可以通过建立大数据模型，进行库存规划和控制，降低库存成本，提高资金利用效率。此外，针对不同产品的特点和销售周期，还可以实现个性化的供应链解决方案，满足不同客户的需求，提高客户满意度。

(3) 提高生产效率和降低成本。大数据技术可以帮助企业优化生产计划，实现生产线的智能化调度和运营。通过对生产数据的实时监测和分析，快速识别和解决生产中出现的问题，提高生产效率和质量。此外，还可以通过对供应链中各个环节的成本进行分析，找出降低成本的潜力点，实现成本控制和降低经营风险。

(4) 加强风险管理和应对能力。供应链管理中存在多种风险，如市场波动、价格变化、自然灾害等。大数据技术可以帮助企业识别和评估这些风险，并提供相应的风险预警和应对方案。通过建立全面的供应链风险管理体系，企业可以有效避免、减轻和承担供应链风险，提高供应链的稳定性和可持续发展能力。

（三）创新业务模式

大数据技术可以帮助企业创新业务模式，通过对内部和外部数据的挖掘和利用，发现新的价值点和商机，打造差异化的核心竞争，同样可以帮助企业提升产业链再定位能力，从而更好地适应市场需求，实现可持续发展。本书将从以下几个方面详细说明如何利用大数据技术创新业务模式，以提升产业链再定位能力：

（1）了解客户需求，挖掘潜在机会。对于企业来说，了解客户需求是至关重要的。只有深入了解客户需求，才能够为客户提供更加贴近实际需求的产品或服务。这一点对于产业链上的企业来说尤为重要，因为一个环节上的变化可能会直接影响到整个产业链的运作。而大数据技术正是通过收集和分析大量的用户行为数据，可以帮助企业更加全面、精准地了解用户需求。通过大数据技术，企业可以获取用户的搜索、点击、购买等行为数据，并通过分析这些数据，发现用户的消费偏好和需求。在此基础上，企业可以开发出更加贴近用户需求的产品或服务，从而提升用户体验，增加市场竞争力。同时，大数据技术还能够帮助企业发现潜在机会。通过对用户数据的深入分析，企业可以发现一些用户需求没有得到很好的满足，或者存在一些新的需求尚未被挖掘。针对这些潜在机会，企业可以进行创新性的产品研发，从而进一步提升市场竞争力。

（2）收集和整合海量数据。要利用大数据技术创新业务模式，必须先具备收集和整合海量数据的能力。企业可以通过建立数据平台、引入第三方数据服务等方式，收集来自各个渠道的数据，包括用户行为、社交媒体、物联网设备等多种类型的数据。同时，由于数据来源和格式的多样性，企业需要具备数据整合和清洗的能力。这一过程可能需要使用数据仓库、ETL 工具等技术手段，将不同来源的数据进行整合、清洗和转换，以便后续的分析和应用。

（3）分析数据，发现趋势和规律。收集和整合海量数据只是第一步，真正发挥大数据技术的价值需要进行数据分析。通过数据分析，企业可以发现用户的消费偏好、产品特点、竞争格局等信息，从而为业务模式的创新提供有力支持。在数据分析的过程中，常用的技术手段包括数据挖掘、机器学习、自然语言处理等。这些技术可以帮助企业从数据中发现隐藏的趋势和规律，预测未来的市场走向，准确地把握市场机遇。

（4）数据驱动营销策略。使用数据分析结果，可以根据买家的偏好和行为来制定个性化的营销策略，这将使企业能够更好地满足客户需求，提高销售率并增强客户黏性。

（四）提升研发能力

大数据技术可以帮助企业提升研发能力，通过对海量的科技文献、专利、市场反馈等数据的分析和挖掘，加速技术创新和产品迭代，缩短研发周期。大数据技术在当今的商业环境下已经成为了一种极具价值的资源，企业可以通过应用大数据技术来提升自己的研发能力并进一步加强产业链再定位的能力。以下是一些关键要点：

（1）大数据深度处理。收集、整合、分析各类研发数据，包括市场需求、技术动态、专利信息、竞争情报等，构建研发数据平台，实现研发数据的可视化和智能化，为研发模式创新提供数据支撑和洞察。利用大数据技术对研发数据进行深度挖掘和智能分析，利用人工智能、机器学习、自然语言处理等技术，从研发数据中提取有价值信息和知识，生成研发洞察报告，为研发模式创新提供决策支持。这样可以帮助企业深入理解研发的规律和客户需求，了解研发的现状和问题，发现潜在的研发机会和风险，制定更合理的战略和策略，提高研发的敏锐度和创新度。

（2）创新研发模式。根据研发洞察报告的结果，及时调整产品设计、技术路线、项目管理、成果转化等环节，提高研发模式的差异化和适应性。这样可以帮助企业更好地满足市场需求和客户期望，提升产品质量和技术水平，增强竞争力和盈利能力。

（3）促进产业链协同创新。通过建立产业上下游的数据共享和交流机制，实现产业内部的信息互通和知识共享，增强产业的协同效应和创新能力。这样可以帮助企业搭建更广泛的合作网络，共享资源和优势，不但可以促进产业链的升级和转型，而且企业可以获得更多有价值的信息，并提升自身的研发能力。同时，这种合作模式也可以帮助企业更好地把握市场趋势和行业变化。

（五）增强风险控制能力

大数据技术可以帮助企业增强风险控制能力，通过对金融市场、信用评级、合规监管等数据的分析和预警，有效防范和应对各类风险事件。大数据技术在风险控制和产业链再定位方面具有巨大的潜力。本文将重点介绍如何利用大数据技术提高风险控制能力以及如何利用这种能力来提升产业链再定位能力：

（1）建立全面的数据采集和存储系统。对于任何一个企业或组织来说，良好的数据管理是成功的关键之一。为了实现风险控制和产业链再定位，需要建立一个全方位的数据采集和存储系统，确保所有重要的数据都得到收集并保存在安全可靠的地方。这些数据包括但不限于客户信息、交易记录、市场趋势、供应链信息、财务报表等。

（2）利用机器学习和人工智能技术实现风险预警和识别。利用机器学习和人工智能技术可以帮助企业快速、准确地预测和识别各种风险。例如，基于历史数据的模型可以用于预测市场趋势、销售量等；基于自然语言处理的模型可以用于监测社交媒体上的舆情变化，从而帮助企业及时调整战略。

（3）建立风险监控和管理系统，加强业务流程管控。针对不同的风险，建立相应的监控和管理系统，包括但不限于客户信用评估、供应商风险评估、合规性检查等。同时，加强对业务流程的管控，确保每一步操作都符合公司的风险管理政策。通过此类措施，企业可以更好地控制风险，从而提高生产效率和收益率。

（六）提高决策质量

大数据技术可以帮助企业提高决策质量，通过对多维度、多层次、多来源的数据的整合和分析，为决策者提供更全面、更准确、更及时的决策支持。要实现这一目标，需要注意以下要点：

（1）建立完整的数据生态系统。建立完整的数据生态系统是提高决策质量的基础。首先需要收集各个环节的数据，包括供应商、生产线、销售渠道、客户等方面的数据。其次需要对数据进行清洗、整合和存储，以确保数据的准确性和完整性，并且便于后续的分析与挖掘。最后建立数据共享平台，使不同部门之间可以自由交换数据，从而形成一个完整的数据生态系统。

（2）实施数据分析和挖掘技术。数据分析和挖掘技术是利用大数据进行决策的重要手段。通过数据分析和挖掘，可以发现数据中的规律和趋势，为企业提供更准确的决策依据。具体来说，一是利用大数据技术构建决策支持系统，实现数据的收集、存储、清洗、分析、展示和应用，为决策者提供全面、精准、实时的商业洞察和决策指导。这样可以帮助企业充分挖掘大数据中所蕴含的价值，将其转化为决策资源，提高决策的效率和效果。二是利用大数据技术建立指标体系，明确运营状况的衡量尺度，根据不同的决策场景和需求，确定需要解决或优化的决策问题和目标，并将其转化为可量化或可评估的指标或指标体系。这样可以帮助企业科学地制定和执行决策方案，实现对决策过程和结果的监控和评估。三是利用大数据技术选择合适的分析模型和算法，利用人工智能、机器学习、自然语言处理等技术，对大数据进行深度挖掘和智能分析，从大数据中提取有价值信息和知识，并生成决策洞察报告。这样可以帮助企业深入理解决策问题和目标，发现潜在的决策机会和风险，制定更合理的战略和策略。

（3）打造智能化的决策支持系统。智能化的决策支持系统是指基于大数据技术的决策支持软件。该系统集成了多种数据分析和挖掘技术，可自动分析数据并提供决策建议。企业可以根据自身需求定制决策支持系统，使其真正满足业务需求，提供精准的决策建议。例如，在销售方面，可以根据历史数据和市场趋势，为销售团队提供最佳的销售方案；在生产方面，可以根据库存情况和物流状况，实时调整生产计划。

（4）加强数据安全保障。大数据技术的应用需要涉及大量的敏感数据，因此加强数据安全保障至关重要。企业需要建立完善的数据安全机制，包括加密传输、权限管理、访问审计等方面。同时，还需要对数据进行备份和恢复，以应对各种突发事件。在建立安全机制的同时，企业还需注重员工的安全意识培养，提高整体安全防护水平。

综上所述，利用大数据技术实现实时市场态势感知、优化供应链管理、创新业务模式、提升研发能力、增强风险控制能力和提高决策质量等路径，可以有效地提高产业链再定位能力。当然，在实际应用中，需要考虑到不同国家的国际市场定位及其产业链的特点和需求，灵活运用以上方法论，才能取得更好的效果。

第七章　大数据背景下产业链安全与韧性的案例研究

近年来，随着新一轮科技革命和产业变革的深入推进，全球数字经济蓬勃发展，带动产业数字化转型升级。我国制造业数字化进程不断迈进，工业互联网大数据中心作为新型工业互联网的基础设施，其建设得到了国家层面的高度重视。2019 年 6 月 3 日，工业和信息化部党组审议通过《国家工业互联网大数据中心建设方案》，明确由中国工业互联网研究院开展国家工业互联网大数据中心建设及管理工作。2020 年 9 月 29 日，《国家工业互联网大数据中心建设与运营管理办法（试行）》正式发布实施。2021 年 9 月 30 日，《"十四五"时期国家工业互联网大数据中心建设规划》正式发布。这些文件为国家工业互联网大数据中心建设提供了明确的指导和保障。

然而，在我国制造业数字化转型升级过程中，也面临诸多挑战和风险。一方面，我国部分领域关键核心技术受制于人，如芯片、光刻机等领域，存在"断链"隐忧；另一方面，贸易保护主义、逆全球化思潮逐渐抬头，全球产业链遭受冲击，我国也不可避免地受到冲击和影响。因此，如何有效挖掘、利用好工业互联网大数据资源，增强我国产业链韧性至关重要。

本章旨在通过案例研究的方法，探讨在大数据背景下如何提升我国产业链安全与韧性。本章选取了两个具有代表性和启示意义的案例：一个是从国家层面，分析如何利用工业互联网大数据中心打造中国高质量产业链；另一个是从企业层面，分析如何利用数字化产业链打造韧性产业链。

第一节　大数据背景下的工业互联网产业发展

工业互联网是指以工业互联网平台为核心，将先进的信息技术、通信技术和制造技术深度融合，实现工业设备、生产线、工厂和企业等对象的互联互通以及跨地域的互联互通，实现工业数据的采集、传输、分析和应用，提升工业生产效率和质量，降低生产成本和资源消耗，创造新的商业模式和价值的一种新型工业形态。工业互联网是实现制造业数字化、网络化、智能化的重要途径，也是推动制造强国建设和高质量发展的重要支撑。

工业互联网大数据是指在工业互联网环境下，由各类主体（政府、企业、机构、公众等）产生的与工业互联网相关的数据，包括工业互联网标识解析、网络、平台、安全相关数据，以及各类企业生产、仓储、订单、物流等数据。工业互联网大数据具有规模大、类型多、价值高、时效性强等特点，是影响工业经济发展和工业安全保障的重要生产要素。利用大数据技术对工业互联网大数据进行全面量化、深度挖掘和智能应用，可以全面掌握我国工业经济运行形势，解析产业发展的重点、问题、特征、趋势，为国家战略方针和重大政策措施的制定和实施提供精准数据支撑，为有效处理复杂社会治理和经济发展问题提供新的手段，从而提高行业管控和产业经济宏观调控的科学性、预见性和有效性。

一、工业互联网大数据的概念、特征、价值

（一）工业互联网大数据的概念和特征

工业互联网大数据是指工业领域基于销售、研发、生产、仓储、物流、售后等全闭环的数据集合，以及通过工业互联网平台汇聚的工业互联网标识解析、网络、安全相关数据，以及各类主体（政府、企业、机构、公众等）产生的与工业互联网相关的数据。工业互联网大数据具有以下特征：第一，规模巨大。工业互联网大数据涵盖了海量的设备、资产、产品和服务的数据，以及各种工业应用和场景的数据，其规模远超传统的互联网大数据。第二，结构复杂。工业互联网大数据包含了结构化、半结构化和非结构化的多种类型的数据，如数值、文本、图像、视频、音频等，其结构多样且变化频繁。第三，价值密度高。工业互联网大数据蕴含了丰富的工业知识和经验，其价值体现在可以提升工业生产效率、质量和安全性，促进工业创新和转型，增强工业竞争力和可持续发展能力。第四，安全性要求强。工业互联网大数据涉及国家安全、社会稳定和公共利益等重要领域，其安全性要求非常高，需要保障数据的完整性、可用性和保密性，防止数据的泄露、篡改和滥用。

（二）工业互联网大数据的价值和作用

工业互联网大数据是影响工业经济发展和工业安全保障的重要生产要素，其价值和作用主要体现在以下四个方面：

第一，提升工业生产效率和质量。通过对工业设备的实时监测和智能诊

断，可以实现设备状态的可视化和预测性维护，降低故障率和维修成本，提高设备利用率和运行效率；通过对工业过程的实时控制和优化，可以实现生产参数的自动调整和优化配置，减少能耗和浪费，提高生产质量和一致性；通过对产品设计和制造的数字化仿真和验证，可以实现产品性能的优化和创新，缩短产品研发周期和上市时间。

第二，促进工业创新与转型升级。通过对工业领域的深度挖掘和分析，可以发现行业发展的重点、问题、特征、趋势等，为国家战略方针和重大政策措施的制定提供精准数据支撑；通过对工业用户需求和行为的深入了解和预测，可以实现产品和服务的个性化定制和创新，提升用户满意度和忠诚度；通过对工业生态系统的构建和优化，可以实现产业链的协同发展和价值共创，提升产业竞争力和抗风险能力。

第三，赋能中小企业数字化转型。通过建设国家工业互联网大数据中心体系，可以为中小企业提供轻量化应用、智能化改造、"上云用云"等服务，降低中小企业数字化转型门槛，并打通中小企业与大企业之间的信息壁垒，形成大中小企业融通发展机制；同时，可以为中小企业提供基于生产运营实时数据的信用评估、风险控制等产品，缓解中小企业融资难题。

第四，增强社会公共服务水平。通过对工业环境监测与治理相关的大数据进行收集与分析，可以实现环境污染物排放量的精准监测与预警，并为污染防治提供科学依据；通过对工业安全生产相关的大数据进行收集与分析，可以实现安全隐患排查与消除，并为安全事故应急处置提供有效支持；通过对工业公共资源相关的大数据进行收集与分析，可以实现资源配置优化与节约，并为资源利用效率提升提供可靠保障。

二、中国工业互联网大数据中心的建设与作用

（一）国家工业互联网大数据中心的建设方案和架构

国家工业互联网大数据中心是基于工业互联网体系建立的数据搜集、汇聚、存储、处理、展示、交易平台，整合汇聚工业互联网标识、网络、平台、安全和其他相关数据资源，构建完善的工业互联网大数据获取、共享和使用机制，有效提升我国工业互联网大数据资源的管理、服务和安全水平，充分挖掘工业互联网大数据的基础资源作用和创新引擎作用，加快推进工业互联网创新发展，助力制造业转型升级，显著提升数据驱动的政府治理能力和数据赋能实体经济的能力。

国家工业互联网大数据中心采用 1+N 架构，在北京建设国家中心，基于

“离工业最近”的原则，在工业企业聚集、两化融合基础比较好的省份建设区域分中心和行业分中心。在《“工业互联网+安全生产”行动计划（2021—2023年）》《工业互联网创新发展行动计划（2021—2023年）》等一系列文件中，明确要求到2023年底，建设20个区域分中心和10个行业分中心，以及安全生产9大行业的安全生产行业分中心，基本建成国家工业互联网大数据中心体系。

（二）国家工业互联网大数据中心的功能和服务

国家工业互联网大数据中心的功能和服务主要包括以下四个方面（见图7-1）：

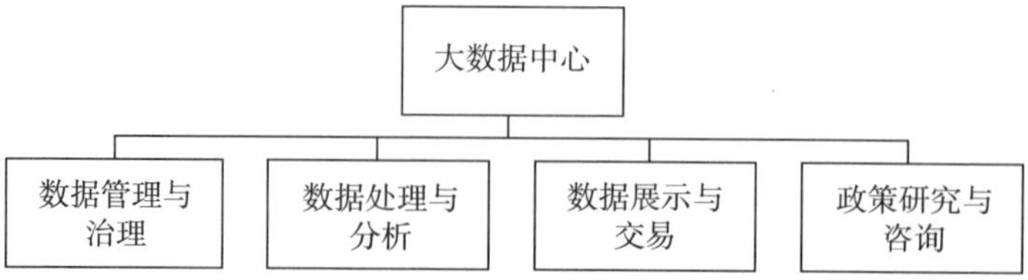

图7-1　大数据中心的功能与服务

1. 数据管理与治理

通过标识解析系统对各类主体（政府、企业、机构、公众等）产生的与工业互联网相关的数据进行统一编码和标识，实现对数据来源和流向的可追溯性；通过建立数据分类分级指南，指导企业提升工业数据管理能力，促进工业数据的使用、流通与共享；通过建立数据质量评估机制，提高数据可信度和可用性；通过建立数据安全保护机制，防范数据泄露和篡改风险。

2. 数据处理与分析

通过运用大数据技术对海量异构多源多维度的工业互联网大数据进行清洗、融合、挖掘等处理，提取有价值的信息和知识；通过运用人工智能技术对处理后的工业互联网大数据进行智能化分析，形成对产业发展趋势、市场需求变化、生产运行状态等方面的深度洞察和预测。

3. 数据展示与交易

通过建立统一开放的工业互联网大数据服务平台，为各类主体提供多样化的可视化展示方式，如图表、地图、仪表盘等，实现对工业互联网大数据资源的直观呈现；通过建立规范有序的工业互联网大数据交易市场，为各类主体提供便捷高效的交易撮合机制，实现对工业互联网大数据资源的价值变现。

4. 政策研究与咨询

通过利用工业互联网大数据资源和分析能力，为政府部门提供科学依据和决策支持，如制定重大战略规划、推进供给侧结构性改革、优化产业结构调整等；为企事业单位提供专项研究和咨询服务，如开展市场调研与竞争分析、制定产品设计与营销策略、优化生产管理与运维方案等。

三、工业互联网大数据提升产业链的安全与韧性

（一）工业互联网大数据的应用如何提升产业链的抵抗能力

1. 工业互联网大数据优化了供需网络的规划与设计

供需网络是指由供应商、生产商、分销商和消费者等多方组成的复杂网络，其目标是实现产品和服务的有效流动，满足市场需求。中国工业互联网大数据的应用优化了地区企业供需网络的规划与设计。

（1）利用工业互联网平台汇聚各类数据。利用工业互联网平台汇聚各类数据，构建供需网络的数字孪生模型，实现对供需网络的可视化、可量化、可分析和可优化管理。数字孪生模型是指利用物理模型、传感器数据、历史数据等构建的供需网络的虚拟映射，能够实时反映供需网络的状态和行为，为规划与设计提供科学依据和决策支持。

（2）利用大数据分析技术。利用大数据分析技术，挖掘供需网络中的潜在规律和价值，优化供需网络的结构和参数，提高供需网络的效率和灵活性。大数据分析技术可以利用数学模型、机器学习、人工智能等方法，对供需网络中的数据进行深度挖掘和处理，发现供需网络中存在的问题和机会，为优化供需网络提供解决方案和建议。

（3）利用人工智能技术。利用人工智能技术，实现对供需网络的智能预测和决策，提升供需网络的适应性和稳定性。人工智能技术可以利用深度学习、神经网络、强化学习等方法，对供需网络中的复杂情况进行智能识别和处理，实现对市场需求、产品价格、库存水平等因素的智能预测和调整，为优化供需网络提供动态指导和响应。

（4）利用区块链技术。利用区块链技术，实现供需网络中信息和价值的安全可信传递，增强供需网络的协同性和透明性。区块链技术是一种基于分布式账本、共识机制、加密算法等技术构建的去中心化、不可篡改、可追溯的信息交换系统，能够实现供需网络中各方之间信息和价值的高效共享和交易，为优化供需网络提供信任保障和协作平台。

2. 工业互联网大数据巩固和维护了企业与供应商的关系

与现有供应商的关系是企业在产业链中的重要环节，影响企业的成本、质量、效率和风险。中国工业互联网大数据帮助企业巩固了与现有供应商的关系。

（1）提高产业链透明度和协同效率。工业互联网大数据可以实现产业链上下游的数据共享和交换，提高产业链的可视化和可追溯性，使企业能够及时了解供应商的生产状况、库存水平、物流进度等信息，从而优化采购计划、降低库存成本、提高交货准时率。同时，工业互联网大数据也可以促进产业链各方的协同沟通和协同决策，提高产业链的响应速度和灵活性，应对市场变化和不确定性。

（2）增强供应商管理和评估能力。工业互联网大数据可以为企业提供更加全面、客观、科学的供应商管理和评估方法，通过对供应商的质量、成本、交付、服务等多维度的数据分析，建立供应商绩效评价体系，实现对供应商的动态监控和持续改进。同时，工业互联网大数据也可以为企业提供更加精准、有效的供应商选择和匹配方法，通过对供应商的能力、信誉、风险等多方面的数据挖掘，建立供应商分类分级体系，实现对供应商的合理配置和优化选择。

（3）促进供应商创新和升级能力。工业互联网大数据可以为企业提供更加丰富、深入、前瞻的供应商创新和升级服务，通过对供应商的技术水平、市场需求、竞争态势等多层面的数据分析，建立供应商创新需求识别体系，实现对供应商的技术支持和指导。同时，工业互联网大数据也可以为企业提供更加开放、协作、共赢的供应商创新和升级平台，通过对供应商的知识资源、专利信息、合作伙伴等多方面的数据整合，建立供应商创新合作网络，实现对供应商的资源共享和价值共创。

3. 工业互联网大数据助力需求规划、实现库存优化

（1）工业互联网大数据的需求规划是指根据企业的战略目标和业务场景，确定工业互联网大数据的应用方向、范围和目标，以及所需的数据来源、类型、质量和安全等要求，制定相应的数据采集、存储、处理、分析和共享等方案。需求规划是工业互联网大数据项目的第一步，也是最关键的一步，它决定了项目的可行性、有效性和可持续性。

工业互联网大数据的需求规划能够实现以问题为导向，明确工业互联网大数据要解决的具体问题和预期效果，如提高生产效率、降低成本、优化质量、增强竞争力等；以场景为基础，分析工业互联网大数据的应用场景和特

点，如生产过程监控、故障诊断预测、智能排产调度、产业链协同优化等；以价值为导向，评估工业互联网大数据的价值潜力和风险挑战，如提升效益、创新模式、增强安全等；以能力为支撑，考虑工业互联网大数据的技术可行性和组织可执行性，如数据获取能力、计算分析能力、平台支撑能力、人才培养能力等。

（2）工业互联网大数据的库存优化是指利用工业互联网大数据技术对企业的库存管理进行智能化改进，实现库存水平的最优化，提高库存周转率，降低库存成本，满足客户需求。库存优化是工业互联网大数据在产业链优化升级领域的重要应用之一。

工业互联网大数据实现库存优化主要包括：①需求预测。利用机器学习等算法对市场需求进行精准预测，根据历史销售数据、季节性因素、促销活动等多维度因素进行分析，生成需求计划，为后续的库存决策提供依据。②库存控制。利用运筹优化等算法对库存水平进行动态控制，根据需求预测结果、生产能力约束、物流成本约束等多种约束条件，确定最优的订货量、补货点和安全库存等参数，实现库存成本最小化。③库存分配。利用运筹优化等算法对库存资源进行合理分配，根据不同仓库的需求量、服务水平、运输距离等多个因素进行权衡，确定最优的库存分配方案，实现库存效率最大化。④库存监测。利用计算机视觉等算法对库存状态进行实时监测，通过摄像头等设备对库存数量、位置、质量等进行识别和检测，实现库存信息的准确获取和更新。

（二）工业互联网大数据的应用如何提升产业链的恢复能力

1. 工业互联网大数据如何实现产业链运行监测和预警

工业互联网大数据的应用通过对产业链各环节的数据采集、汇聚、分析、应用，实现了对产业链运行状态的实时监测和预警，提高了产业链的效率、质量、安全和可持续性。

第一，实现设备监测和预警：工业互联网大数据的应用通过对设备的运行参数、故障信息、维修记录等数据的实时采集和分析，可以实现对设备的健康状况、性能水平、故障风险等的监测和预警，从而提高了设备的可靠性、效率和寿命。

第二，实现生产监测和预警：工业互联网大数据的应用通过对生产过程中的原材料、中间品、成品等数据的实时采集和分析，可以实现对生产质量、效率、成本等的监测和预警，从而提高了生产的稳定性、优化性和竞争力。

第三，实现管理监测和预警：工业互联网大数据的应用通过对企业内部的人员、财务、物流等数据，以及外部的市场、政策、环境等数据的实时采集和分析，可以实现对企业经营状况、风险因素、发展趋势等的监测和预警，从而提高了企业的管理水平、创新能力和应对能力。

第四，实现产业链监测和预警：工业互联网大数据的应用通过对产业链上下游各环节的数据进行整合和分析，可以实现对产业链整体运行状况、协同效果、供需平衡等的监测和预警，从而提高了产业链的协同性、弹性和抗冲击性。

2. 工业互联网大数据如何实现产业链数据互联互通和共享

工业互联网大数据的应用通过构建统一的标识体系、网络体系、平台体系和安全体系，实现了产业链各环节之间以及跨行业之间的数据互联互通和共享，促进了产业链上下游之间以及跨行业之间的协同创新和价值转化。

第一，构建了统一标识体系：工业互联网大数据的应用通过建立统一的工业互联网标识解析体系，为工业领域内外各类物理资源（如设备、产品）、数字资源（如软件）、主体（如企业）等赋予唯一标识，并提供标识注册与解析服务，实现了对工业领域内外各类资源与主体的精准定位与识别。

第二，构建了统一网络体系：工业互联网大数据的应用通过建立统一的工业互联网网络体系，为工业领域内外各类资源与主体提供高速可靠的网络连接服务，并支持多种网络接入方式（如有线、无线）、多种网络协议（如TCP/IP）、多种网络架构（如边缘计算），实现了对工业领域内外各类资源与主体的高效传输与交换。

第三，构建了统一平台体系：工业互联网大数据的应用通过建立统一的工业互联网平台体系，为工业领域内外各类资源与主体提供丰富多样的平台服务，并支持多种平台类型（如设备平台、应用平台）、多种平台功能（如存储、计算）、多种平台模式（如公有云、私有云），实现了对工业领域内外各类资源与主体的有效管理与应用。

第四，构建了统一安全体系：工业互联网大数据的应用通过建立统一的工业互联网安全体系，为工业领域内外各类资源与主体提供全方位、全周期的安全保障服务，并支持多种安全技术（如加密、认证）、多种安全措施（如防火墙）、多种安全机制（如审计），实现了对工业领域内外各类资源与主体的有效保护与防御。

3. 工业互联网大数据如何实现产业链应急管理和协调

工业互联网大数据的应用通过利用人工智能等先进技术，对产业链各环节以及跨行业之间可能发生或已经发生的突发事件进行快速响应和有效处置，实现了产业链应急管理和协调，降低了突发事件对产业链运行稳定性和安全性造成的影响。

第一，强化事件的快速感知与识别：工业互联网大数据的应用通过不断采集和分析产业链各环节以及跨行业之间的各类设备状态信息、生产过程信息、市场需求信息等数据，及时感知并识别出可能发生或已经发生的突发事件，并根据事件类型（如自然灾害、事故故障）、事件规模（如轻微影响、严重影响）等进行统筹协调与分类，为决策安排提供信息基础。

第二，强化对事件影响的评估：工业互联网大数据的应用通过不断采集和分析产业链各环节以及跨行业之间的各类设备运行数据、生产质量数据、产业链数据等，及时评估并预测突发事件对产业链运行效率、质量、成本等方面的影响，并根据影响程度（如轻微影响、中等影响、严重影响）、影响范围（如局部影响、区域影响、全局影响）等指标，对突发事件进行分级处理。

第三，强化对事件的处置与协调：工业互联网大数据的应用通过不断采集和分析产业链各环节以及跨行业之间的各类设备控制数据、生产调度数据、资源调配数据等数据，及时制定并执行出针对突发事件的应急处置方案，并根据处置效果（如恢复正常、部分恢复、未恢复）和处置需求（如自主处置、协同处置、求助处置）等因素，对产业链各环节以及跨行业之间进行有效协调。

（三）工业互联网大数据的应用如何提升产业链的再适应能力

利用工业互联网大数据，可以实现对产业链的全面感知、精准分析、智能优化和动态调整，提升产业链的再适应能力，即在面对内外部环境变化时，能够快速调整资源配置、生产流程、产品结构和服务模式，保持产业链的稳定性和竞争力。

1. 工业互联网大数据如何推动产业链数字化转型和创新

产业链是指从原材料到最终消费者之间的一系列相互关联的生产活动和交易环节，包括上游原材料供应商、中游制造商和下游分销商等。供应链是指为满足最终客户需求而进行的一系列物流活动，包括采购、生产、运输、仓储、配送等。产业链和供应链相辅相成，共同构成了一个完整的价值创造体系。工业互联网大数据的应用推动产业链的数字化转型与创新。

（1）工业互联网大数据提升了产品研发设计水平。利用工业互联网大数据，可以实现对市场需求、用户行为、竞争对手等方面的深入洞察，为产品研发设计提供有价值的信息支持。同时，利用工业互联网大数据，可以实现对产品性能、质量、可靠性等方面的模拟测试和优化改进，提高产品研发设计效率和质量。

（2）工业互联网大数据优化了生产制造过程。利用工业互联网大数据，可以实现对生产设备、工艺参数、物料消耗等方面的实时监测和分析，为生产制造过程提供智能决策支持。同时，利用工业互联网大数据，可以实现对生产制造过程中可能出现的故障、异常、风险等方面的预警和处理，提高生产制造过程的稳定性和安全性。

（3）工业互联网大数据增强了经营管理效能。利用工业互联网大数据，可以实现对企业内部各个部门和岗位的绩效评估和激励机制设计，为经营管理提供科学依据。同时，利用工业互联网大数据，可以实现对企业外部各个合作伙伴和市场环境的信用评估和风险控制，为经营管理提供风险防范。

（4）工业互联网大数据创新了运维服务模式。利用工业互联网大数据，可以实现对产品使用情况、用户反馈、服务质量等方面的全面收集和分析，为运维服务提供客户洞察。同时，利用工业互联网大数据，可以实现对产品故障诊断、预测维护、远程控制等方面的智能化运维服务，为运维服务提供技术支持。

2. 工业互联网大数据如何推动产业链结构布局优化和升级

产业链结构布局是指产业链中各个环节在地理空间上的分布情况，包括产业集聚度、区域分布特征、空间联系强度等。工业互联网大数据通过调整产业链中各个环节在地理空间上的分布方式，使之更加合理高效，并适应市场变化和技术进步，实现产业链结构布局优化和升级。

（1）工业互联网大数据促进了区域协同发展。利用工业互联网大数据，可以实现对不同区域之间的资源禀赋、市场需求、政策环境等方面的全面比较和评估，为区域协同发展提供决策参考。同时，利用工业互联网大数据，可以实现对不同区域之间的物流信息、金融信息、技术信息等方面的快速共享和交流，为区域协同发展提供信息支撑。

（2）工业互联网大数据促进了行业集群形成。利用工业互联网大数据，可以实现对不同行业之间的关联度、竞争度、协同度等方面的深入分析和挖掘，为行业集群形成提供策略指导。同时，利用工业互联网大数据，可以实现对不同行业之间的技术交流、人才流动、资金投入等方面的有效促进和激励，为行业集群形成提供动力源泉。

（3）工业互联网大数据促进了企业转型升级。利用工业互联网大数据，可以实现对不同企业之间的竞争优势、创新能力、发展潜力等方面的客观评价和比较，为企业转型升级提供战略选择。同时，利用工业互联网大数据，可以实现对不同企业之间的合作机会、市场机会、投资机会等方面的及时发现和把握，为企业转型升级提供机遇窗口。

3. 工业互联网大数据如何推动产业链跨界融合和开放合作

产业链跨界融合是指不同行业或领域之间通过技术创新或商务模式创新，在产品或服务层面实现相互渗透或整合，并形成新的价值创造方式。产业链开放合作是指不同主体之间通过共享资源或共建平台，在知识或技术层面实现相互学习或交流，并形成新的创新能力。

（1）工业互联网大数据促进了跨界创新需求识别。利用工业互联网大数据，可以实现对不同行业或领域之间的创新需求、创新资源、创新成果等方面的全面感知和精准匹配，为跨界创新提供需求导向。同时，利用工业互联网大数据，可以实现对不同行业或领域之间的技术融合、模式融合、业态融合等方面的智能推荐和优化组合，为跨界创新提供技术支撑。

（2）工业互联网大数据促进了跨界创新成果转化。利用工业互联网大数据，可以实现对跨界创新成果的价值评估、市场预测、风险评估等方面的科学分析和评价，为跨界创新成果转化提供决策依据。同时，利用工业互联网大数据，可以实现对跨界创新成果的快速发布、广泛传播、有效对接等方面的便捷服务和保障，为跨界创新成果转化提供市场通道。

（3）工业互联网大数据促进了跨界创新生态建设。利用工业互联网大数据，可以实现对跨界创新主体的能力评估、信用评估、合作评估等方面的全面认证和信任建立，为跨界创新生态建设提供信任基础。同时，利用工业互联网大数据，可以实现对跨界创新主体的需求对接、资源共享、协同创新等方面的有效协调和激励，为跨界创新生态建设提供协作机制。

4. 典型应用

（1）“工业互联网+医疗健康”。通过将工业互联网平台与医疗健康领域相结合，可以实现医疗设备、医疗数据、医疗服务等方面的全面连接和智能化管理，为医疗健康提供更安全、更便捷、更优质的服务支撑。例如，在湖北武汉，华中科技大学同济医院利用“工业互联网+医疗健康”平台，实现了远程会诊、远程监护、远程手术等多项应用，有效支撑了抗击疫情的医疗救治。

（2）“工业互联网+文化旅游”。通过将工业互联网平台与文化旅游领域相结合，可以实现文化遗产、旅游景点、旅游服务等方面的数字化展示和智能化推荐，为文化旅游提供更丰富、更个性化、更体验化的服务内容。例如，在山东曲阜，曲阜三孔景区利用“工业互联网+文化旅游”平台，实现了三孔景区内各个景点的数字化还原和虚拟漫游，让游客感受到历史文化的魅力。

(3)“5G+工业互联网”。通过将5G技术与工业互联网平台相结合，可以实现高速率、低时延、高可靠性、大连接数等特性，为工业生产和服务提供更高效、更灵活、更智能的网络支撑。例如，在江苏南京，中车南京浦镇车辆有限公司利用“5G+工业互联网”平台，实现了车辆检测过程中的高清视频传输和远程指导，提高了检测效率和质量。

(四) 工业互联网大数据如何提升产业链的再定位能力

工业互联网大数据具有规模大、类型多、价值高、变化快等特点，是推动工业数字化转型、提升产业竞争力的重要资源和驱动力。工业互联网大数据可以通过助力识别产业链发展趋势和机遇、突破关键核心技术和瓶颈、培育新兴产业和新模式提升产业链的再定位能力。

1. 工业互联网大数据助力识别产业链发展趋势和机遇

产业链是指由上游原材料供应商、中游制造商和下游分销商等相互依存的企业组成的价值创造网络，供应链是指为满足最终客户需求而进行的原材料采购、生产加工、物流配送和售后服务等活动的整体过程。产业链的再定位能力是指在面对市场变化和竞争压力时，能够及时调整自身在供应链中的位置和角色，以适应新的发展环境和需求。

工业互联网大数据利用工业互联网平台汇聚各类数据，构建产业链图谱和产业链地图，实现对产业链的全面监测分析，及时发现行业动态、市场需求、技术变革等信息，为决策提供依据；可以利用人工智能、区块链等前沿技术对数据进行深度挖掘，挖掘潜在的价值创造点、效率提升点和风险防控点，为创新提供方向；可以利用数据共享交易机制，实现跨行业跨地域的数据资源流动，拓展合作伙伴和市场空间，为拓展提供渠道。

2. 工业互联网大数据助力突破关键核心技术和瓶颈

关键核心技术是指对国家安全和国民经济发展具有重要支撑作用，不可替代或难以替代，且掌握在少数国家或企业手中的技术。瓶颈是指制约产业链发展的关键环节或问题。工业互联网大数据可以帮助企业突破关键核心技术和瓶颈：第一，利用工业互联网平台实现设备智能化、过程智能化、产品智能化和服务智能化，提升生产效率、质量和可靠性，降低成本和资源消耗。第二，利用工业互联网平台实现全流程协同管理，优化生产计划、库存管理、物流配送等环节，提高产业链响应速度和灵活性。第三，利用工业互联网平台实现个性化定制、远程运维、智慧售后等服务模式，满足客户多样化需求，增强客户黏性和满意度。第四，利用工业互联网平台开展跨行业跨领域的协同创新，整合各方优势资源，攻克关键核心技术难题，形成核心竞争力。

3. 工业互联网大数据助力培育新兴产业和新模式

新兴产业是指具有较高技术含量或较强市场潜力，在国民经济中具有重要支撑作用或战略地位的产业。新模式是指在新技术、新需求、新环境下形成的创新型经营方式或组织形式。工业互联网大数据帮助企业培育新兴产业和新模式：第一，利用工业互联网平台打造开放共享的创新平台，支持各类创新主体参与创新活动，孵化一批具有高附加值和高成长性的新产品、新服务、新技术。第二，利用工业互联网平台打造多元融合的创新生态，促进不同行业、不同领域、不同层级的交流合作，催生一批跨界融合和跨领域延伸的新产业。第三，利用工业互联网平台打造灵活变化的创新模式，推动以用户为中心的产品设计和交付，推动以数据为驱动的制造转型升级，推动以平台为载体的服务创新拓展。

4. 典型应用

（1）阿里云云原生一体化数仓：集阿里云大数据产品 MaxCompute、DataWorks、Hologres 三种产品能力于一体的一站式大数据处理平台，可以解决企业在建设大数据平台中对时效性、准确性、性价比、非结构化数据支撑分析决策、异构大数据平台之上的全域数据分析需求。该平台已经被应用于工业制造、电商、物流、金融、政务等多个行业中，全面助力各行各业数字化转型，驱动业务创新变革。

（2）梦饷基于华为云一站式数智融合平台创新应用：基于华为云的大数据和人工智能软件平台，面向“新电商”领域，帮助 200 万“宝妈”利用碎片时间进行数字圈层电商营销。该平台实现了总体拥有成本（TCO）下降 30%、实时分析能力提升 50%。该案例也入选联合国可持续发展目标（SDGs）最佳案例。

（3）基于隐私计算的省级政务数据开放平台：基于洞见数智联邦平台（Insight One）的成熟框架开发的政务数据开放平台，支持多方安全计算和联邦学习融合应用模式，并通过联邦区块链保证过程的不可篡改性与可溯源性，达到原始数据不出私域即能完成数据共享应用，实现数据可用不可见、计算可信可链接，帮助政府解决数据开放和隐私保护的两难问题。该平台能够服务于匿踪安全查询、安全联合统计分析、多方联合建模、银政企合作（地方金融服务平台）等众多场景。

（4）K2Assets®工业数据智能平台：企业级工业大数据和人工智能软件平台，面向工业设备及生产领域，帮助资产密集型的领先工业企业降低 DT 与 AI 技术门槛，加速工业技术知识沉淀与应用，增强企业内生数智化创新能力。该平台内置开箱即用的领域数据模型和分析模型，赋能工业技术专家自主开发数智化应用，让专业知识成为企业可持续迭代、可服务化运营的资产。

第二节　大数据背景下的数字化产业链发展

在当前大数据技术广泛应用的背景下，数字化产业链逐渐成为产业链发展的重要方向。数字化产业链是一种利用数字技术和数据资源，对产业链上下游的各个环节进行数字化升级、转型和再造的过程。它包括数字产业化和产业数字化两个方面。其中，数字产业化是指以数据为核心要素，以信息技术为主要手段，创造新的产品、服务和商业模式，形成新的产业、业态和模式。产业数字化是指以数据为关键资源，以信息技术为主要工具，对传统产业进行数字化改造，提高生产效率、降低运营成本、优化管理流程、增强创新能力。数字化产业链的发展有利于推动我国经济高质量发展，提升国家竞争力和影响力，满足人民的美好生活需要。目前，我国已经制定了《“十四五”数字经济发展规划》，提出了一系列目标和措施，加快培育新业态新模式，推进数字产业化和产业数字化取得积极成效。

一、数字化产业链的概念、特征与优势

数字化产业链是指基于互联网，以用户为本、以价值为导向、以数据为驱动，利用云计算、物联网、大数据、人工智能等新一代信息技术和现代化管理方法，对产业链活动进行全盘规划与运作的新型产业链。数字化产业链是适应当前市场环境和客户需求的一种新型产业链形态，它利用新技术和新方法，实现了产业链活动的全面优化和升级，为企业带来了更高的效益和竞争力。

数字化产业链通常具有以下特征：

第一，连接性。数字化产业链通过物联网技术，实现了货物和流程的数据化、信息化和网络化，实时感知和传输位置、温度、振动等关键信息，提高了产业链的可视化和透明度。

第二，集聚性。数字化产业链通过云计算技术，实现了数据的集中存储和处理，提高了产业链的计算能力和灵活性。同时，通过大数据技术，实现了数据的分析和挖掘，提高了产业链的智能化和预测能力。

第三，生态性。数字化产业链通过区块链技术，实现了数据的安全共享

和交易，提高了产业链的信任度和效率。同时，通过人工智能技术，实现了数据的自动学习和优化，提高了产业链的创新能力和竞争力。

相比传统产业链，数字化产业链具有以下几个优势：

第一，提高响应速度和敏捷性。数字化产业链能够根据实时数据和需求变化，快速调整生产计划、库存水平、物流路线等，实现按需生产和配送，满足客户个性化需求。

第二，降低经营成本和风险。数字化产业链能够通过数据分析和优化，减少浪费和损耗，提高资源利用率和运营效率。同时，能够通过数据监控和预警，及时发现并解决问题，降低质量风险和设备故障。

第三，实现业务协同和创新。数字化产业链能够通过数据共享和交互，加强产业链各方之间的沟通和合作，实现业务流程的标准化和规范化。同时，能够通过数据驱动的创新模式，开发新产品、新服务、新业务模式等。

二、数字化提升产业链安全与韧性——基于七个维度

数字化产业链在应对内外部风险和挑战时，表现出较强的韧性，即抵御冲击和恢复能力。本节从人、财、物、信息、流程、技术和风险七个维度（见图 7-2），探讨数字化产业链如何提升韧性。

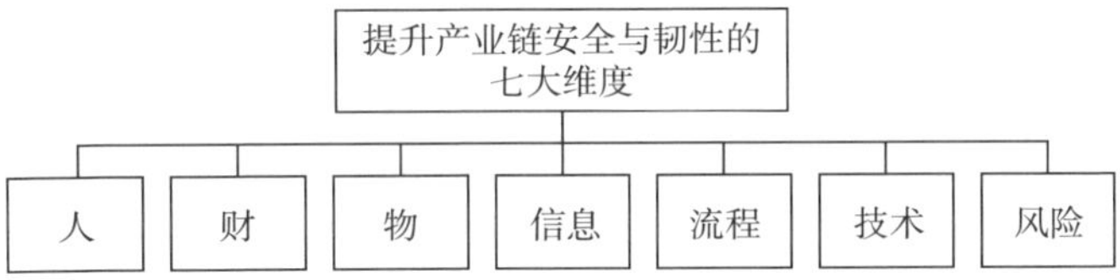

图 7-2　提升产业链安全与韧性的七大维度

人：数字化产业链需要建立以人为核心的组织文化和管理机制，培养和引进具有数字化思维和能力的人才，激发员工的创新意识和参与度，提高员工的满意度和忠诚度。同时，数字化产业链也要加强与供应商、客户、合作伙伴等外部利益相关者的沟通和协作，建立互信互惠的关系，形成共同抵御风险和创造价值的合力。

财：数字化产业链可以通过优化资金管理，提高资金使用效率和回报率。例如，通过实时监测需求变化，动态调整库存水平，降低库存成本；通过智能分析预测现金流状况，制定合理的收付款策略，缓解资金压力；通过利用

区块链等技术，实现产业链金融的透明化和安全化，降低融资成本。

物：数字化产业链可以通过提高物流效率和质量，降低物流风险和损耗。例如，通过物联网等技术，实现物流全程可视化和追溯性，及时发现和解决问题；通过大数据等技术，实现物流需求预测和路径优化，提高运输速度和准确率；通过机器人等技术，实现物流自动化和智能化，提高仓储和配送效率。

信息：数字化产业链可以通过整合和利用信息资源，提高信息的可用性和价值。例如，通过云计算等技术，实现产业链各环节信息的集中存储和共享，消除信息孤岛；通过人工智能等技术，实现信息的智能分析和决策支持，提高信息的质量和效果；通过网络安全等技术，实现信息的加密和保护，防止信息泄露和篡改。

流程：数字化产业链可以通过优化和创新流程设计，提高流程的效率和灵活性。例如，通过业务流程再造等方法，简化流程步骤，消除流程瓶颈；通过敏捷管理等方法，增强流程的适应性和变通性；通过平台化等方法，打破流程边界，实现跨组织、跨地域、跨行业的流程协同。

技术：数字化产业链可以通过不断引进和更新技术手段，提高技术的水平和竞争力。例如，通过持续投入研发经费，开发具有自主知识产权的核心技术；通过加强技术标准制定和推广，促进技术的规范化和普及化；通过加强技术监测和评估，及时掌握技术发展趋势和动态。

风险：数字化产业链可以通过建立有效的风险管理体系，提高风险的识别和控制能力。例如，通过建立风险数据库和指标体系，实现风险的全面识别和量化评估；通过建立风险预警机制和应急方案，实现风险的及时发现和快速响应；通过建立风险责任分担机制和保险机制，实现风险的合理分散和转移。

总之，在人、财、物、信息、流程、技术、风险七大维度上提升韧性是数字化产业链建设发展中不可或缺的重要内容。只有在这些方面做到了有效整合与协调，在内部形成了良好的运行机制，在外部形成了强大的竞争优势，在面对各种不确定因素时才能够保持稳定运行，并不断创造价值。

三、数字化产业链的发展趋势和挑战

随着数字技术的不断创新和应用，数字化产业链已经成为当今企业竞争力的重要来源，也是未来产业链发展的必然趋势。但是，数字化产业链的实现并非易事，也面临着诸多挑战。本节将从四个方面分析数字化产业链的发展趋势和挑战，分别是数据底座、流程/IT 服务化、场景和算法、两层智能业务体系。

（一）数据底座

数据是数字化产业链的基础和核心，也是数字化转型的第一步。只有建立实时、可信、一致、完整的数据底座，才能支撑后续的流程/IT 服务化、场景和算法、两层智能业务体系等能力。数据底座的建设需要从三个方面推进业务数字化，分别是：业务对象数字化，即建立对象本体在数字世界的映射，如合同、产品等；业务过程数字化，即实现业务流程上线、作业过程的自记录，如对货物运输过程进行自记录；业务规则数字化，即使用数字化的手段管理复杂场景下的规则，实现业务规则与应用解耦，使规则可配置，如存货成本核算规则、订单拆分规则等。

从市场现状来看，数据底座的建设也面临着多种挑战，如数据质量低下、数据孤岛现象、数据安全和隐私保护等。企业与政府主体应更加重视建立数据治理机制和标准，明确数据所有者、责任人和流程，确保数据准确性、完整性和及时性；建立数据共享平台和接口，打通内部和外部数据源，实现数据互联互通；建立数据安全防护体系，加强数据加密、备份、审计等措施，防止数据泄露、篡改或损坏。

（二）流程/IT 服务化

流程/IT 服务化是指将复杂的单体大系统解耦为服务化子系统，并按照业务场景进行灵活编排和调用。流程/IT 服务化可以提高系统功能的复用性、灵活性和响应速度，支撑业务能力的快速变更和创新。

流程/IT 服务化需要对现有的系统架构和流程设计进行重构和优化，这是一个长期而艰巨的任务。在此过程中需要注意以下几点：以业务价值为导向，优先改造对业务影响最大、最紧急的系统或流程；以服务为单元，封装业务要素、应用要素和数据要素，并定义清晰的服务边界、接口和协议；以场景为驱动，根据不同的业务需求和场景特点进行服务选择、组合和配置。

（三）场景和算法

场景和算法是指利用数学模型和方法，在特定的业务场景中进行数据分析、模拟仿真、预测优化等操作。场景和算法可以赋能产业链智能化，提高产业链决策的质量和效率。

场景和算法需要结合产业链优化升级的理论与实践，针对不同的问题选择合适的技术手段。常见的技术手段包括：组合优化——通过数学规划方法，在满足约束条件下寻找最优或近似最优解；统计预测——通过时间序列分析或机器学习方法，在考虑历史数据和影响因素下进行未来需求或事件的预测；模拟仿真——通过建立系统动态模型，在给定输入参数下模拟系统运行过程和输出结果。

从市场现况来看，场景和算法也面临着多种挑战，如算法模型复杂度高、算法求解效率低、算法结果可解释性差等。政府与企业等主体应更加重视以下几点：首先，建立算法知识库和平台，积累并分享算法模型、方法和案例；其次，建立算法评估机制和标准，测试并比较算法性能、精度和稳定性；最后，建立算法可视化工具和方法，展示并解释算法过程、结果和影响因素。

（四）两层智能业务体系

两层智能业务体系是指在产业链优化升级中构建两个层次的智能体系：一是基于数智云脑（如华为“灵鲲”）的产业链智能决策；二是基于智能引擎（如华为“灵蜂”）的敏捷作业。数智云脑是产业链全局性的智能大脑，在两层智能体系中负责收集并分析海量数据，并根据不同场景生成预案或指令，并指挥下层执行。

第一，数智云脑可以实现如下功能。①数据感知：通过物联网设备或其他渠道获取内部或外部环境中实时变化的信息。②数据分析：通过大数据平台或其他工具对收集到的信息进行清洗、整合、挖掘等操作。③数据驱动：通过人工智能或其他技术对分析后得到的信息进行模拟仿真、预测优化等操作。④数据指挥：通过决策支持系统或其他方式对驱动后得到的信息进行评估选择、方案生成等操作，并输出执行指令。

第二，智能引擎是面向作业现场或业务履行的智能作业单元，在两层智能体系中负责接收并执行上层指令，并反馈执行结果。智能引擎可以实现如下功能：智能感知，通过传感器或其他设备获取作业现场或业务履行中实时变化的信息，如温度、湿度、重量、位置等；智能执行，通过机器人或其他工具根据上层指令进行作业或业务的执行，如拣选、包装、运输等；智能协同，通过通信或其他方式与其他智能引擎进行信息交换和协作，实现作业或业务的优化和调整；智能反馈，通过数据采集或其他方法将执行结果和状态反馈给上层，实现作业或业务的监控和评估。

两层智能体系的建设需要充分利用数字技术和数据分析，实现产业链优化升级的自动化、智能化和优化。从市场现况来看，两层智能体系也面临着多种挑战，如技术成熟度低、系统集成难、人机协作难等。政府与企业等主体应更加重视建立技术创新机制和平台，不断探索和引入新的数字技术和数据分析方法；建立系统标准化机制和平台，确保上下层系统之间的兼容性和互操作性；建立人机协作机制和平台，培养人员的数字化素养和技能，提高人机之间的信任和协调。

四、典型应用

（一）电商平台的数字化产业链建设与运营

以阿里巴巴国际站和京东国际为代表的一批跨境电商平台，不断拓展功能，由平台实现的跨境货物贸易逐步向外贸综合服务领域延伸，形成货物贸易和服务贸易全链条融合发展的新模式。这种数字化新外贸模式以全链路跨境贸易平台为核心，形成了有机整合、衔接生产商、供应商、批发商、分销商、零售商、消费者、物流方、金融、信息机构及政府监管部门的生态系统。它不仅包括跨境商品流通，还包括与之相关联的物流、金融、信息、支付、结算、征信、财税等配套服务，高效的通关、收汇、退税外贸综合服务，以及信息化、数据化、智能化的新型监管方式和新的国际规则体系。通过一站式跨境产业链服务体系，形成跨境 B2B 交易从商机到履约的闭环，买卖双方可以在全链路跨境贸易平台上完成全部交易和服务过程。通过在电商平台上集合了商流、物流、资金流、信息流、数据流等核心要素，不仅大幅提升了物流效率，而且有效促进了产业链上下游的融合互动性，提升了供给侧与需求侧的信息对称性及产品和服务的适配性，更重要的是能够帮助制造端的企业实现降本增效、以需定产、有效配置资源，加快数字化转型。

电商平台的数字化产业链能够以数据驱动创新，通过大数据分析技术，对海量数据进行挖掘和利用，为企业提供精准的市场洞察和预测，帮助企业优化产品设计和生产计划，提高产品竞争力和市场响应速度。同时，电商平台也利用数据反馈机制，不断优化自身的运营模式和服务质量，提升用户体验和满意度。以平台赋能协同。通过构建开放共享的生态系统，实现了多方参与者之间的无缝对接和协同合作。平台为各类主体提供了标准化、便捷化、低成本化的接入方式和交易方式，降低了交易成本和风险，提高了交易效率和安全性。平台还通过提供丰富多样的增值服务，帮助各类主体解决在跨境贸易过程中遇到的各种问题和困难，增强了各方的信任度和黏性。以技术支撑智能。电商平台通过运用云计算、人工智能、区块链等先进技术，实现了跨境贸易全过程的数字化管理和智能化服务。平台通过云计算技术，实现了数据的集中存储和处理，为平台运营和监管提供了强大的基础设施。平台通过人工智能技术，实现了数据的智能分析和应用，为平台用户提供了个性化的推荐和咨询服务。平台通过区块链技术，实现了数据的安全传输和共享，为平台参与者提供了透明可追溯的交易记录和证明。

电商平台的数字化产业链建设也有利于各方主体。第一，对于生产端企业而言，可以利用电商平台获取更多、更准确的市场信息和需求预测，优化产品设计和生产计划，提高产品竞争力和市场响应速度；可以利用电商平台拓展更广阔、更多元的市场空间和客户群体，增加销售渠道和收入来源；可以利用电商平台享受更便捷、更优惠的物流金融等配套服务，降低运营成本和风险。第二，对于消费端用户而言，可以利用电商平台获取更多、更优质的产品选择和购买方式，满足个性化和多样化的消费需求；可以利用电商平台享受更快捷、更安全的交付方式和售后服务，提升消费体验和满意度；可以利用电商平台参与更多、更有趣的互动活动和社区建设，增强消费乐趣和归属感。第三，对于政府监管部门而言，可以利用电商平台获取更全面、更实时的跨境贸易数据和动态信息，提高监管效率和精准度；可以利用电商平台实施更灵活、更创新的监管方式和政策措施，促进跨境贸易规范发展和创新发展；可以利用电商平台参与更广泛、更深入的国际合作与交流，推动跨境贸易规则体系建设。

（二）制造业企业的数字化产业链建设与运营

以上海汽车变速器有限公司（以下简称上汽变速器）为例，其作为中国最大的汽车变速器生产商之一，充分利用数字化技术和智能化设备，对其产业链进行全方位的管理和优化，实现流程创新和效率提升。上汽变速器的数字化产业链涵盖了从采购、生产、物流到销售的整个价值链，通过数据的收集、分析、反馈和协同，实现了产业链的可视化、智能化和灵活化。

第一，在采购管理上：上汽变速器通过建立数字化采购平台，实现了与供应商的在线沟通和协作，提高了采购效率和质量。通过采购平台，上汽变速器可以实时发布采购需求、招标信息、合同管理等，供应商可以在线报价、竞标、签约等，实现了采购流程的透明化和标准化。同时，上汽变速器还通过大数据分析技术，对供应商的绩效、风险、信用等进行评估和监控，优化供应商结构和关系，降低采购成本和风险。

第二，在生产管理上：上汽变速器通过建立数字化工厂系统，实现了生产过程的自动化和智能化，提高了生产效率和质量。通过工厂系统，上汽变速器可以实时监控生产线的运行状态、设备参数、物料消耗等，实现了生产过程的可视化和可控制。同时，上汽变速器还通过人工智能技术，对生产数据进行智能分析和预测，优化生产计划和排程，实现了生产过程的可优化和可调节。

第三，在物流管理上：上汽变速器通过建立数字化物流平台，实现了物流过程的精细化和高效化，提高了物流效率和服务水平。通过物流平台，上汽变速器可以实时跟踪物料的来源、位置、状态等，实现了物流过程的可追溯和可查询。同时，上汽变速器还通过云计算技术，对物流数据进行集中存储和处理，为物流决策提供支持，实现了物流过程的可评估和可改进。

第四，在销售管理上：上汽变速器通过建立数字化销售平台，实现了与客户的在线互动和服务，提高了销售效率和满意度。通过销售平台，上汽变速器可以实时发布产品信息、价格政策、库存状况等，客户可以在线下单、支付、查询等，实现了销售流程的便捷化和快捷化。同时，上汽变速器还通过物联网技术，对产品的使用情况进行远程监测和诊断，为客户提供及时的售后服务和保养建议，实现了销售过程的可维护和可增值。

上汽变速器的数字化产业链模式优势在于以下三点：第一，以数据为核心。上汽变速器通过各种数字化技术和设备，在产业链各个环节收集和整合海量数据，并利用云计算技术将数据存储在统一的平台上，形成数据资产，并通过人工智能技术对数据进行挖掘和利用，为产业链优化升级提供数据支撑。第二，以平台为载体。上汽变速器通过建立各种数字化平台，在产业链各个环节实现信息共享和业务协同，与外部合作伙伴进行无缝对接和交互，并通过物联网技术将平台与产品相连接，形成平台生态，再通过云计算技术将平台连接起来，形成平台网络。第三，以智能为目标。上汽变速器通过运用人工智能技术，在产业链各个环节实现数据分析和决策支持，根据市场需求和内部条件进行动态调整和优化，并通过物联网技术在产品使用过程中实现远程监控和服务支持，根据用户反馈进行持续改进。

上汽变速器的数字化产业链模式对于企业而言，提高了产业链优化升级水平，降低了运营成本和风险，提高了运营效率和质量；优化了产品设计和生产计划，提高了产品竞争力和市场响应速度；拓展了市场空间和客户群体，增加了销售渠道和收入来源；加强了与合作伙伴的关系管理，增强了合作效果和价值；对于客户而言，可以获取更多、更优质的产品选择和购买方式，满足个性化和多样化的消费需求；可以使其享受更快捷、更安全、更便捷的交付方式和售后服务方式，参与更多更有趣、更有价值的互动活动。

（三）医疗企业的数字化产业链建设与运营

以九州通医疗信息科技（武汉）有限公司（以下简称九州通医疗信息）为例，九州通医疗信息作为智慧医院数字化产业链服务提供商，专注于医疗物资产业链数字化管理研究多年，自主打造的全维度数字化产业链服务体系

（简称 FDT），聚焦医院业务流程、科室诊疗特点、医疗物资类型等维度的数字化产业链服务，实现工作过程管控和结果数字化呈现，现已为国内百余家医疗机构提供医疗物资数字产业链优化升级服务。九州通医疗信息的数字化产业链涵盖了从需求、采购、配送、使用到结算的整个价值链，通过数据的采集、分析、优化和协作，实现了产业链的高效、安全、透明和节约。

第一，在需求管理：九州通医疗信息通过建立数字化需求平台，实现了与医院各科室的在线沟通和协作，提高了需求准确性和及时性。通过需求平台，九州通医疗信息可以实时获取各科室的用量、库存、预算等数据，进行需求分析和预测，制订合理的采购计划和配送计划，避免库存积压和缺货风险。同时，九州通医疗信息还通过大数据分析技术，对需求数据进行智能分析和优化，提出需求调整和改进建议，帮助各科室合理控制物资消耗和成本。

第二，采购管理：九州通医疗信息通过建立数字化采购平台，实现了与供应商的在线沟通和协作，提高了采购效率和质量。通过采购平台，九州通医疗信息可以实时发布采购需求、招标信息、合同管理等，供应商可以在线报价、竞标、签约等，实现了采购流程的便捷化和快捷化。同时，九州通医疗信息还通过区块链技术，对供应商的绩效、风险、信用等进行验证和监控，保证供应商的合规性和可靠性，降低采购成本和风险。

第三，在配送管理：九州通医疗信息通过建立数字化配送平台，实现了配送过程的精细化和高效化，提高了配送效率和服务水平。通过配送平台，九州通医疗信息可以实时跟踪物资的来源、位置、状态等，实现了配送过程的可追溯和可查询。同时，九州通医疗信息还通过运输管理系统 TMS 云，对配送数据进行集中存储和处理，为配送决策提供支持，实现了配送过程的可评估和可改进。

第四，在使用管理上：九州通医疗信息通过建立数字化使用平台，实现了与医院各科室的在线沟通和协作，提高了使用效率和质量。通过使用平台，九州通医疗信息可以实时获取各科室的物资消耗、结余、报损等数据，进行使用分析和监控，制订合理的补货计划和库存调拨计划，避免物资浪费和过期。同时，九州通医疗信息还通过可穿戴健康设备，对物资的使用情况进行远程监测和诊断，为各科室提供及时的使用指导和优化建议。

第五，在结算管理上：九州通医疗信息通过建立数字化结算平台，实现了与供应商和医院财务部门的在线沟通和协作，提高了结算效率和质量。通过结算平台，九州通医疗信息可以实时获取各科室的物资消耗、费用核算、发票开具等数据，并与供应商进行对账核销，并与财务部门进行费用报销，并利用区块链技术保证结算数据的安全性和准确性。

总体来看，数字化的技术提高了医疗企业的产业链优化升级水平，降低了运营成本和风险；优化了物资采购和配送计划，提高了物资竞争力和市场响应速度，拓展了市场空间和客户群体。

第三节　国外微观案例研究——亚马逊

随着信息技术的发展和应用，大数据已经成为当今社会的重要特征和资源。大数据技术能够处理海量的数据，其功能与作用包括数据采集、存储、管理、分析、挖掘等方面。大数据技术在各个领域都有广泛的应用和价值，如政府管理、社会服务、商业运营、科学研究等。对企业而言，大数据技术同样有着重要的作用，包括产业链优化升级、云计算、数据分析等。本节从产业链优化升级的微观视角入手，以亚马逊公司为研究对象，采用案例研究的方式，分析亚马逊如何利用大数据技术提高其在产业链上下游整体系统中的可见性、智能化、灵活性和创新性，并探讨其对其他企业的启示和建议。

亚马逊公司（Amazon）是美国的一家网络电子商务公司，由杰夫·贝佐斯于1995年创立，总部位于美国华盛顿州西雅图，首席执行官是安迪·贾西。亚马逊公司名下包括Alexa Internet、a9、lab 126和互联网电影数据库（Internet Movie Database，IMDB）等子公司。亚马逊公司是世界上销售量最大的网上书店，同时也提供了DVD、音乐光碟、电脑、软件、电视游戏、电子产品、衣服、家具等各类商品。亚马逊公司还拥有一站式大数据平台AWS（Amazon Web Services），为客户提供了云计算、数据仓库、分析、机器学习等服务。

作为全球最大的电子商务企业之一，亚马逊公司涉及了多种产业链的多个维度。在经营与管理上面临着巨大的挑战与机遇。产业链优化升级的微观视角通常涉及供应链的管理，尽管两者在概念上不同，但具有相关之处。从现代化的角度来看，产业链与供应链之间很难截然分开。一是产业链是微观层面的供应链分门别类的加总。二是产业链约束着供应链，供应链的切割以产业链为基础，动态地看，供应链也会对产业链的形成发生影响。三是从生产力的层面看，产业链的现代化包括材料、设备、工艺、配套设施和结构的现代化，供应链现代化包括采购、仓储、运输、配送设施的现代化和流程的现代化，二者有重合。因此，从微观视角研究产业链的发展离不开对供应链的研究。

供应链管理通常是指将原材料从供应商处采购，加工成成品，并通过物流配送到达消费者手中的一系列活动的管理。产业链优化升级环节多，过程复杂。涉及需求预测、库存控制、订单处理、运输安排、客户服务等多个环节。产业链优化升级的目标通常是为了实现产业链的高效、低成本、高质量和高满意度。对此，大数据技术起到了相当重要的作用。

一、亚马逊公司的管理模式

1. 亚马逊公司管理模式概述

亚马逊公司的管理模式是一种以客户为中心、以技术为驱动、以创新为导向的模式，其目标是实现低成本、高效率、高质量和高满意度的供应链运营，客观上这将公司良好地嵌入了全球产业链的合作体系之中。亚马逊公司的管理模式主要包括以下几个方面：

第一，结合全球产业链的地区供应链网络设计。亚马逊公司根据不同地区和市场的需求和特点，设计了多层次、多类型、多功能的产业链网络，包括自有仓库、合作仓库、第三方物流中心、分拣中心、配送站等，形成了一个覆盖全球的产业链网络。亚马逊公司通过大数据分析和人工智能技术，实时优化其产业链网络的布局和配置，以提高其响应速度和灵活性。

第二，结合地区产业链发展的库存管理。亚马逊公司采用了一种混合型的库存管理策略，即既有自有库存，又有第三方卖家提供的库存。对于自有库存，亚马逊公司通过精细化的需求预测和动态补货机制，实现了库存水平和服务水平之间的平衡。对于第三方卖家提供的库存，亚马逊公司通过 FBA（Fulfillment by Amazon）服务，为第三方卖家提供仓储、包装、运输和售后等一站式服务，使第三方卖家能够享受到亚马逊公司强大的产业链能力和品牌效应。

第三，结合不同产业链的供应链运输管理。亚马逊公司通过建立自有运输网络和与第三方物流合作伙伴合作，实现了对全球范围内运输过程的控制和优化。亚马逊公司拥有自己的货运飞机、货车、无人机等运输工具，以及 Prime Now、Amazon Flex 等快速配送服务，为客户提供多种运输选项和时效保障。亚马逊公司还通过区块链技术和物联网技术，实现了对运输过程中货物状态和位置的实时追踪和监控。

第四，利用大数据产业链的供应链客户服务管理。亚马逊公司以客户为中心，以提高客户满意度和忠诚度为目标，提供了多种产业链客户服务，包括订单处理、支付处理、退换货处理、售后支持、客户反馈等。亚马逊公司通过人工智能技术和自动化技术，实现了对产业链客户服务的智能化和标准化，提高了服务质量和效率。亚马逊公司还通过会员制度、积分制度、评论制度等，激励和奖励客户的忠诚行为和参与行为。

2. 亚马逊公司产业链优化的创新实践

大数据技术为亚马逊公司在产业链优化方面的创新与探索提供了重要助力。亚马逊公司利用大数据、人工智能、区块链、物联网等先进技术，提升了产业链的智能化、透明化和自动化水平，为客户提供更优质、更快捷、更个性化的服务。亚马逊公司在产业链方面的数字化创新实践主要包括以下几个方面：

第一，预测性调拨。亚马逊公司利用大数据和机器学习技术，根据客户的历史购买行为、地理位置、季节性因素、社交媒体等数据，预测客户的未来需求，并根据预测结果，提前将商品从仓库调拨到离客户最近的配送站点，缩短配送时间和距离，降低运输成本和碳排放。

第二，跨区域配送。亚马逊公司通过建立自有的全球运输网络，包括货运飞机、货轮、货车等，实现了对不同区域和国家的商品配送的快速响应和高效执行。亚马逊公司还通过与当地的物流合作伙伴合作，提供当地化的配送服务，满足不同地区和国家的客户需求。

第三，跨国境配送。亚马逊公司通过推出 FBA 出口服务（Fulfillment by Amazon Export），为第三方卖家提供了跨国境电子商务的便利。第三方卖家只需将商品存放在亚马逊的履约中心，就可以将商品销售给全球范围内的客户，由亚马逊负责商品的出口清关、国际运输、跨境税收和汇率等事宜。

第四，无人机配送。亚马逊公司通过开发无人机配送服务（Amazon Prime Air），为客户提供更快速和更环保的配送方式。无人机配送服务可以在客户下单后 30 分钟内将重量在 5 磅以下的商品送达客户指定的位置，无需使用任何人力或道路资源。

第五，区块链追溯。亚马逊公司通过使用区块链技术，为客户提供更高程度的产业链透明度和可信度。区块链技术可以将商品从生产到消费的全过程中产生的数据，以加密和不可篡改的方式记录在一个分布式账本上，让客户可以随时查询商品的来源、成分、质量、物流等信息，增强客户对商品的信任和满意度。

二、亚马逊公司在产业链优化中面临的问题

亚马逊作为全球最大的电子商务公司，拥有庞大的产业链网络，涉及数百万的商品、供应商、仓库、物流中心和客户。在这样一个复杂的系统中，保证产业链的安全与韧性是亚马逊面临的重要挑战和风险。亚马逊在其产业链优化升级中遇到的主要问题有：

第一，需求波动：亚马逊的客户需求随着季节、节日、促销活动、市场竞争、社会事件等因素而变化，导致产业链需求预测困难，可能造成供不应求或者库存积压的情况，影响客户满意度和利润率。例如，2020 年新冠疫情暴发后，亚马逊面临了前所未有的需求激增，尤其是生活必需品和医疗用品。亚马逊不得不优先处理这些订单，并暂停了非必需品的入库和发货，导致了一些商品的缺货和延迟。

第二，库存管理：亚马逊需要在其数千个仓库中存放各种类型和数量的商品，以满足不同地区和时段的客户需求。如何合理分配和调度库存，以实现最低成本和最高效率，是亚马逊需要解决的问题。例如，亚马逊为了减少库存成本和提高库存周转率，采用了一种称为“混合 SKU”的策略，即将不同类型但相似大小的商品放在同一个箱子里，并用条形码标识。这样可以节省仓储空间和拣货时间，但也增加了错误发货的风险。

第三，物流配送：亚马逊需要在最短的时间内将商品从仓库运送到客户手中，同时保证物流质量和安全。亚马逊需要考虑各种物流方式、路线、成本、风险等因素，以优化物流网络和运营。例如，亚马逊为了缩短配送时间和降低依赖度，建立了自己的私有车队和空运网络，并推出了“亚马逊柔性送货”（Amazon Flex）计划，即雇用私人司机用自己的车辆进行最后一公里配送。这样可以提高物流灵活性和效率，但也带来了司机管理、车辆维护、交通事故等问题。

第四，供应商关系：亚马逊需要与众多的供应商合作，采购各种商品，并监控其质量、价格、数量、交货时间等指标。亚马逊需要建立和维护良好的供应商关系，以保证产业链的稳定性和可靠性。例如，亚马逊为了保护人权和环境，制定了产业链标准（Supply Chain Standards），并对供应商进行定期的评估和审核，要求供应商遵守相关的法律法规和道德准则。亚马逊还通过公开其供应商名单和产业链地图，提高了其产业链的透明度和可追溯性。

第五，数据安全：亚马逊在其产业链优化升级中需要收集、处理、存储和传输大量的数据，包括商品信息、客户信息、订单信息、物流信息等。这

些数据对于亚马逊的业务至关重要，但也面临着数据泄露、篡改、损坏等风险，可能给亚马逊带来法律责任和声誉损失。例如，2018 年 11 月，亚马逊因为一个技术错误，导致部分客户的姓名和电子邮件地址被泄露给了其他客户。亚马逊随后向受影响的客户发送了一封道歉邮件，并表示已经解决了问题，但没有透露具体的泄露范围和原因。

三、大数据技术赋能产业链优化升级

（一）大数据技术促进产业链安全与韧性

利用大数据技术，亚马逊公司提高了其产业链的安全与韧性。具体包括：

第一，数据收集：亚马逊通过各种渠道和工具收集产业链相关的数据，包括商品信息、客户信息、订单信息、物流信息等。亚马逊使用云计算平台（AWS）来存储和处理这些数据，并建立了统一的数据湖（Data Lake），以便于后续的分析和应用。例如，亚马逊使用 AWS Supply Chain 这一基于云的应用程序，可以快速地将不同来源和格式的数据整合到一个统一的数据湖中，无需重新平台化或支付额外的许可费。

第二，数据分析：亚马逊使用机器学习（ML）和人工智能（AI）技术对收集到的数据进行深入的分析，以发现产业链中存在的问题、风险、机会和趋势，并提供可行的解决方案和建议。亚马逊还使用可视化（Visualization）技术将分析结果以图表、地图、仪表盘等形式展示出来，以便于理解和交流。例如，亚马逊使用 AWS Supply Chain 这一基于云的应用程序，可以利用 ML 算法对产业链数据进行实时的监控和预警，以及提供优化建议。亚马逊还可以使用 Amazon Location Service 这一基于云的位置服务，来可视化产业链网络的状态和运行情况。

第三，数据预测：亚马逊使用机器学习和人工智能技术对未来的产业链需求和供给进行准确的预测，以便于提前做好准备和调整。亚马逊使用自动化（Automation）技术将预测结果转化为执行计划，并实时更新和优化。例如，亚马逊使用 AWS Supply Chain 这一基于云的应用程序，可以利用 ML 算法对客户需求进行更精确的预测，并根据预测结果自动调整库存水平和物流安排。

第四，数据优化：亚马逊使用机器学习和人工智能技术对产业链各个环节进行优化，以实现最低成本、最高效率、最高质量和最高客户满意度。亚马逊使用协作（Collaboration）技术与产业链各方进行沟通和协调，以保证产业链的顺畅运行。例如，亚马逊使用 AWS Supply Chain 这一基于云的应用程序序，可以利用 ML 算法对仓库管理、物流配送、供应商关系等方面进行优化，并提供内置的协作功能，让产业链各方可以快速地就决策达成一致。

（二）大数据赋能产业链优化升级的效应评估

通过采用大数据技术对公司的产业链优化升级进行优化改造与升级，亚马逊公司的不仅有效解决了产业链优化升级中所面临的现实问题，同时也对公司的长远发展提供了重要的主力。具体包括：

第一，降低成本。亚马逊通过大数据技术优化了其库存管理和物流配送，从而降低了库存成本和运输成本。例如，亚马逊通过大数据技术选择了离客户最近的仓库发货，从而将运输成本降低了 10%~40%。

第二，提高效率。亚马逊通过大数据技术提高了其产业链的运行速度和准确度，从而提高了生产力和质量。例如，亚马逊通过大数据技术实现了仓库的自动化和智能化，从而提高了拣货、包装和发货的效率和准确度。

第三，增加客户满意度。亚马逊通过大数据技术满足了客户的个性化需求和期望，从而增加了客户的忠诚度和口碑。例如，亚马逊通过大数据技术为客户提供了个性化的推荐和优惠，从而增加了客户的购买意愿和满意度。

第四，提升竞争优势。亚马逊通过大数据技术创新了其产业链的模式和服务，从而提升了其在市场上的领先地位和影响力。例如，亚马逊通过大数据技术推出了“一小时送达”（Prime Now）和“无人机送货”（Prime Air）等新颖的配送服务，从而提升了其在电子商务领域的竞争优势。

第八章　政策建议

根据本书多方面的分析与论证以及现实情况，大数据技术在提升产业链安全与韧性上具有很强的应用意义。结合前面提出的大数据提升产业链安全与韧性的具体路径，在此从政府和企业角度出发提供一些可落地的政策建议。

一、政府层面

（一）加强政策支持和引导

（1）制定相关政策法规和激励制度。政府可以制定相关政策和法规，明确大数据技术在产业链中的应用范围和标准，为企业提供明确的指导和支持。政策可以包括鼓励企业采用大数据技术的激励措施，如税收优惠、补贴和资金支持等。

（2）建立数据共享和开放机制。政府可以推动建立数据共享和开放机制，鼓励企业共享数据资源，促进产业链上下游的协同合作。政府可以提供数据开放平台，为企业提供数据交换和共享的渠道，促进数据的流通和利用。

（3）设立专项资金。政府可以加大对大数据技术的研发和创新支持力度，鼓励企业和研究机构开展相关研究项目。政府可以设立专项资金，支持大数据技术的研究和应用，提供技术咨询和培训支持，促进技术的推广和应用。

（4）提供技术支持。政府可以加强对大数据技术人才的培养和引进，提供相关的培训和教育资源，培养专业人才。政府还可以设立技术支持中心，为企业提供技术咨询、技术评估和技术支持等服务，帮助企业解决技术难题和推动技术应用。

（5）建立示范项目和推广平台。政府可以建立大数据技术应用的示范项目和推广平台，为企业提供实践和演示的机会。并且可以与企业合作，共同推动大数据技术在产业链中的应用，通过示范项目的成功案例来鼓励其他企业采用大数据技术。

（二）建立国家级大数据技术创新平台

（1）设立专门机构和组织。政府可以设立专门的机构或组织，负责规划、建设和管理国家级大数据技术创新平台。该机构由相关部门、专家学者和行业代表组成，负责制定政策、提供技术支持和推动创新项目。

（2）投入资金和资源。政府应投入资金和资源，支持国家级大数据技术创新平台的建设和运营。这包括设立专项资金，用于支持大数据技术研发、创新项目和示范应用，还应提供场地、设备和技术支持等资源，为创新平台提供必要的支持。

（3）促进产学研合作。政府可以促进产学研合作，鼓励企业、高校和研究机构参与国家级大数据技术创新平台的建设和应用。政府可以提供资金支持，鼓励企业与高校、研究机构合作开展创新项目，共同推动大数据技术在产业链中的应用。

（三）全方位加强人才培养

（1）制定相关政策和计划。政府可以制定相关政策和计划，明确大数据专业技术人才培养的目标和方向。政策可以包括设立专项资金，提供奖学金和补贴，鼓励高校和培训机构开设相关专业课程，吸引更多学生选择大数据专业。

（2）加强高校教育。政府可以加大对高校的支持力度，鼓励高校开设与大数据相关的专业课程和研究方向。政府可以提供资金支持，设立实验室和研究中心，吸引优秀教师和研究人员，提供先进的教学设施和实践机会。

（3）提供培训和技术支持。政府可以提供培训和技术支持，为现有从业人员提供继续教育和专业培训机会。政府可以组织专业培训班和研讨会，邀请国内外专家进行培训，提高从业人员的专业水平和技术能力。

（4）建立实践平台和实验室。政府可以建立大数据实践平台和实验室，为学生和从业人员提供实践和研究的机会。政府可以投资建设大数据实验室，提供先进的硬件设备和软件工具，为学生和从业人员提供实际操作和实验的环境。

（四）推动产业链协同发展

（1）建立产业链协同发展机制。政府可以建立产业链协同发展的机制，促进各个环节的企业、组织和机构之间的合作与协调。这可以通过设立产业联盟、行业协会或专门的协同发展机构来实现，以促进信息共享、资源整合和合作创新。

（2）制定产业链发展规划和政策。政府可以制定产业链发展规划和政策，明确产业链的发展方向和目标。政府可以提供政策支持，包括财政补贴、税收优惠、科技创新资金等，鼓励企业加强合作，提高产业链的整体竞争力和韧性。

（3）促进信息共享和数字化转型。政府可以推动信息共享和数字化转型，为产业链各环节提供数字化技术和平台支持。政府可以建立数据共享机制，鼓励企业共享信息资源，提高产业链的信息透明度和协同效率。

（4）加强创新能力和技术支持。政府可以加大对创新能力和技术支持的投入，鼓励企业加强技术创新和研发合作。政府可以设立专项资金，支持产业链上下游企业开展合作研发项目，提供技术咨询和支持，促进技术的共享和应用。

（五）加强国际合作和交流

（1）建立国际合作平台。政府可以组织国际会议、论坛或研讨会，邀请各国专家学者、企业代表等进行交流和分享，促进不同国家间的合作与合作伙伴关系的建立。

（2）制定政策与标准。政府可以制定相关政策与标准，鼓励跨国企业间共享数据、开展联合研发，并确保数据安全和隐私保护，以推动国际间的数据共享与合作。

（3）建设跨国数据中心。政府可以鼓励企业建设跨国数据中心，促进数据存储、处理和交换的便捷性，提高国际间的数据共享和合作效率。

总之，发展大数据技术以提升产业链安全与韧性需要政府、企业和社会各方的共同努力。政府应该加强政策支持和引导，建立大数据技术创新平台，加强人才培养和引进，推动产业链协同发展，加强国际合作和交流，为大数据技术的应用和发展提供更好的环境和条件。

二、企业层面

（一）建立数据采集和分析系统

（1）确定数据需求。确定哪些数据对于提升产业链的安全性和韧性至关重要。这可能涉及监测供应链、产品质量、交付时间等方面的数据。

（2）设计数据采集方案。根据确定的数据需求，设计一个数据采集方案。这可以包括采集传感器数据、物联网设备数据、供应商数据等。确保采集的数据准确、全面、实时。

（3）选择适当的数据存储和处理方案。对于大量的数据，选择适当的数据存储和处理方案非常重要。云存储和云计算平台可以提供高可用性、可扩展性和安全性。

（4）数据清洗和处理。采集到的原始数据可能包含噪声和无效信息，需要通过数据清洗和处理技术进行预处理，包括去除重复数据、填充缺失值、处理异常值等。

（5）数据分析和挖掘。应用统计分析、机器学习和数据挖掘技术对清洗后的数据进行分析。这将帮助发现隐藏的模式、关联和异常，可以使用数据可视化工具将分析结果以易于理解的方式展示出来。

（6）实施预测和预警系统。基于数据分析结果，可以建立预测和预警系统来识别潜在的风险和问题。通过实时监测和可视化报警，及时采取行动以避免潜在的威胁。

（二）加强数据分析和应用

（1）定义明确的目标。在开始进行数据分析之前，企业应该明确自己的目标。这可以包括提高销售业绩、降低成本、改善客户满意度等。明确的目标将有助于确定需要收集和分析的数据。

（2）应用合适的分析技术。选择合适的分析技术是关键。可以包括统计分析、机器学习、数据挖掘等。根据企业的目标和数据的性质，选择适当的技术来揭示数据中的有意义的信息。

（3）可视化和报告。将分析结果以易于理解和可视化的方式呈现给决策者和相关人员是至关重要的。使用图表、图形和报告来传达数据的洞察力，并帮助决策者做出明智的决策。

（4）整合数据分析到日常经营中。将数据分析成果与日常经营相结合是重要的。可以通过制定基于数据的策略、优化产品和服务、改进运营流程等方式实现。确保数据分析成果能够影响企业的决策和行动。

（5）持续改进和评估。数据分析是一个持续的过程，企业应该不断地评估分析结果的有效性，并根据需要进行改进。随着时间的推移，数据分析将变得更加精确和有针对性，从而提高企业的竞争力和业绩。

（三）建立数据安全保障机制

企业应该建立数据安全保障机制，确保数据的安全和隐私。包括建立数据备份和恢复机制、加强数据加密和访问控制、建立数据审计和监控机制等。只有保障数据的安全和隐私，才能提高产业链的安全与韧性。具体做法如下：

（1）数据分类和保护。企业应根据数据的敏感程度和隐私要求进行分类。根据分类结果，采取适当的保护措施，如加密、访问控制、数据备份等，确保数据的机密性和完整性。

（2）强化访问控制。建立严格的访问控制机制，只授权合适的人员访问敏感数据。可以通过使用身份验证、授权和审计机制来实现。

（3）网络安全。确保网络基础设施的安全和稳定性，如建立防火墙、安全策略和入侵检测系统等，以保护数据在传输过程中的安全。

（4）员工培训和意识提高。培训员工以确保他们了解数据安全的重要性，并教育他们如何正确处理数据，识别和应对潜在的安全风险。

（5）定期风险评估。定期评估数据安全风险，识别潜在的漏洞和威胁，并采取相应的纠正措施，以及应急计划的制订和测试。

（6）合规性和监管遵循。确保遵守适用的法律法规和行业标准，如 GDPR、HIPAA 等。制定和实施相应的隐私政策和安全控制措施。

（7）数据备份和恢复。定期进行数据备份，并测试恢复过程，以确保数据丢失时能够快速恢复。

（8）监控和日志记录。建立日志记录系统，监控数据访问和活动，并定期审计和检查日志，以便及时发现异常行为和威胁。

（9）与第三方供应商的合作。如果涉及第三方供应商，企业应仔细评估其数据安全措施，并确保签订合适的合同和保密协议。

（四）推动数据共享和协同

企业应该推动数据共享和协同，建立数据共享平台和协同机制，促进企业之间的数据共享和协同。通过数据共享和协同，企业可以更好地掌握市场和行业的动态，及时调整生产和经营策略，提高产业链的韧性。具体措施如下：

（1）建立合作伙伴关系。与产业链上的其他企业建立紧密的合作伙伴关系，共同分享数据和资源。可以通过签订协议或建立共同的平台来实现。

（2）建立数据共享标准。制定一些共同的数据共享标准，以确保数据的一致性和互操作性。可以包括数据格式、数据安全性和数据访问权限等方面。

（3）技术支持与培训。提供必要的技术支持和培训，帮助各方理解和应用数据共享技术和工具。这可以加强合作伙伴之间的沟通和协作，提高数据共享的效率和质量。

（五）加强人才培养和引进

（1）建立合适的培训计划。企业可以与高校、培训机构或专业咨询公司合作，制订培训计划，培养员工的大数据技能。这些计划可以包括在线课程、工作坊、培训班等，以提供员工所需的知识和技能。

（2）提供专业发展机会。企业可以为员工提供参与大数据相关项目的机会，让他们在实践中学习和成长。此外，还应鼓励员工参加行业会议、研讨会和培训活动，以增强他们的专业知识。

（3）建立与高校的合作关系。企业可以与高校建立实习和毕业生就业计划，吸引优秀的大数据专业人才。与高校合作可以提供实践经验和与学术界的联系，以促进人才的交流和培养。

（4）招聘外部专业人才。企业可以积极招聘已经具备大数据技能和经验的外部专业人才。通过在线招聘平台、社交媒体、专业网络和人才中介机构来实现。

（5）建立良好的激励机制。企业应该建立激励机制，以吸引和留住大数据专业人才。包括提供竞争力的薪酬、福利和晋升机会，以及创造积极的工作环境和发展机会。

总之，发展大数据技术以提升产业链安全与韧性需要企业建立数据采集和分析系统，加强数据分析和应用，推动数据共享和协同，建立数据安全保障机制，加强人才培养和引进等方面的努力。只有通过不断的创新和发展，才能提升企业的安全和韧性，实现可持续发展。

参考文献

[1] Andrew McAfee, Erik Brynjolfsson. Big Data: The Management Revolution [J]. Harvard Business Review, 2012 (10).

[2] Brad Brown, Michael Chui, James Manyika. Are You Ready for the Era of "Big Data" [J]. McKinsey Quarterly, 2011 (4).

[3] Bughin, Jacques, Livingston, John, Marwaha, and Sam. Seizing the Potential of "Big Data" [J]. McKinsey Quarterly, 2011 (4).

[4] Douglas, Laney. The Importance of "Big Data": A Definition [EB/OL]. http://www. gartner. com/resid=2057415. 2012-6-21.

[5] James Manyika, Michael Chui. Big Data: The Next Frontier for Innovation, Competition and Productivity [J]. McKinsey Quarterly, 2011 (5).

[6] Jeanne E. Johnson. Big Data+Big Analytics=Big Opportunities [J]. Financial Executive, 2012 (7/8).

[7] Jeff Howe. The Rise of Crowdsourcing [J]. Wired, 2006, 14 (6).

[8] John Gantz, David Reinsel. The Digital Universe Decade-Are You Ready [R]. IDC Iview, 2010.

[9] Manish Goyal, Maryanne Q. Hancock, Homayoun Hatami. Selling into Micromarkets [J]. Harvard Business Review, 2012 (7/8).

[10] M. W. Johnson, C. H. Christensen, H. Kagermann. Reinvention Your Business Model [J]. Harvard Business Review, 2008 (12).

[11] Sang M. Lee, David L. Olson, Silvana Trimi. Co-innovation: Convergenomics, Collaboration, and Cocreationfor Organizational Values [J]. Management Decision, 2012 (5).

[12] Solow R. M. A. Contribution to the Economic Growth [J]. The Quarterly Journal of Economics, 1956, 70 (1).

[13] Teece D, Pisano G. The Dynamic Capabilities of Firms: An Introduction [J]. Industrial and Corporate Change, 1994, 3 (3).

［14］Tim McGuire，James Manyika，Michael Chui. Why Big Data Is the New Competitive Advantage［J］. Ivey Business Journal，2012（7/8）.

［15］［美］W. W. 罗斯托．经济增长的阶段：非共产党宣言［M］. 郭熙保，王松茂，译．北京：中国社会科学出版社，2001.

［16］冯耕中，刘祺，朱佳雯，等．产业链供应链安全评估与应对策略［J］. 西安交通大学学报（社会科学版），2023，43（6）.

［17］胡登峰．关键核心技术突破与国产替代——以科大讯飞智能语音技术为纵向案例研究［J］. 科学学与科学技术管理，2019，40（11）.

［18］姜婷凤．基于在线大数据的中国商品价格粘性研究［D］. 北京：北京师范大学，2018.

［19］焦豪，杨季枫，王培暖，等．数据驱动的企业动态能力作用机制研究——基于数据全生命周期管理的数字化转型过程分析［J］. 中国工业经济，2021（11）.

［20］李文莲．基于“大数据”的商业模式创新［J］. 现代情报，2016，36（1）.

［21］宋华，韩思齐，刘文诣．数字技术如何构建供应链金融网络信任关系？［J］. 管理世界，2022，38（3）.

［22］涂子沛．大数据［M］. 桂林：广西师范大学出版社，2012.

［23］［美］托马斯·弗里德曼．直面全球化：“凌志汽车”与“橄榄树”橄榄树［M］. 赵绍棣，黄其祥，译．北京：国际文化出版公司，2003.

［24］杨俊．大数据、技术进步与经济增长——基于生产要素的一个内生增长理论［J］. 经济学（季刊），2018，17（4）.

［25］易加斌，徐迪，王宇婷，等．学习导向、大数据能力与商业模式创新：产业类型的调节效应［J］. 管理评论，2021，33（12）.

［26］［美］约瑟夫·熊彼特．经济发展理论：对于利润、资本、信贷、利息和经济周期的考察［M］. 何畏，易家详，张军扩，等译．北京：商务印书馆，1990.

［27］张文魁．数字经济的内生特征与产业组织［J］. 管理世界，2022，38（7）.

［28］赵宇翔，朱庆华，吴克文，等．基于用户贡献的 UGC 群体分类及其激励因素探讨［J］. 情报学报，2011，30（10）.

后　记

写下这篇后记之际，我内心充满了喜悦和感慨。这本专著的完成，离不开导师、相关专家、有关部门领导的鼎力支持和帮助，我要向他们表达最真挚的感谢！

首先，我要感谢我所在单位——江西财经大学经济与社会发展研究院（智库建设中心）的领导、同事们，他们在本书写作的过程中给予了无私的支持和鼓励。必须要提的是，本书的数据搜寻、材料获取以及其他的具体性工作离不开裘以峰、李旭升、刘鹏、毛长能、舒晓杰五位同学，正是因为他们贡献的“一砖一瓦”，此项“工程”才能扎实完成。其次，我要感谢出版社的编辑和排版团队，他们对本专著进行了精心的编辑和排版，使其更加完善和专业。他们的辛勤工作为本专著的出版质量提供了保障。最后，我要感谢本专著参考借鉴过的学者和专家们，他们的研究成果和学术观点为我提供了丰富的素材和参考，使我能够对大数据与产业链安全的问题进行深入的分析和探讨。他们的工作为本专著的可靠性和权威性提供了坚实的支撑。

在写作的过程中，我更深刻地意识到大数据对产业链安全与韧性提升的重要性。大数据的快速发展和广泛应用，为产业链的各个环节带来了巨大的机遇和挑战。本专著深入研究了大数据技术、产业链安全与韧性提升的理论机制和实践路径，结合实际案例，对两者间作用进行了剖析和探讨。通过研究大数据与产业链两者之间的关系，让更多人了解和认识到大数据在提升产业链安全与韧性方面的巨大潜力，关注大数据在数据安全和隐私保护方面所面临的挑战和问题。因此，在本专著中有针对性地提出了一些解决方案和建议，希望能够为相关领域的研究和实践提供一些有益的思路和启示。这本专著是我本人多年研究和努力的结晶，也是对大数据如何作用于产业链韧性和安全的一次探索和思考。希望这本专著能够为读者提供有益的知识和启示，促进大数据应用、产业链安全与韧性提升领域的研究和实践。

再次感谢所有支持和帮助过我的人，没有你们的支持和鼓励，这本专著的完成将是无法想象的。谢谢大家！

陈洪章

2023 年 10 月